우리 마을을 기록합니다

지역 아카이브 이론에서 사례까지

우리 마을을 기록합니다

지역 아카이브 이론에서 사례까지

초판 1쇄 발행 2021년 12월 30일
초판 3쇄 발행 2022년 10월 20일

기   획 | 한국문화원연합회 김태현 · 김지은
저   자 | 김명옥 · 한정은 · 이경란 · 이동준 · 배은희 · 강성봉

펴낸이 | 윤관백
펴낸곳 | 도서출판선인

영   업 | 김현주

등   록 | 제5-77호(1998.11.4)
주   소 | 서울특별시 양천구 남부순환로48길 1, 1층
전   화 | 02) 718-6252/6257
팩   스 | 02) 718-6253
E-mail | sunin72@chol.com

정가 20,000원
ISBN 979-11-6068-661-6 03300

우리 마을을 기록합니다

지역 아카이브 이론에서 사례까지

김명옥·한정은·이경란
이동준·배은희·강성봉 지음

 도서출판 선인 한국문화원연합회

바야흐로 지역문화의 꽃이 만발하는 시대입니다. 전국 곳곳에 기록사업을 비롯한 지역학과 연계된 사업이 확장되고 있습니다.

중앙에서 지역에 관심을 두기 훨씬 이전부터, 지방문화원은 1947년 강화문화원 개원을 시작으로 2021년 부산중구문화원 설립에 이르기까지 70여 년의 시간 동안 지역 고유의 향토사 연구와 향토사료 발굴을 위한 조사, 발굴, 수집, 연구 활동을 이어왔습니다.

1986년에 시작된 '전국향토문화연구발표회'는 어느새 전국에서 유일한 향토사 연구 공모전인 '전국향토문화공모전'으로 남았고, 2017년부터 추진하기 시작한 지방문화원 원천콘텐츠 발굴지원사업으로 구축된 원천콘텐츠 플랫폼 '지역N문화'는 연간 200만 명이 방문하는 대표적인 지역문화콘텐츠 포털 사이트로 성장했습니다.

지방문화원이 그동안 걸어온 향토사 연구의 역사는 문화원 고유의 정체성이자 여전히 잠재 가능성이 풍부한, 살아있는 지역문화자원의 역사 그 자체입니다. 지역문화자원은 박제된 과거로 남는 것이 아니라, 지금 오늘을 살아가는 우리에게 끝없는 가르침을 줍니다. 원천콘텐츠 발굴지원사업으로 '디지털 대전환'의 시기를 지나고 있는 지방문화원은 그동안 해왔던 지역문화자원의 수집, 조사, 발굴 등의 과업을 조금 더 체계적으로 구축할 수 있게 되었습니다.

이러한 흐름에서 이 책은 전국 231개 지방문화원 뿐만 아니라, 지방자치단체와 지역사 연구단체 등 지역에 관심을 두고 있는 모든 이들에게 지역 아카이브 구축의 지침서가 되기를 바라며 기획되었습니다. 각 지역에서 구축된 지역 아카이브는 향후 콘텐츠로 가공되고 정제되어, 교육·관광 등 다양한 분야의 새로운 상품으로 재탄생 될 것입니다. 지역 아카이브가 곧 지역생태계를 움직이는 화수분 역할을 하게 되는 것입니다.

이 책이 나오기까지 원고를 집필해주신 김명옥, 한정은, 이경란, 이동준, 배은희, 강성봉 필자분들과, 원고 검토에 애써주신 정혜경, 김선정 감수위원, 추천사를 보내주신 박찬승 교수에게도 감사드립니다.

한국문화원연합회는 향후 전국 각지마다 지역 아카이브가 구축되고, 그 중심에 지방문화원이 있기를 바라고 희망합니다. 그날까지 한국문화원연합회는 지역문화의 진흥과 발전을 위해 문화원과 협력하여 정진하겠습니다. 감사합니다.

2021년 12월

김태웅 (한국문화원연합회 회장)

　전국의 시·군·구에는 문화원이 설치되어 있다. 그 수는 권역별 16개 시·도문화원연합회를 포함하여 247개에 달한다. 문화원은 과거에는 주로 향토사와 향토문화와 관련된 자료를 수집하는 역할을 해 왔다. 그러나 2017년 개정된 '지방문화원진흥법'에서는 지역문화자료의 데이터베이스 구축과 관리를 필수적인 사업으로 제시하고 있다. 지역문화자료의 데이터베이스 구축이란 다른 말로 바꾸면 '지역문화 아카이브의 구축'이 된다. 즉 오늘날 문화원은 지역문화 아카이브의 구축이라는 새로운 임무를 부여받고 있는 것이다. 이 책은 바로 이와 같은 숙제를 어떻게 풀어갈 것인가에 대한 길잡이 역할을 하기 위해 만들어진 것이다.

　이 책의 제1부에서는 우선 지역기록물과 지역 아카이브에 대한 개념부터 설명하고 있다. 김명옥의 「지역기록물의 이해」는 지역기록물이란 무엇이며, 지역기록물의 수집·관리가 왜 중요한지에 대해 설명을 하고 있다. 한정은의 「지역사와 지역 아카이브」에서는 지역사란 무엇인지, 지역사의 자료를 수집·관리하는 지역 아카이브란 무엇인지, 그리고 지역 아카이브를 구축한다는 것은 무엇인지에 대해 그 개념을 설명하고 있다. 한정은의 글은 지역 아카이브를 만들려면 먼저 지역의 다양한 면모에 대해 조사를 하고, 이어서 자료를 수집하며, 마지막으로 이 자료들을 보존하고 서비스할 수 있도록 해야 한다고 설명하고 있다.

이 책의 제2부에서는 지역 아카이브 사업의 대표적인 네 가지 사례를 소개하고 있다. 그것은 충북 청주시, 서울 성북구, 부산, 경기 이천 등의 사례이다.

이경란은 기록문화도시 청주에 설립된 청주시기록관이 진행해 온 시민기록 수입, 시민기록가 양성, 마을 아카이브 사업 등에 대해 소개했다.

이동준은 이천문화원 사무국장으로서, 이천문화원에서 실행하고 있는 여러 사업, 특히 마을 아카이브 사업에 대해 구체적으로 소개하였다. 이천문화원은 2014년부터 마을인문학 사업을 활발히 진행했고, 2015년부터 마을 아카이브 구축사업을 시작하여, 그동안 수집해 온 간행물·영상기록·녹음기록을 디지털화하여 아카이브를 구축하기 시작했다. 그리하여 2020년 이천문화아카이브를 오픈했는데, 그 안에는 발간물아카이브, 사진아카이브, 스토리아카이브, 민속아카이브 등이 포함되어 있다.

배은희는 빨간집이라는 출판사 대표로서 마을 구술사를 채록하여 책을 펴내고 있는데, 그들이 구술을 채록한 마을은 해운대구 청사포마을, 영도구 흰여울문화마을, 부산진구 당감마을이다. 이들은 생애사와 마을사를 연결시켜 구술사를 채록하고 있다.

강성봉은 서울 성북구 성북문화원에서 수행한 마을 아카이브 사업에 대해 소개했다. 이 사업은 성북구의 역사·문화와 관련된 각종 이야기를 수집하여 이를 '주제별로 보는 성북', '이야깃거리', '구술인터뷰', '기록물', '성북마을 발견' 등의 항목으로 나누어 데이터베이스화한 뒤 성북마을아카이브 홈페이지에 서비스하는 것이다. 성북문화원에서는 이 사업과 관련하여 주민들 스스로 기록의 주체가 될 수 있도록 주민기록단을 조직하여 교육하고 있다고 한다.

이상에서 살핀 바와 같이 이 책은 현재 전국적으로 진행되고 있는 각 지역의 대표적인 '지역문화 아카이브' 사업을 소개하고 있다. 이 사업은 기존에 수집해 놓거나 현재 새롭게 생산되고 있는 각종 지역사 자료, 민속자료, 주민들의 구술사, 마을의 역사와 문화 등을 디지털화하여 주민들에게 서비스하는 사업으로 진행되고 있다.

현장에 있는 실무자들은 정치나 행정이 아닌 주민들의 일상적인 삶이, 외부의 연구자가 아니라 주민들 스스로 주체가 되는 지역문화를 만들고자 한다.

　지역 아카이브 사업이 지속적으로 확장된다면, 지역문화의 발전뿐만 아니라 지역 경제·사회의 활성화에도 크게 기여할 수 있을 것으로 보인다. 앞으로 이 책에 실린 사례들이 본보기가 되어, 전국의 모든 지역에서 이와 같은 지역 아카이브 사업이 활발히 진행되기를 기대한다.

2021년 12월

박찬승(한양대 사학과 교수)

　도시 거주 인구의 비율이 전체 인구의 90%를 넘어선 한국에서 한 지역의 고유한 문화가 보존, 전승, 재창조될 수 있는 기회와 공간은 빠르게 줄어들고 있다. 한 마을 사람들이 두레와 품앗이로 함께 일했던 농촌의 풍속은 과거의 화석이 되어버린 지 오래이고, 도시의 오래된 건물과 골목은 신도시에 자리를 내어주고 있다. 문화콘텐츠가 온라인을 매개로 하여 때와 장소를 가리지 않고 향유할 수 있게 되면서 거대자본이 기획한 콘텐츠의 영향력은 더욱 커지고 있다. 반면 지역의 문화유산, 생활 양식, 문화 공간, 문화콘텐츠는 지역 사람들의 일상과 더욱 멀어지고 있으며 경관, 물산, 방언, 민속으로 구별되던 각 지역의 특색은 점차 희미해지고 있다. 더구나 코로나19로 인한 팬데믹 상황은 그렇지 않아도 협소했던 지역의 문화활동과 문화공간의 범위를 더욱 축소시키고 있다.

　문화적 다양성의 발현과 존중이 한 사회의 문화가 발전하는 기본 조건임을 전제한다면 오늘날과 같은 문화콘텐츠의 대량소비시대에 지역문화가 지역 사람의 일상과 멀어지고 있는 상황은 걱정스럽다. 음악, 영화, 드라마와 같은 한류 콘텐츠가 전 세계인의 이목을 사로잡는다고 해도 내가 살고 있는 고장, 동네의 문화적 특별함과 다양성, 활기가 사라지고 나아가 개인이 자유롭게 지역문화를 향유하고 재창조할 수 있는 현실의 공간이 줄어든다면 한국 문화의 미래는 결코 밝지 않다. 지역문화의 수호자 또는 창조자로 자임하는 지방문화원은 현재의 지역문화의 위기 상황을 개선할 방법을 찾아야 한다.

여러 대안들이 제시될 수 있지만, 한 가지 바람직한 대안은 지역 사람들이 직접 참여하여 활동할 수 있는 새로운 문화적 공간을 만드는 일이다. 이러한 일은 중앙정부와 지방정부, 거대 콘텐츠 기획 및 유통업체 등 기존 우리 사회에서 강력한 영향력을 뻗치고 있는 집단이 주도해 나가기는 어렵다. 지방문화원은 오래도록 지역에 있으면서 지역문화를 연구하고 지역민과 고락을 같이하며 지역 사회에 잔뿌리를 뻗어내린 문화 기관이다. 문화원이 지역민과 다시 만나고 소통하면서 각자의 역량을 발휘하고 협력한다면 지역에 새로운 바람을 불러일으킬 수 있을 것이다. 그리고 문화원을 중심으로 한 지역문화 연구, 그리고 그 연구의 성과를 지역 사회와 공유하는 활동은 빛바랜 지역문화를 쇄신하고, 활기에 찬 지역의 문화 공간을 만들어내는 일의 출발점이 될 것이다.

이야기는 지역의 사람들의 눈과 마음을 한데 모으는 구심점이 될 수 있다. 나의 생활 주변, 내가 살고 있는 지역의 이야기를 새로운 형식으로 접하게 될 때 지역 사람들은 지역의 문화에 흥미를 느끼게 되고 스스로 지역 사회에 속해 있음을 느끼게 된다. 모든 지역에는 이야기가 있고 그 이야기의 소재가 되는 장소와 사물, 그리고 인간이 살아가고 있다. 지역의 산과 바다, 하천과 호수, 논과 밭, 오래된 길과 마을의 노거수에도 이야기는 있다. 물론 지역의 문화유산, 마을의 골목과 건물, 집집마다 전해져오는 사진과 문서와 같은 기록물도 저마다 시대에 따라 변화하는 사람 사는 이야기를 간직하고 있다. 무엇보다 각자의 기억은 지역에 관한 새로운 이야기를 풀어갈 수 있는 가장 핵심적 소재가 된다.

비록 재미있는 이야기꾼은 아니더라도 한 사람의 살아온 이야기를 들을 때 우리는 그의 인생을 새로운 눈으로 바라보게 되며 그가 속했던 지역의 시간과 공간의 의미가 내가 평소 느끼던 바와는 달랐음을 알게 된다. 나아가 오늘의 내가 살아가는 공간이 다양한 삶의 행로가 얽히고설켜 만들어진 것임을 깨닫는다. 그리고 그런 한 사람 한 사람의 기억들이 모여 만들어내는 지역의 서사, 지역의 이야기는 도시화, 획일화되어가는 우리 삶의 자리에 신선한 감동을 선사하며 다시금 나와 공동체의 삶의 성찰할 수 있는 공간을 만들어 준다.

지역 아카이브는 그런 지역의 이야기를 담아내는 그릇이다. 더 정확히 말하면 지역 민간기록물 아카이브는 지역 사람들의 이야기와 그 이야기의 소재와 주제가 되는 다양한 형태의 기록물 및 역사문화자원을 지속적으로 수집하고, 수집한 것을 일정한 방식으로 분류하여 보관하며, 시민들이 검색하고 활용할 수 있게끔 하는 장치이다. 그렇게 만들어지는 아카이브는 지역의 '삼간(三間)', 즉 지역의 시간, 공간, 인간을 아우른다. 제대로 된 지역 아카이브는 그 지역이 거쳐온 시간의 깊이, 공간의 넓이와 다양성, 그리고 지역에 살고 있는 사람들이 저마다 어떻게 살아왔으며 어떤 생각을 갖게 되었는지에 대한 자세한 정보를 잘 갈무리하여 둔다. 그렇게 해서 지역 아카이브는 그것이 건물을 가진 기록관인가 디지털 아카이브인가와는 상관없이 지역의 든든한 지식정보 기반 문화공간, 즉 누구나 이용할 수 있는 공공 인프라가 된다.

지역 공공 인프라로서 지역 아카이브의 활용 범위는 매우 넓다. 첫 번째 활용처는 지역의 어린이와 청소년 대상 교육 분야이다. 예를 들어 현행 초·중 교육과정에서 이루어지는 사회과의 기초 지자체 단위 지역 교육에서 지역 아카이브는 유용하게 활용될 수 있다. 포털 사이트에서 쉽게 검색할 수 있는 백과사전식 무미건조한 정보 대신 지역 아카이브에서 얻는 지역 사람들의 생생한 목소리가 담긴 기록물은 학생들에게 지역을 더 깊은 차원에서 이해할 수 있도록 돕는다. 이는 주민자치회나 평생학습관에서 이루어지는 지역사 교육 활동에서도 마찬가지이다. 반대로 아카이브는 지역 사람들이 와서 직접 그 내용을 채워가는 열린 공간으로서도 활용될 수 있다. 시민기록가, 마을기록단 활동과 같은 지역민들의 자발적인 기록활동의 결과물을 아카이브에 저장해둘 수 있는 것이다. 이러한 과정을 통해 아카이브는 아무리 퍼가도 마르지 않는 지역의 공동 우물로서 제역할을 찾을 수 있다. 그렇게 지역 아카이브가 어린이부터 장년에 이르기까지 지역의 모든 사람들이 활용하는 인프라가 된다면 지방정부와 중앙정부 또한 아카이브의 지식 정보를 중요한 정책 자료로 활용하지 않을 수 없게 될 것이다.

최근 많은 지자체에서 지역 아카이브 구축에 관심을 보이고 있다. 문화원뿐 아니라 지방정부, 대학 등에서 지역 아카이브 구축 사업에 착수한 곳이 여러 곳이다. 그런데 이러한 경향 속에는 성급한 면이 보인다. 아카이브 구축을 지자체 홍보를 위한 저예산의 일회성 사업으로 여기는 경우가 더러 있다. 지역의 역사문화자원을 한곳에 모아 홈페이지 상에 전시해 놓은 것 그 자체를 아카이브라 여기고 접근하는 것이 바로 그러한 것이다. 그러나 지역 아카이브의 본래 의미는 지역의 이야기, 역사문화자원, 기록물을 지속적으로 수집, 보관, 활용하는 일련의 지속적인 시스템을 구축하는 것이다. 한 번 예산을 투입해서 그에 상응하는 가시적 성과를 내는 행사성 지역문화사업이 아니라 지역 문화의 보전과 계승을 위한 사회간접자본을 마련하는 것으로까지 이해해야 한다. 이를 위해선 전문인력과 업무공간의 안정적인 확보와 유지, 지역 사람들의 참여와 소통, 그리고 이를 위한 제도적 지원책 마련은 지역 아카이브 구축과 운영의 필수조건이다. 문화원은 물론 지방정부, 대학, 시민이 협력 방안을 찾고 지역 사람 모두의 공감을 사야만 오래 가는 지역 아카이브를 만들 수 있다. 지역 아카이브 구축의 공감대가 형성되고 있는 이 시점에서 지방문화원이 중심이 되어 지역학 연구의 성과를 점검하며 지역 아카이브 구축을 위한 장기적인 전망과 밑그림을, 너무 성급하지 않게, 지역의 문화 주체들과 소통하고 협력하면서 그려봐야 할 것이다.

한국문화원연합회는 2021년 『지방문화원 지역문화자원 아카이브 구축 매뉴얼』을 발간하여 전국 문화원에 배포한 바 있다. 매뉴얼은 지방문화 원이 중심이 되어 지역 아카이브를 만들 때 거쳐야 하는 절차와 구체적인 시스템 구축 방식에 대하여 기존 아카이브 사례를 참고하여 만들어졌다. 지역 아카이브 구축 사업에 임하려는 많은 지방문화원에 사업의 동기와 목표를 설정해 주면서 유용한 길잡이를 역할을 해주고 있는 듯하다. 하지 만 매뉴얼은 꼭 필요한 내용만 요약하여 보여주는 방식으로 서술했기에 지역 아카이브 구축의 전체적인 맥락과 흐름, 현장에서 겪는 구체적인 어 려움에 대하여 미처 다루지 못한 내용이 많아 아쉬움이 있었다.

그래서 이 책은 더 친절하고 사려 깊은 지역 아카이브 길동무가 필요하 다는 인식 아래 그동안 지역 아카이브 구축 분야에서 오래도록 종사한 전문가, 활동가들이 모여 기획, 집필하였다. 1부에서는 지역 민간기록물의 개념과 내용, 지역 아카이브 구축과정과 현황, 지역사 연구와의 관계에 관해서 다루었다. 2부에서는 청주시 기록관의 설립과정과 활동, 이천문화원의 마을기록사업과 이천문화아카이브 구축 사례, 부산의 '기록하고 책 만드는 빨간집'의 구술사 사업, 그리고 성북문화원과 성북구가 협력하여 만든 성북마을아카이브의 구축 과정을 소개하며 지역 아카이브의 현주소를 살펴보고 앞으로 지역에서 지역 아카이브가 추구해야 할 방향과 모습이 어떤 것인가를 모색했다.

　지역 아카이브 구축은 짧게는 수십 년 길게는 수천 년 동안 축적되어 온 지역의 문화자원과 기록물을 빠뜨리지 않고 수집, 분류, 보관하며 활용까지 아우르는 거창한 사업이다. 때문에 전문인력, 공간, 예산이 뒷받침되지 않으면 충분한 성과를 내기 어렵다. 이 때문에 시작할 엄두를 내지 못하는 지역도 많은 것으로 안다. 하지만 언제나 작은 성과들이 모여 큰 업적을 일구어낸다. 지역 아카이브 구축 사업 또한 그러하다. 지역 사람들의 이야기, 그들이 남긴 기록물 하나 하나에 애정을 갖고 이를 정성

껏 보관하고 전달하려는 노력이 지역 사회의 울타리 안에서 축적되고 합쳐진다면 지역 아카이브 구축을 위한 못자리는 이미 마련된 셈이다. 이 책이 지금 어딘가에 모여 있는 지역의 기록물, 문화자원, 이야기들을 너른 논에 옮겨 심는 이앙기 역할을 할 수 있다면 발간의 목적은 어느 정도 달성한 것이라 하겠다.

한국문화원연합회 김태웅 회장님은 취임 이후 지역 아카이브 구축을 지방문화원의 가장 중요한 과제와 목표로 설정하고 다양한 연구 사업을 진행했으며 이 책의 기획 과정에서도 격려와 지원을 아끼지 않으셨다. 지면을 빌어 감사의 마음을 전하며 아무쪼록 한국문화원연합회 각 지방문화원의 노력이 그에 상응하는 열매를 맺기를 기대한다. 이 책을 펴서 읽는 모든 지방문화원 가족들과 지역에 발붙이고 있으면서 지역의 기억과 기록을 수집하고 연구하는 모든 분들의 건투를 빈다.

2021년 12월

강성봉
(한성대학교 역사문화콘텐츠트랙 겸임교수, 성북문화원 사무국장)

차례

1부 지역기록물과 지역 아카이브

2부 지역문화가 살아있는 지역 아카이브

1부

지역기록물과
지역 아카이브

1장

지역기록물의 이해

_ 김명옥

들어가며

우리는 누구나 오늘을 살아간다. 가끔은 어제를 추억하고 미래를 꿈꾸기도 한다. 기억들이 기록물로 남게 되면, 그것이 다시 기억을 소환해주기도 한다. 오늘을 살아가는 우리의 기억과 기록물이 만나게 되면, 공동체의 기억과 기록물로 융화되어 우리시대의 문화로 재탄생된다. 그리고 시간의 축적을 통해 역사가 된다. 곧 기록물은 우리의 기억이 문화와 역사로 이어지는 데 매우 중요한 역할을 한다.

기록물이란 간단히 말하면 개인이나 조직이 활동한 과정의 결과물이다. '누구'에 의해 생산·접수한 기록물이냐에 따라서 개인기록, 기업기록물, 공공기록물, 민간기록물, 지방기록물 등으로 구분할 수 있다. 또는 문서, 사진, 영상, 박물, 디지털 등 그 형태나 매체에 따라 구체화할 수도 있고, 고대유물, 고문서, 근현대 역사자료, 문화재, 박물관자료 등 보는 시각에 따라 다르게 이해할 수도 있다. 그렇다면 '지역기록물'은 도대체 어떤 기준으로 구분하여 설명할 수 있을까? 지역기록물은 어떻게 관리하면 좋을까? 지역기록물을 관리해야 하는 이유는 무엇일까?

이 질문에 답을 찾기 위해, 이 글에서는 크게 3개의 구성으로 나누어 지역기록물을 설명하고자 한다. 먼저 '지역기록물'에 대한 개념을 도출하기 위하여 공공기록물, 민간기록물, 지방기록물 등의 용어부터 비교하여 살펴보고, 다음으로 지역기록물 관리의 이론과 국가기록원 등의 몇 가지 사례를 소개하면서 현황을 파악해 보고, 마지막으로 지역기록물 관리의 중요성을 강조함과 아울러 향후 지역문화 진흥을 위한 노력도 제안해 보도록 하겠다.[1]

　공공기록물이란 무엇인가? 기록학용어사전(이하 사전)에 의하면, 공공기록이란 정부기관에서 공적 업무수행과 관련하여 생산 또는 접수하여 모은 기록으로서, 개인의 업무나 거래에서 생산·접수된 민간기록과 구분되는 개념[2]이라고 설명하고 있다. 이 용어에 대한 법적인 정의로는 「공공기록물 관리에 관한 법률」(이하 공공기록물법)에서 찾아볼 수 있다. 공공기록물법 제2조에서는 "공공기관이 업무와 관련하여 생산·접수한 기록물과 개인 또는 단체가 생산·취득한 기록정보 자료(공공기관이 소유·관리하는 기록정보 자료를 포함한다) 중 국가적으로 보존할 가치가 있다고 인정되는 기록정보 자료 등 공공기록물에 대하여 적용한다"고 명시하고 있다.

　위에서 정의된 공공기록물로부터 이제 민간기록물이 무엇인지 가늠할 수 있겠다. 사전에서는 민간기록이란 비정부 기관의 출처로부터 비롯된 기록[3]이라고 설명했다. 한편 공공기록물법 제43조에서는 "개인이나 단체가 생산·취득한 기록정보 자료 등을 말한다"고 약식으로 정의하고 있다. 이를 그림으로 표현해 보면 〈그림 1〉과 같다. 즉, 공공기관에서 생산한 기록물에 민간으로부터 접수한 기록물(다)이 포함된 것이 공공기록물(가)이며, 민간에서 생산 취득한 기록물(나) 중에는 공공기관으로부터 발급받아 취득한 것(다)도 포함될 수 있다.

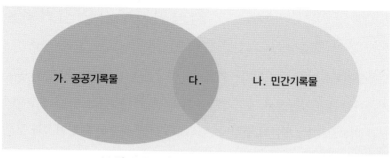

가. 공공기록물   다.   나. 민간기록물

〈그림 1〉 공공기록물과 민간기록물의 관계

사전적 의미와 법적 정의로 보면 언뜻 그 개념이 명확히 구분된 것처럼 보이지만, 때로는 정확하게 구분하는 것이 애매한 경우도 있다. 이럴 때 위 그림과 아래 예시를 함께 보면 개념을 이해하는 데 도움이 될 수 있을 것이다.

예시 ① '공무원의 주민등록증'은 공공기록물인가? 민간기록물인가? ⇒ 다
예시 ② '공무원이 공직기간 30년 동안 작성한 업무수첩'은? ⇒ 나
예시 ③ '공무원이 공직기간 30년 동안 작성한 업무수첩을 대전시에서 기증·접수
　　　 받았다면, 그 업무수첩은? ⇒ 다

민간기록물과 지역기록물

　민간기록물은 그 출처에 있어 민간(개인 또는 단체)인 경우로만 한정하며, 그 내용에 있어서는 정치, 경제, 문화, 역사 등 전 분야를 망라한다. 공공기록물법에서는 민간기록물의 분야와 시기를 제시하지 않은 채 '국가적으로 보존할 가치가 있는 기록'으로 범위를 설정하고 있다. 또한 국가적으로 보존할 가치가 높은 경우에는 국가지정기록물로 지정하여 관리하도록 규정하고 있다.

　공공기록물법이 민간기록물을 특별하게 다루기 시작하면서, 지방에서의 민간기록물을 '향토자료'로 언급하기도 했다. 2006년 법률 제11조 제5항에서다. 여기서 지방기록물관리기관이 수행하는 업무 중에 하나로 관할 공공기관 관련 향토자료 등의 수집을 설정했다. 이는 중앙기록물관리기관(국가기록원을 의미한다)이 국가차원의 주요 민간기록물을 수집하고 국가지정기록물제도를 운영하는 것과 맥을 같이 하여, 지방기록물관리기관은 지방정부의 차원에서 지방의 민간 주요기록물을 수집하고 관리할 수 있도록 하는 근거로 활용할 수 있도록 한 것이다.

　지역의 역사나 문화는 행정기관의 기록만으로 완성되지는 않는다. 행정기관을 둘러싼 주변의 다양한 기록 및 사실들과 함께 종합될 때 보다 풍부하고 폭넓은 지역사가 만들어질 수 있다. 또한 행정기관이 있는 곳에는 이러한 행정기관의 역할과 기능을 감시하는 시민단체 등 행정기관 밖의 제3의 기관들이 존재한다. 이들이 만들어내는 각종 기록도 궁극적으로는 해당 지역의 행정행위의 증명, 그에 대한 지역사회의 반응, 그 결과의 이행에 대한 확인자료 등으로 이용될 수 있고, 다른 한편으로는 지역 발전을 위한 방향성 수립의 기초자료로도 활용될 수 있을 것이다. 이처럼 향토자료의 수집은 그 지역 고유의 행정연혁, 시민활동과 더불어 그 지역 사회가 추구하는 미래상 등을 확인할 수 있는 자료가 된다. 따라서 지방 기록물관리기관은 다양한 향토자료 등의 수집을 위한 방안을 검토하여 만들어야 할 필요가 있다.[4]

이와 같은 발전방향을 담아낼 수 있도록 하기 위하여 2019년 12월 개정한 공공기록물법에서는 지방기록물관리기관의 업무 중 하나로 언급된 위의 항을 삭제하고, 헌법기관 기록물관리기관 및 지방기록물관리기관의 장은 소관업무, 관할 공공기관 또는 관할 지역과 관련하여 보존가치가 높은 민간기록물을 수집할 수 있다는 조항(제46조의2)을 별도로 신설했다.

사전에서는 '지역기록물'을 지역 출처에 대하여 지리적 요인에 기반한 출처 개념이라고 설명하고 있다. 한편, 기록학계에서는 지방기록에 대하여 공공기록은 물론 지방과 지방민의 역사를 통해 누적되는 모든 기록을 포괄한다고 설명하며, 지방자치단체의 기록을 관리·보존하는 것을 넘어 지방에 소재한 각종 단체, 대학, 도서관, 박물관 등의 다양한 관리주체, 주민과 공동체 등의 생산주체를 포괄하는 보존기록관리 체계의 구축을 제안하기도 했다.[5]

공공기록물법에서는 향토자료를 민간기록물의 속성을 가진 것으로 바라본 측면이 있었다. 한편 지방기록물관리기관이 관할 지역의 민간기록물을 수집한 경우 그것을 지방기록물이라고 보는 시각도 가능하다. 다만 공공기록물법에서 말하는 '향토자료' 또는 '지방기록물관리기관에서 수집한 민간기록물'을 바로 지방기록물 또는 지역기록물로 일대일 치환하기는 어렵고, 확대하여 해석하기에도 법적 허용범위를 넘는 것으로 보인다. 아직은 법적 용어로서 정립되기 전이므로 '지역기록물'에 대하여 지역을 출처로 보는 사전적 의미로만 개념을 정의하는 것이 타당하다. 따라서 이 글에서는 법적 해석이 아닌 사전적 의미만을 근거로 하여 '지역기록물이란 공공기록물이든 민간기록물이든 상관없이 지역단위에서 생산·관리되고 있는 기록물을 말한다'라고 정의하고, 향토자료나 지방기록물 등의 용어 대신 '지역기록물'로 통칭하여 사용하도록 하겠다.

지역기록물 관리의 이론과 사례

미국에서는 역사적인 기록물들을 보존하는 기관을 아카이브즈와 매뉴스크립트 보존소 이렇게 크게 두 범주로 나눈다. 전자에는 모든 정부 차원의 공공 아카이브즈와 사적인 조직 내의 기관 아카이브즈가 포함된다. 가장 흔한 기관 보존소로는 대학, 기업, 종교, 조합, 그리고 박물관 아카이브즈 등이 있다. 매뉴스크립트 보존소에는 역사협회, 모든 종류의 학술, 공공, 개인 도서관, 그리고 전문화된 연구센터 등이 포함된다. 실제로 이 두 종류의 보존소에서 수행하는 정리와 기술은 상당한 차이가 있다. 그 차이는 궁극적으로 기관의 목표와 그 기관이 수집하는 기록물 유형의 차이로부터 나온다.[6] 이를 표로 정리하면 다음과 같다.

〈표 1〉 아카이브즈와 매뉴스크립트 보존소[7]

아카이브즈(Archives)	매뉴스크립트(Manuscript) 보존소
정부차원의 공공 아카이브즈와 사적 기관 (대학, 기업, 종교, 조합, 박물관 등) 아카이브즈 포함	역사협회, 모든 종류의 학술·공공·개인 도서관, 전문화된 연구센터 등
모(母)기관의 업무수행과 관련된 기록물을 이관받아 보존	조직의 목표에 따라 다양한 외부의 조직과 개인으로부터 자료를 수집
주로 내부 직원들이 이용	주로 외부 연구자들에게 제공
체계화된 기록물 관리를 통해 정해진 일정에 따라 기록물 입수 및 조직 내 기능별로 정리 수행	규칙적인 수집 활동이 드물고, 적절한 자료의 식별과 협상을 통한 수집 및 컬렉션별 정리 수행

아카이브즈(Archives)는 기록물의 보존가치가 높아 역사기록물로 영구히 보존하는 대상 또는 그 기관을 의미한다. 우리나라는 공공 아카이브즈

와 민간 아카이브즈로 크게 구분할 수 있다. 공공기록물법에서 이런 기록관리를 전문적으로 수행하는 기관을 '기록물관리기관'으로 정의하고 있으며, 관리대상이 되는 기록물은 문서, 도서, 대장, 카드, 도면, 시청각물, 전자문서 등 모든 형태의 기록정보 자료와 행정박물을 말한다고 규정하고 있다. 여기서 기록물의 유형을 문서, 도서 및 시청각물 등 대표적인 예시를 들어 열거함으로써 기록물의 주된 형태가 무엇인지 알기 쉽게 했다. 물론 최근에는 전자문서, 행정정보 데이터세트, 웹기록물 등 새로운 유형의 기록물이 출현하고 있어 그 관리방법에 있어서 고도의 전문성이 요구되고 있기도 하다.

반면 개인성과 지역성을 띠고 있으며 때로는 공공성도 내포하고 있는 지역기록물의 현황은 어떠한가? 지역기록물을 생산·관리하는 주체는 개인, 마을, 단체, 학교, 연구소 등으로 너무 개별화되어 있어 그 규모와 수를 파악하기 어렵다. 또한 그 기록물 형태는 일기, 메모, 문집, 족보, 학교성적표, 가계부, 유서, 서화류, 사진앨범, 명부류, 물품류, 동영상류, 개인 SNS 등 다종다양하고 복합적으로 섞여있어 유형화하기에 매우 어렵다. 최근에는 구술기록화 사업도 광범위하게 진행되고 있어 기존처럼 이미 생산된 기록물을 대상으로 하고 있던 기존의 기록관리의 범위를 넘어서고 있어 더더욱 복잡해지고 있는 실정이다.

이러한 현실 하에 최근 각 지자체들이 기록물 기증캠페인 등 지역문화 활성화를 위한 다양한 기록문화 확산사업을 펼치고 있다. 그중 '청주시'는 '기록문화 창의도시'라는 첫 법정 문화도시로 지정되어, 동네기록관 구축 및 시민기록가 양성 등 총 18개의 기록문화 사업을 추진 중임은 주목할 만 하다. 아래 〈표 2〉는 몇몇 지자체에서 추진하고 있는 지역기록물 수집사업 현황이다.

〈표 2〉 지자체 아카이브 및 민간기록 수집사업 현황

서울시	'서울 기록화 사업'으로 민간기록물 수집 · 전시 추진
경기 파주시	'숨겨진 파주의 기록을 찾습니다'를 주제로 지역의 숨은 기록물을 발굴하는 수집공모전 개최 (2020.9.~)
강원 홍천군	'홍천군과 관련된 잠자고 있는 기록을 찾습니다'를 주제로 '민간기록물 수집 공모전'실시 (2021.3.~12.)
충북 청주시	청주기록관 운영, 직지의 고장이자 2020년 '기록문화 창의도시'로 선정되어 다양한 기록문화사업 추진 중
경상남도	'서랍 속 경남 기록 이야기를 찾습니다' 추진 (2020.6.~)
경남 창원시	창원아카이브(www.changwon.go.kr) 운영, 창원시의 시정기록과 민간기록을 수집하고 기록유산으로 관리
충북 증평군	증평기록관 개관, 증평군의 행정기록 및 증평군민들의 기록문화 시설로 운영 최근 '증평, 첫 번째 기억'이라는 제목으로 온라인 전시회 운영 증평 아카이빙 프로젝트 사업 활발
대전 유성구	'유성의 기억을 모으다'라는 제목의 민간문화유산 수집 실시 (2019.2.~)
전북 전주시	'향교, 서원을 비롯한 전주의 유교문화 기록을 찾습니다'라는 제목으로 제9회 전주기록물 수집공모전 실시 (2020.9.~)
제주도	'제주의 숨은 옛기록을 찾습니다' 제하의 제주 항일운동, 제주 새마을운동, 마을행사 및 축제 등 제주 관련 기록물 수집 (2020.7.~)

지역기록물 관리의 이론은 별도로 정립된 바가 뚜렷이 없어, 여기서는 일반적인 기록관리의 이론과 국가기록원에서의 민간기록물 관리 사례를 통하여 살펴보고자 한다.

아카이브즈(기록물관리기관)에서의 기록관리의 절차는 일반적으로 기록물의 수집, 정리, 평가, 폐기, 보존, 공개활용 등으로 나열할 수 있으며, 이 중 지역기록물관리에 있어서 특히 해당 아카이브즈의 목적과 특성에 맞는 수집정책을 수립하여야 한다.

기본적인 기록관리의 원칙들은 19세기 유럽에서 발달된 '출처의 원칙', '원질서의 원칙', '집합적 기술의 원칙'에 기초를 두고 있다. 여기에 덧붙여서 미국 아키비스트들은 기록물에 대한 '계층적 관리'라는 개념을 발전시켰다.[8]

〈표 3〉기록관리의 원칙[9]

출처의 원칙 (Recpect des Fonds)	한 출처로부터 나온 모든 문서들은 함께 보관된다. 하나의 일정한 기록물 생산자에 의해 생산된 아카이브즈는 다른 기록물 생산자의 것과 뒤섞이면 안된다.
원질서의 원칙 (Principle of Original Order)	기록물은 관련 기관의 공식적인 활동 과정에서 부여받은 순서와 지시대로 보존되어야 한다.
집합적 기술의 원칙	기록물 세트를 분리된 개체로서가 아니라 집합적으로 기술하는 원칙으로서, 출처의 원칙과 원질서의 원칙을 유지하려는 데에서 나온 것이다.
계층적 관리	기록물을 관리하고 처리하는 과정에서 출처의 원칙과 원질서의 원칙을 이행하는 방법으로서, 가장 일반적인 것에서부터 가장 구체적인 것에 이르기까지 연속체를 따라서 점차적으로 기록물 세트를 묶어주고 기술하는 것을 포함한다. ※ 각 부서나 활동, 기능을 문서화해주는 파일시리즈, 각 시리즈 내의 파일, 각 파일 내의 문서도 같은 방식

공공기록물법에서는 기록물의 생산부터 활용까지의 모든 과정에 걸쳐 진본성, 무결성, 신뢰성, 이용가능성이 보장되도록 관리하여야 하고(제5조), 기록물이 전자적으로 생산·관리되도록 필요한 조치를 마련하여야 한다(제6조)고 규정함으로써 기록관리의 원칙을 선언하고 있다. 이 중에 언급된 진본성, 무결성, 신뢰성, 이용가능성은 공공기록물뿐 아니라 기록관

리 분야에서는 매우 중요한 개념으로서 기록물의 4대 속성으로 일컬어지기도 한다.

〈표 4〉 기록물의 4대 속성[10]

진본성 (Authenticity)	진본기록은 다음과 같은 사항을 입증할 수 있는 것이다. a)기록이 표방하는 바 그대로의 기록인지, b)그것을 생산했거나 보낸 것으로 되어 있는 바로 그 행위주체가 생산했거나 보냈는지, c)기록에 명시된 시점에 생산되었거나 보내졌는지. 기록의 진본성을 보장하기 위해 기록 생산, 획득, 관리를 통제하는 업무 규칙, 프로세스, 방침 및 절차를 이행하고 문서화하여야 할 것이다. 기록 생산자가 승인되고 식별되어야 할 것이다.
신뢰성 (Reliability)	신뢰성 있는 기록은 a) 기록이 입증하고자 하는 처리행위, 활동, 사실의 완전하고 정확한 표현물로서 해당 기록의 내용을 신뢰할 수 있고 b) 이후의 처리행위 또는 활동 과정에서 의존할 수 있는 것이다. 기록은 사실에 대한 직접적인 지식을 가진 개인에 의해서 또는 처리행위를 위해 일상적으로 활용하는 시스템에 의해서, 관련된 사건이 일어난 시점이나 혹은 바로 뒤에 생산되어야 할 것이다.
무결성 (Integrity)	무결성을 가진 기록은 완전하고 변경되지 않은 기록이다. 기록은 허가받지 않은 변경이 이루어지지 않도록 보호되어야 할 것이다. 기록 관리에 대한 방침과 절차에서는 생산된 이후의 기록에 무엇을 추가 또는 부기(annotations)해도 되는지, 어떤 조건에서 추가 또는 부기를 승인해도 되는지, 그리고 누구에게 그 권한을 부여할지를 명시하여야 할 것이다. 기록에 대한 승인과 추가, 부기 또는 삭제는 어떤 것이든 명확하게 표시하고 추적할 수 있도록 하여야 할 것이다.
이용가능성 (Useability)	이용가능성 있는 기록은 이해관계자들이 합당하다고 여기는 시간 안에 위치를 찾을 수 있고, 검색할 수 있으며, 보여줄 수 있고, 해석할 수 있는 것이다.

　　지역기록물 관리의 구체적인 실행사례를 살펴보기 위하여, 국가기록원의 민간기록물 관리현황을 참고해 보도록 하겠다. 국가기록원은 공공기록물법령에 근거하여 국가적으로 보존가치가 높은 국내외 소재 주요 기록정보 자료와 민간기록물을 수집할 수 있다. 또한 국가적으로 영구히 보존할 가치가 있다고 인정되는 민간기록물은 국가기록관리위원회의 심의

를 거쳐 국가지정기록물로 지정하여 관리할 수 있다. 이를 위해 국가기록원은 민간기록물의 실태조사, 소재정보데이터베이스 구축 등 관리체계를 구축하여야 하며, 민간기록물의 효과적 수집을 위해 기록조사위원 및 자문위원을 위촉할 수도 있다. 이밖에도 민간기록물 관리 및 국가지정기록물 제도를 운영하기 위해, 하위 지침을 제정하여 실제 민간기록물의 수집관리에 적용하고 있다.

현재 운영 중인 국가기록원의 민간기록물 관리에 관한 내용은 국가기록원 홈페이지에 자세히 게시되어 있는데, 민간기록물 수집정책은 〈참고 1〉, 민간기록물 수집내역은 〈참고 2〉, 국가지정기록물 현황은 〈참고 3〉과 같다. 이 자료들을 보면, 국가기록원의 민간기록물 관련 정책은 '국가적으로 보존가치가 높은 국내외 소재 주요 기록정보 자료와 민간기록물'을 주요대상으로 하고 있음을 알 수 있으며, 이에 따라 특별히 지역기록물로서의 가치가 있어 지역에서 관리되는 것이 바람직하다고 판단되는 것들은 수집대상에 포함되지 않은 것으로 보인다. 또한 직접 수집을 하지 않더라도 '국가적으로 영구히 보존할 가치가 인정되는 기록물'인 경우는 국가지정기록물로 지정하여 보존관리를 지원하고 있음을 알 수 있다.

〈참고 1〉 국가기록원 민간기록물 안내[11]

- **민간기록물 소개**

  국가기록원은 공공기관 뿐만 아니라 민간단체·기관, 개인이 소장하고 있는 중요 기록물을 수집·정보화하여 국민의 알 권리를 충족시키고 후대에 기록문화유산으로 전승시키고자 노력하고 있습니다. 이를 위해 국가기록원은 민간의 중요 기록물을 국가지정기록물로 지정하거나 기증·구입 등의 방법으로 적극 수집하고 있습니다. 또한 수집된 기록물은 과학적인 보존처리(소독·탈산·수선·복원)를 거쳐 항온항습 등 최적의 보존환경을 갖춘 첨단 보존서고에 안전하게 보존됩니다.

  ☑ **수집대상**
  - 개인 또는 단체가 생산·취득한 기록정보 자료 등으로서 국가적으로 보존가치가 높다고 인정되는 민간기록물
    - 시기 : 시기적 제한은 없으나 근·현대 생산 기록물 중심
    - 대상 : 종이문서·대장류, 시청각물, 간행물, 도면, 지도, 카드, 구술자료, 기록사본, 디지털자료 등

  ☑ **수집방법**
  - 기증 : 기증신청서를 접수받아 역사적 가치 등을 평가하고 기증자와 협의를 거친 후 기증받습니다.
  - 구입 : 중요한 기록물은 원본여부 및 역사적 가치 등을 감정한 후 구입하기도 합니다.
  - 사본수집: 기증이 어려운 경우, 중요 기록물은 기록물 사본을 제작하거나 디지털화하여 보존합니다.

  ☑ **관련법령**
  - 공공기록물 관리에 관한 법률 제46조(주요 기록정보 자료 등의 수집)
  - 동법 시행령
    - 제80조(민간기록물 관리체계 구축)
    - 제84조(주요 기록정보 자료의 수집 등)

- **기증대상**

  ☑ 근대 이후부터 현재까지 생산된 공공기관의 정책, 사업, 행사 또는 국민적 관심과 역사성이 높은 사건, 사고, 인물 등과 관련하여 개인 또는 단체가 보유한 모든 형태의 기록물
  - 문서 : 공문서, 보고서, 편지, 일기, 메모, 수첩, 팜플릿, 포스터, 간행물 등
  - 시청각 : 사진, 앨범, 음성기록, 영상기록, 필름 등
  - 박물 : 액자, 훈장, 그림, 기념품 등

- **기증신청 및 문의**
  - 주소 : 부산광역시 연제구 경기장로 28, 역사기록관 기록관리팀
  - 전화 : 051-550-8094 (팩스 : 051-503-6966)
  - 이메일 : ssukeda86@korea.kr

- **기증절차**

기증신청	기록물 심사 1차	기록물 심사 2차	기증확정 및 통보	기증협약	활용
기증신청자	국가기록원 담당자	해외기록물 수집자문 위원회	담당자 → 기증자	협약서, 감사장 및 감사선물 전달	국가기록원 보존 대국민 서비스

- **기증예우**
  - 기증 감사장 발급
  - 감사선물 증정
  - 정부 포상 추천
  - 필요한 경우 복사본 제공

- **기증기록물의 보존과 활용**
  - 기록물 분류 정리, 소독, 항온항습 서고 보존
  - 영구기록물관리시스템(CAMS) 등록, 대국민 활용기반 마련
  - 온·오프라인 콘텐츠 구축

〈참고 2〉 국가기록원 민간기록물 수집현황[12]

수집년도	기록물 종류	수집량
합계	고기록, 근·현대 기록, 사진필름 등	**245,472점**
1997~2006	교지, 읍지, 유서 등 조선 및 일제시대 기록	1,275점
2007	최민식작가 사진필름	144,424점
	조선풍물 사진엽서, 일제시대 문서 등	1,210점
2008	최민식작가 인화사진	10,516점
	6·3항쟁 관련기록	58점
	새마을운동 관련 시청각 기록	338점
	선거 등 정치관련 기록 등	400점
2009	새마을운동 민간기록	1,504점
	『인물계』(1950년대 잡지)	46점
	해방공간 및 1960−80년대 기록	171점
	한국자유총연맹 기록	232점
	개화기 및 일제시대 기록	16점
2010	국민생활정책 공모전 기록	320점
	해인사 및 국민보도연맹증 등 기록	2,005점
	근현대 정치·사회·생활사 기록	106점
2011	송상근 일기	59점
	복지정책 관련 및 구자덕·강정식·이몽두 기증 기록	28점
	중소 이산가족회 기증 기록	600점
	역대장관 기증 기록	327점
	2022 월드컵유치위 기증 기록	20점
	한국방송작가협회 방송대본 기증 기록	13,000점
	YWCA 회의록 및 사진앨범	255점
2012	상·하반기 민간기록물 기증캠페인 기증 기록	466점
	최초 원양어선 관련 기증 기록, 천안함 관련 사진 기록 등	4,820점

2012	복지 관련 기획수집 기록(홀트아동복지회, 공생원)	6,037점
	국제구호활동 관련 기획수집 기록(세이브더칠드런 등)	1,300점
2013	상·하반기 민간기록물 기증캠페인 기증 기록	815점
	故 최민식 작가 사진필름 및 인화사진 등	15,000여점
	문화예술 관련 기획수집 기록(동계스포츠 등)	22점
2014	전상진 前 UN대사 소장 기록물	38점
	한국방송작가협회 방송대본 기증 기록	22,983점
	상·하반기 민간기록물 기증캠페인 기증 기록	939점
	근현대 정치·사회·문화·생활사 기록	469점
2015	한국방송작가협회 방송대본 기증 기록	577점
	여성생활일기, 학교생활 기록물 등 개인 기증 기록	299점
2016	우장춘박사 관련 기록물	713점
	운정재단 소장 기록물	4,000점
	1970~80년대 새마을운동 관련 기록물	92점
	교육/학사, 국방/병무 등 근현대 생활사 기록물	755점
2017	제1공화국 국무회의 비망록	12점
	故 최민식 작가 추가기증 필름류	2,000점
	동계스포츠 관련 기록물	1,267점
	과학/교육 및 일기(수기)류 기록물	405점
2018	한미 FTA이행법안(오바마 대통령) 문서 등	2점
	故 최민식 작가 사진 원본 필름류	5,000점
	개인일기, 일제시기 학사 기록물 등 개인 기증 기록물	193점
2019	일제강점기 학사·행정 기록물, 군정장관 포고문 등 미군정기 기록물	42점
	6·25 전쟁기간 지방행정 기록물, 『주보』 등 근현대 기록물	57점
2020	구한말 어업 관련 기록 및 일제강점기 강제징용 기록물 등	11점
	4·19혁명 사진 등 근현대 정치·경제·사회·생활사 기록물	248점

〈참고 3〉 국가기록원 국가지정기록물 현황[13]

- 지정현황

지정	지정년도	기록물 제목	소장처	수량
제1호	2008년	유진오, 제헌헌법초고	고려대학교 박물관	1점
제2호	2008년	안재홍, 미군정 민정장관 문서	고려대학교 박물관	90점
제3호	2008년	이승만 대통령 기록물	연세대학교 이승만연구원	15만쪽
제3-1호	2013년	이승만 대통령 사진기록물	연세대학교 이승만연구원	19,000매
제4호	2008년	조선말큰사전 편찬원고	한글학회(12), 독립기념관(5)	17권
제5호	2011년	도산 안창호 관련 미주 국민회 기록물	도산기념관	17,000건
제6호	2011년	새마을운동 관련 기록물	새마을운동중앙회	3,015권
제7호	2013년	청강 김영훈(晴崗 金永勳) 진료기록물	경희대학교 한의학역사박물관	955권
제8호	2013년	일본군 위안부 관련 기록물	사회복지법인 나눔의 집	3,060점
제8-1호	2014년	일본군 위안부 관련 기록물	정신대할머니와 함께하는 시민모임	940점
제8-2호	2014년	일본군 위안부 관련 기록물	사회복지법인 나눔의 집	125점
제9호	2013년	상주 동학교당 기록물	김정선 (상주 동학교당)	1,425점
제10호	2013년	심소 김천흥(心韶 金千興) 전통예술 관련 기록물	심소김천흥 무악예술보존회	2,400점
제11호	2014년	대한천일은행 창립 및 회계 관련 기록물	우리은행 은행사박물관	75점
제12호	2015년	3·1운동 관련 독립선언서류	독립기념관	48점
제13호	2020년	고려인 문화예술 기록물	김병학	23권

- **지원내용**
  - 개인 또는 단체가 생산 · 취득한 민간기록물 중 국가적 보존가치가 있다고 판단되는 기록물을 국가지정기록물로 지정하여 보존 · 관리 등을 지원하는 제도
  - ※ 기록물의 안전한 보존 · 관리를 지원하는 제도로 기록물의 소유권은 소장 개인 및 단체에 있음
  - 국가지정기록물로 지정된 기록물은 위탁보존, 기록물 정리, 전산화 지원, 보존용품 등에 대해 예산범위 내에서 지원 가능

— **지정기준**

품질 평가	기록물의 원본성·진위성, 유일성·희소성 여부 기록물의 정보적 가치 집중성, 심미적·예술적 특성
수록내용 평가	정치·경제·중요인물·주요사건·사회상·예술 관련 중요기록물 여부
지정효과 평가	국가기정기록물로 지정시 기대효과 기록물 소유자 또는 관리자의 협조성 여부

— **지정 절차**
  - 지정 전

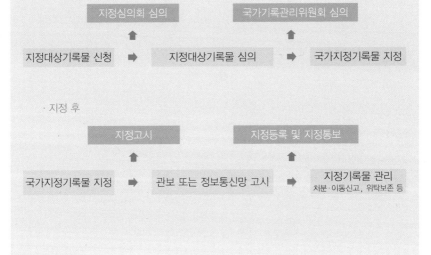

  - 지정 후

― 관련 법령

· 공공기록물 관리에 관한 법률
  제43조(국가지정기록물의 지정 및 해제)
  제44조(국가지정기록물의 변동사항 관리)
  제45조(국가지정기록물의 보존 · 관리)

· 공공기록물 관리에 관한 법률 시행령
  제81조(국가지정기록물의 지정 또는 해제절차 등)
  제82조(국가지정기록물의 변동사항 관리)
  제83조(국가지정기록물의 관리)

지역기록물 관리의 중요성

기록물은 개인이나 조직이 활동한 과정의 결과물이라고 앞서 표현한 바 있다. 기록물은 그 기록물에 포함되어 있는 생산자의 의도와 의미 그리고 이에 대한 배경정보를 이해할 수 있게 하고, 업무적·역사적 증빙자료로서의 역할을 한다. 이러한 역할을 갖는 기록물은 세대를 이어 후대에 전승되는 역사적, 문화적, 사회적 가치를 동시에 지니며 연구자들에게는 중요한 학술적 가치도 지니게 된다.[14]

사회 구성원이 생산하고 향유했던 기록물은 그 시대와 그 지역에 살았던 사람들의 생활상을 그대로 반영한다. 공적영역에서 수행된 업무과정의 결과로 남은 공공기록물과 함께 지역을 기반으로 한 지역구성원의 활동결과로 남은 지역기록물 또한 기록물로서 관리해야 할 가치가 있다. 그 시대를 종합적으로 파악하고, 이를 후대에 역사적 산물로 전승하기 위한 가장 좋은 방법은 바로 '기록관리'이다.

혹자는 공공기록물로 다 채울 수 없는 결락을 채우기 위하여 민간기록물을 관리한다고 말하기도 한다. 지방기록물관리기관에서 민간기록물을 수집하고 관리하는 목적도 여기서 크게 벗어나지 않는지도 모른다. 그러나 지역기록물은 이제 새로운 관점에서 바라보아야 할 필요가 있다. 지역기록물은 지역적 특색을 기반으로 하고 있으며 공공과 민간을 모두 아우르고 있다. 그러므로 공공의 결락을 채운다는 의미로만 볼 것이 아니라 지역단위의 사회상을 총체적으로 반영할 수 있도록 관리되어야 한다.

공공기록물 관리의 목적은 공공기관의 투명하고 책임있는 행정구현과 공공기록물의 안전한 보존 및 효율적 활용을 위한 것이라고 공공기록물 법에서는 규정하고 있다. 이에 걸맞게 '지역기록물 관리의 목적'을 서술 해본다면, "지역사회의 투명하고 책임있는 행정구현과 지역 특성에 따른 가치있는 기록의 효율적 관리 및 활용에 그 목적을 둔다."라고 필자는 정 리하고자 한다.

지방의 정체성은 지방성, 지역성, 로컬리티 등으로 환치할 수 있으나, 새로운 기록관리 패러다임에 적합한 정체성은 지방의 지리적, 역사적, 제 도적 특성뿐 아니라 공동체의 과거와 현재의 정체성을 포함하는 포괄적 이고 동적인 개념이어야 하며, 이는 로컬리티 기록화가 추구하는 방향과 일치한다.[15] 지역기록물의 관리는 지역에 토대를 둔 행위 주체들의 다양 한 활동과 이에 따른 지역의 변화를 증거할 수 있는 기록의 관리가 되어 야 하며, 이들 주체의 기억과 역사를 남기는 일이 되어야 할 것이다.[16] 이 제 지역기록물의 가치를 재인식해야 할 때이다. 더불어 지역기록물 관리 의 중요성도 점점 더 부각될 것으로 보인다.

맺으며

국가행정환경에서만 지방자치의 시대가 아니다. 지금의 기록관리 환경도 이제는 기록자치의 시대이다. 기록자치의 시대를 여는 제도적 기반은 공공기록물법 상에 지방기록물관리기관 설치에 관한 근거를 마련함으로써 그 토대가 되었다. 실제로는 경남기록원(2018)과 서울기록원(2019)이 설립·운영되는 모습을 보이며 그 시작을 알리고 있다. 2020년 10월에 국가기록원에서 개최한 '지방기록원 설치 확산을 위한 기록관리 학술세미나'에서 기조 발제자는 "기록자치는 시민이 기록활동에 주체적으로 나서는 것이며, 그 기록활동이 자치활동의 하나로 작동하는 것"이라고 했다.[17] 이 말은 진정한 기록자치는 지방기록물관리기관의 설립에만 그쳐서는 안 된다는 의미를 내포하면서, 로컬 아카이빙 및 로컬 아카이브로의 지향성을 가리키고 있다.

진정한 기록자치의 실현과 로컬 아카이빙을 지향하기 위해서 앞으로 준비해야 할 사항은 무엇이 있을까? 우선 지역기록물 관리와 지역문화 진흥을 위한 제도적 기반을 더 확충할 필요가 있다. 공공기록물법 체계 내에서 추가로 민간기록관리 진흥 체계를 도입하거나, 지방기록물관리기관의 역할을 강화하는 방법이 제일 효율적이고 타당할 것이라 생각한다. 또한 전문인력 양성프로그램도 필요하다. 지역기록물을 전문적으로 다룰 지역 아키비스트가 더욱 요구될 것이기 때문이다. 간간이 언론기사로 볼 수 있는 단발성의 '시민 아키비스트 양성과정'만으로는 앞으로의 전문인력 수요를 충족시키기 어려울 것이다. 이밖에 시스템 구축, 통합서비스

구현, 협력 거버넌스 마련 등도 필요하다. 이와 같은 지역문화 진흥을 위한 노력에 가장 최우선 되어야 할 사항은 정치적 문화적 공감대 형성 및 경제적 여건 조성이다. 앞으로 지역기록물 관리와 지역문화진흥을 위해 좀더 활발한 논의가 이루어지기를 바라며, 다양한 사례와 경험이 쌓이기를 기대한다.

참고문헌

「공공기록물 관리에 관한 법률, 시행령, 시행규칙」, (국가법령정보센터 사이트)

「민간기록물 수집 및 국가지정기록물 등에 관한 운영규정」, 국가기록원 훈령(국가법령정보센터 사이트)

「민간기록물 수집업무에 관한 규정」, 국가기록원 훈령(국가법령정보센터 사이트)

Fredric M. Miller 저, 조경구 역(2002), 『아카이브와 매뉴스크립트의 정리와 기술』, 진리탐구.

KS ISO 15489-1 기록관리 (국가표준인증통합정보시스템:e기록관리표준인증 사이트)

박지태(2008), 『기록관리법령 따라하기』, 선인.

설문원(2015), 「로컬리티와 지방기록관리」, 『한국기록관리학회지』, 15(4), 한국기록관리학회.

조영삼(2020), 「기록자치와 지방기록원」, 『지방기록원 설치 확산을 위한 기록관리 학술 세미나』, 국가기록원.

한국기록관리학회(2013), 『기록관리론 : 증거와 기억의 과학』, 아세아문화사.

한국기록학회(2008), 『기록학용어사전』, 역사비평사.

미주

1 필자는 국가기록원 소속 직원이기는 하나, 이 글은 국가기록원의 공식입장이 아닌 필자의 개인적 경험과 지식에 근거하여 지역기록물을 고찰하는 것임을 미리 밝혀둔다.

2 한국기록학회(2008), 『기록학용어사전』, 역사비평사, 24p.

3 위의 책, 111p.

4 박지태(2008), 『기록관리법령 따라하기』, 선인, 128~129p.

5 설문원(2015), 「로컬리티와 지방기록관리」, 『한국기록관리학회지』, 15(4), 153p.

6 Fredric. M. Miller 저, 조경구 역(2002), 『아카이브와 매뉴스크립트의 정리와 기술』, 진리탐구, 21p.

7 위의 책, 21~26p에서 정리

8 위의 책, 33p.

9 위의 책, 33~51p에서 정리

10 국가표준 KS ISO 15489-1:2016에서 정리

11 국가기록원 홈페이지(www.archives.go.kr)

12 국가기록원(2020), 『국가기록원 주요통계연보』, 국가기록원, 23~24p.에서 2020년도 수집분 추가

13 국가기록원 홈페이지(www.archives.go.kr)

14 한국기록관리학회(2013), 『기록관리론 : 증거와 기억의 과학』, 아세아문화사, 10p.

15 설문원(2015), 「로컬리티와 지방기록관리」, 『한국기록관리학회지』, 15(4), 157p.

16 위의 글, 158p.

17 조영삼(2020), 「기록자치와 지방기록원」, 『지방기록원 설치 확산을 위한 기록관리 학술 세미나』, 국가기록원, 6p.

2장

지역사와 지역 아카이브

_ 한정은

지역 아카이브 시대

한국사회에서 지역사의 중요성이 강조되고 있다. 중앙이 아닌 지역의 역사와 문화에 대한 자료를 수집하고 활용해야 한다는 인식이 확대되고 있다. 삶의 공간인 지역의 자연, 인문, 역사, 공동체, 문화, 경제, 소모임, 개별가호, 시장, 동면 자치센터, 결연 마을 네트워크 등에 대한 연구는 다양한 소재와 자원을 지역민에게 제공하여 지역민들로 하여금 자신과 직접 관련된 역사와 문화를 습득하게 한다. 이는 자연스럽게 지역민들 스스로 참여하고 기록하는 활동으로 이어져 지역과 지역민들의 주체성을 회복하는 동시에 지역 발전의 동력이 되고 있다.

지역 아카이브도 기록을 보존하는 공간이라는 단순한 기능적 의미를 넘어 기록을 통해 지역의 역사, 경험, 정체성을 공유하고 재구성하여 콘텐츠로 재현, 활용하는 시민의 소통 및 문화공간으로 자리매김하여 지역 발전의 토대가 되고 있다.

　이러한 지역사의 확산이라는 시대적 흐름에 부응하여 일반인에게는 아직 낯설고 생소한 지역사에 대한 이해를 돕기 위해, 지역사의 정의와 지역사 연구 사례를 소개한 후 지역사의 확산과 동시에 부상한 지역사 아카이브 구축에 필요한 기본 과정을 설명하고자 한다.

지역사 이해

향토사, 지방사, 지역사

지역의 역사연구를 지칭하는 용어는 다양하다. 먼저 향토사(鄕土史)라는 개념을 살펴보겠다. '특정 지방에 관한 역사'로 알려진 향토사는 국가사(國家史) 중심의 역사가 아닌 지역을 소재로 한 역사 연구 초기에 사용했다. 향토사는 국가 전체사를 구체적이고 생동감 있게 이해시키고 고장에 대한 자긍심과 애향심을 고취시켜 국가사·민족사 중심의 역사를 보완하는 역할을 해왔다.

향토사에 대한 논의는 다양하다. 향토사는 "특정 고장의 강한 애정에 기반을 둔 특정 고장 연구를 가리키는 개념이기 때문에 학술적인 용어로 사용하기 어렵다.[1]"는 의견도 있다. 한편, 향토사가 "한국의 전통에서 기원한 것이 아니라 1891년 11월 제정된 일본 소학교교칙대강에서 이식된 것"[2]이라는 문제제기도 있다. 이와 반대로 향토사는 국가사의 문제점을 비판하기보다는 오히려 국가사를 보완하고 강화시키는 역할을 했다."[3]는 주장도 있다.

이러한 논의에도 불구하고 학계에서는 향토사가 유적(遺跡)이나 유물(遺物), 민속자료(民俗資料), 구비 전승(口碑傳承)과 전설(傳說) 등을 직접 확인하는 등 증거에 기초한 설명을 시도했다는 점에서 역사학의 본령(本領)에 나름 충실했다는 점을 인정한다.

지방사(地方史) 연구는 1980년대 이후 민중운동의 성장과 민주화, 냉전 종식과 더불어 수용된 '새로운 역사학'의 확산이라는 시대적 배경 속에서 활성화되었다. 여기에는 지방자치의 확대와 문화다양성이라는 가치를 내세우며 복수의 미시적 지방학 내지 지역학이 발흥하는 한편, 지방 또는 지역 연구가 양적·질적으로 확대된 것도 지역사 연구가 활성화된 이유도 있다.[4] 한국의 역사학자들은 최소한 1980년대 이전까지 지리지와 읍지, 지방지 편찬의 오랜 전통을 고수해왔다. 1980년대에 이르러서 지배층 중심의 역사서술을 반성하면서 '아래로부터의 역사'에 관심이 커졌다. 이로부터 향촌사회나 민중운동사 같은 연구가 본격적으로 등장했다. 지방에서 사학회와 연구단체들이 만들어지고 '지방사와 지방문화' 등 관련 학회지들도 창간되었다.

지역사 개념을 강조하는 연구자들은 "지방(地方)은 중앙의 입장에서 객체로 표현된 개념이지만 지역(地域)은 인간생활의 공간이라는 의미를 지닌다."고 말한다. 여기서 지역의 개념은 다차원적인 의미를 가진다. 국가의 경계 안팎에서 다양한 층위의 공간을 상정할 수 있다. 즉 지역은 '혈연공동체인 가족과 문중을 넘어서 촌락, 동리, 군·현, 국가, 동아시아 등 광협의 공간적 탄력성을 지닌 역사와 문화생활의 공간을 의미하는 개념'으로 규정된다.[5]

허영란은 지방사(地方史)보다는 지역사(地域史)라는 용어를 사용하는 것이 타당하다고 말한다. 그 이유는 지방이 국가 또는 중앙에 종속되거나 주변화된 개념이기 때문이며 이에 비해 '지역(地域)'은 행정적·지리적 경

계이면서도 생활권역을 나타낼 수 있는 개념이라는 것이다.[6]

지방사, 지역사를 둘러싼 개념적 논쟁이 간헐적으로 이어지고 있다. 대체로 지방사는 국가 전체나 중앙과의 관계적 관점 속에서 지방공동체의 역사를 연구하는 역사의 한 분야로 정의된다.[7] 그리고 지역사는 주류역사에서 배제되거나 중요하게 다루어지지 않았던 '역사들', 하찮다고 여겨진 사건과 장소에 주목하면서 다원적인 관점을 확보하려는 역사학의 한 분야로 정의된다.[8]

필자는 지방사와 지역사를 둘러싼 개념적 논쟁보다는 국가사와 거시사에 대응하는 한국의 지방사 또는 지역사의 문제의식이 개인, 시민, 대중의 역사화에 어떻게 기여할 수 있는지가 더 중요하다고 본다.

지역사 연구 유형

개인의 삶, 지역민의 삶을 다양한 방법으로 수집하고 재현하는 활동들이 활발하다. 학계의 전문 연구자들이 주도했던 시대를 넘어 시민이 역사 연구자와 공동주체가 되어 역사 연구 활동에 참여하고 있다. 이 장에서는 유럽과 미국에서 발전한 활동 중 지역사 연구에 모델이 될 만한 몇몇 사례를 소개하고자 한다.

시민들의 역사 활동은 1970년대 스웨덴에서 시작된 '네가 서 있는 곳을 파라!', 영국의 '역사작업장(History Workshop)', 독일의 역사공방(Geschichtsgewerkstätte), 프랑스의 에코뮤지엄, 미국의 공공역사를 들 수 있다.

'네가 서 있는 곳을 파라!' 운동은 노동자들 스스로 노동사를 쓰자는 운동이었다. 노동자들이 자신들의 노동에 대해 가장 잘 알고 있는 전문가이기 때문에 전문 역사가들보다 노동의 역사를 더 잘 쓸 수 있다는 것이다.

영국의 '역사작업장(History Workshop)' 운동은 '아래로부터의 역사(History from the under from the under)'를 주창하고 과거에 대한 연구를 아카데미를 넘어 누구나 참여할 수 있는 공공 모임인 워크샵으로 진행했다.[9] 대학의 성인교육 프로그램을 통해서 지역사 프로젝트, 민중사, 이야기 역사, 텔레비전 다큐멘터리, 연극, 영화, 수필, 주민박물관 등으로 역사의 시야를 넓혔다.[10] 역사에서 배제되었던 사람들이 참여하고 공동협력 하는 아래로부터의 역사쓰기, 역사의 민주화를 위한 대중적인 운동이었다. 독일에서도 영국과 유사한 역사공방(Geschichtsgewerkstätte) 운동이 일어났다.[11]

'에코뮤지엄(Ecomuseum)'이란 1960년대 후반 프랑스에서 등장한 개념으로 프랑스어의 에코뮈제(Ecomusee)를 영어로 번역한 것으로, '생태'라는 의미의 '에코(Ecology)'와 박물관이라는 뜻의 '뮤지엄(Museum)'의 합성어로 '새로운 박물관학'의 운동으로 태동된 개념이다. 건물을 지어놓고 수동적으로 관람객을 불러들이는 전통적 의미의 박물관을 거부하고, 주민이 지자체와 협력하여 지역의 유산을 현지에서 보존하고 활용해서 지역사회의 발전에 기여한다는 취지로 전개되었다.[12]

'지붕 없는 박물관' 또는 '열린 박물관'이라고도 불리는 에코뮤지엄은 건물을 통한 단순 전시가 아닌 지역 자체가 박물관이 되어 지역의 역사, 문화, 특성 등을 연구하고 이를 연계하여 스토리텔링 등의 콘텐츠를 개발한다. 장소 측면에서 기존 박물관과는 다르게 실외를 포함해 지역 또는 마을 전체가 전시공간이 된다. 전시대상도 차이가 있다. 기존 박물관은 전통적인 유물이나 자료 등을 전시하는데 반해, 에코뮤지엄은 지역(농업) 유산, 농촌의 생활과 관련된 전통문화, 지식, 기술 등이 고스란히 녹아있는 유물들을 전시하고 활용함으로 단순 관람을 지양하는 교육과 체험 중심의 박물관이다.[13]

'공공역사(Public History)'는 미국의 학자 로버트 켈리(Robert Kelly)가 1978년 처음 제창한 이후 세계적으로 확산되면서 주목받았다. 학자들은 대체적으로 공공역사를 공공영역에서 대중들이 전문역사가들과 함께 역사 지식을 생성하고 표현하는 활동으로 규정했다. 여기서 공공영역은 제도권 안의 기관들 대학, 연구소, 학교뿐만 아니라 제도권 밖의 영역을 포함한다. 공공역사는 '사적인 것'에 대비되는 '공적인 것'을 다루는 역사를 지칭하는 것이 아니며, 학술 목적의 활동 이외의 영역에서 사회 전반의 다양한 주체들(기관, 언론사, 시민, 지역활동가, 전문가 등)이 그들의 목적에 따라 시민(대중)을 대상으로 하거나 시민과 함께 역사 만들기 등의 재현과 소통을 하기 위한 다양한 방식의 실천'[14]으로 정의 할 수 있다.

공공역사는 1970년대 후반부터 미국과 캐나다에서 점점 전문화되었고, 대학의 학과로도 개설되기 시작했다. 현재와 미래를 위한 문제의식 속에서 역사 연구주제를 설정하고, 대중들이 그 연구주제 관련 문서기록,

구술기록, 박물기록 등 다양한 기록들을 수집하고, 아카이브 하고, 활용하여 서로 소통한다. 공공역사에서는 무엇보다도 사적 영역의 기록들을 공적 영역으로 불러오고, 사적 기억들을 공공의 기억으로 만드는 활동을 한다.

이상의 유형에서 다양한 형태의 역사 활동들이 전개되고 있음을 살펴보았다. 개인의 삶, 일기나 영상, 사진, 구술자료 같은 사적이고 주관적이며 유동적인 기록들, 다양한 형태의 기념물과 민간기록이 수집되어 연구와 다양한 활동에 활용되어 지역 발전에 기여했다. 우리의 지역사 연구도 이러한 방향으로 전개되어야 할 것이다.

기록과 지역 아카이브

'기록(記錄)'을 사전에서 찾아보면 기記(쓰다), 록錄(남기다) 즉, 써서 남기고자 하는 모든 것을 뜻한다. 메모, 일기, 가계부 등 개인적 기록물부터 문서, 계약서에 이르기까지 다양한 유형이 있으며, 기술의 발달로 사진, 동영상 등 매체 또한 매우 다양하다. 『공공기록물 관리에 관한 법률』에서는 기록물을 공공기록물과 민간기록물로 구분하고 있다. 공공기록물이라 함은 공공기관이 업무와 관련하여 생산 또는 접수한 문서·도서·대장·카드·도면·시청각·전자문서 등 모든 형태의 기록정보 자료와 행정박물로 정의하고 있으며, 민간기록물은 개인, 단체가 생산·취득한 기록정보 자료 중 국가적으로 영구히 보존할 가치가 있는 기록물로 정의하고 있다.

'기록'에 대한 학문적 의미도 다양하다. 조민지는 서양 학문인 기록학(archival studies)의 용어들을 한국어로 번역하는 과정에서 〈표 1〉과 같이 레코드(records), 아카이브(archives), 도큐먼트(document), 매뉴스크립트(manuscript) 등이 모두 '기록'으로 번역되기도 한다고 하면서 기록은 광의의 의미에서 정보로 인식되어야 할 필요가 있고, 실제 상황에서 레코드와 아카이브의 구분이 모호해지는 경우가 종종 있어 유연하게 이 용어를 대할 필요가 있다[15]고 했다.

〈표 1〉 기록 관련 용어[16]

용어	개념 정의
레코드 (Records)	레코드(Records)라는 의미로 사용할 때는 형식이나 매체에 상관없이, 법적 의무를 이행하거나 업무를 수행하는 과정에서 생산되는 기록을 말한다. 그러므로 이를 구성하거나 증거를 제공하는 조직이나 개인에 의해서 생산, 이관, 수집, 보존, 활용되는 기록을 말한다. 우리나라는 생산자가 속해있는 처리과 단위에서 이루어지는 기록과 관련된 활동을 포함하여 현재 사용하는 기록물이라는 의미에서 현용기록물이라고 말한다. 따라서 현용기록물의 경우에는 업무에 대한 증거로서의 가치가 강조된다.
아카이브 (Archives)	아카이브(Archives)라는 말로 사용하는 경우에는 영구기록물이라는 의미와 영구기록물을 보존하는 곳으로서의 기록보존소라는 의미 두 가지로 사용된다. 영구기록물이라는 의미는 기록물을 생산한 기관이나 생산자가 현재는 활용하지 않는 기록물이라는 것이 내포되어 있다. 그리고 영구보존을 위해서 평가·선별된 영속되는 가치를 가진 기록(레코드에서 선별된 기록)이라는 의미로 쓰인다. 그러나 현재의 업무에 직접적으로 활용되지는 않고 참고적 가치, 연구적 가치, 역사적 가치를 지니는 비현용 기록물이라는 의미로 사용된다.
도큐먼트 (Document)	도큐먼트(Document)로 사용할 때는 하나의 분리된 단위로 취급되는 기록정보나 객체를 말한다. 즉, 기록물 자체를 말하는 의미가 된다. 그래서 기록을 만들고 이를 정리하여 하나의 관리단위로 만드는 과정을 기록화(Documentation)라고 한다.
데이터 (Data)	데이터(Data)는 아직 가공되지 않은 사실이나 형태의 것을 말한다. 대게 일정한 형식을 갖추고 있는 경우가 많다. 일반적으로는 컴퓨터와 같이 정보처리 시스템 안에서 정보를 전달하고 해석하며 처리하는데 적합한 형식적 방법으로 정보가 표시된 것을 말한다.
정보 (Information)	정보(Information)는 인간이 감각기관을 통해서 지각하게 되는 지식이나 그 과정에서 전달되고 소통되는 지식을 말한다.

정리하면 기록은 '조직과 조직 구성원의 활동 과정에서 발생하는 것으로, 그 활동에 대한 증거와 정보, 지식을 제공하는 조직 정보 자산'이라 할 수 있다.

전자기록물	종이기록물
전자결재시스템을 통해 생산 또는 접수한 기록물	문서, 보고서, 간행물, 도면, 카드, 대장류

시청각 기록물	행정박물
비디오테이프, 녹음테이프, CD, 필름 및 사진 등	폐기관인, 사무집기류, 기념품, 공직자 선물 등

〈그림 2〉 기록물의 종류[17]

'아카이브(Archives)'는 사전적 의미로 기록보관소 혹은 기록보관소에 기록을 보관하는 행위를 의미한다. 기록학 용어 사전에서는 '개인이나 조직이 사적으로 또는 공적으로 생산하거나 접수한 기록 중에서 역사적으로 보존할 가치가 있거나 증거로서 보존할 필요가 있다고 평가·선별된 영구보존기록물을 전문적으로 보존하는 조직 혹은 이를 위한 시설 및 장소'라고 말한다. 아키비스트 등 전문인력을 통해 영구보존기록을 원질서와 출처 주의에 의해 정리 기술하여 편리하게 검색하고 이용할 수 있도록 하며 장기 보존할 수 있도록 관리하는 것을 의미한다.

아카이브는 '보존할 가치가 있는 기록물을 선별하여 보관하는 장소'뿐 아니라 '보존기록물 그 자체', '기록물을 수집하고 관리하는 기관'을 뜻하는 '복합적인 의미'를 지니며[18] 안전한 보존과 더불어 지속적인 활용을 위한 기록관리 활동을 하는 곳이다. '보존기록으로서의 아카이브'는 개인이나 조직이 어떤 활동이나 업무를 처리하는 과정에서 생산하거나 접수한 문서로서, 일정한 내용과 구조 그리고 맥락을 가진다.[19]

〈표 2〉 기록의 3요소

내용(content)	기록에 담겨 있는 문자, 숫자, 이미지, 소리 등으로 표현된 정보
구조(structure)	기록의 내용을 눈에 보이고, 이해할 수 있게 해주는 형태적 양식
맥락(context)	기록이 만들어지고 사용되어 온 환경과 정황 및 기록의 의미를 이해하는 데 도움이 되는 배경정보

기록은 일정한 〈내용〉과 〈구조〉 그리고 〈맥락〉을 지닌다는 점에서 일반적인 의미의 자료와는 구별이 된다. 기록을 구성하는 요건으로서 '내용'이란, 아카이브를 구성하는 문자, 데이터, 숫자, 이미지, 소리, 그래픽 등을 통해서 표현되는 구체적인 정보를 의미한다. [20]

'구조'는 기록이 가지는 '물리적 특성과 내용의 구성 체계'를 뜻한다. '물리적 특성'이란 기록이 어떤 물리적인 매체와 물질을 활용해서 작성되고 있는 것인가를, 내용의 구성 체계는 기록물이 담고 있는 내용의 고유한 구성 방법, 즉 제목과 서문, 본문, 부록 등으로 나누어지는 기록물의 구조를 의미한다.

'맥락'은 기록의 생성·입수·보관·활용 과정에서 발생하는 조직적·기능적·운영적 측면에서의 상황을 의미하며, 기록의 생성일, 생성 장소, 다른 기록과의 관계 등을 포함한다.

기록의 내용과 구조, 맥락은 과거에 일어났던 어떤 사건이나 행위가 언제, 어디서, 누가, 무엇을, 어떻게, 어떤 순서와 방법으로 진행한 것인지를 유추하고 짐작할 수 있는 증거와 정보를 제공한다. [21]

지금까지 살펴본 기록과 아카이브에 대한 기본적인 개념 정의는 영구기록물과 이를 보존하는 장소이며 더하여 전문인력을 갖추고 지속적인 검색, 활용을 위한 기록관리를 진행하는 장소이자 체계라 할 수 있다.

지역 아카이브

지역 아카이브의 활성화는 1999년 「공공기관의 기록물 관리에 관한 법률」 제정으로 시작되었다고 할 수 있다. 대학에 '기록학'이 신설되었고 기록관리에 대한 인식도 확산되었다. 그리고 2006년 10월 개정된 「공공기록물 관리에 관한 법률」에 따라, 지방기록물관리기관 설치를 의무화함으로써 광역 시·도에서는 지방기록물관리기관을 의무적으로 설치하게 되었다. 이후 공공기관을 중심으로 기록연구사가 배치되었고, 기록관리에 대한 체계를 수립하고 이를 안착시키기 위해 노력하고 있다.[22]

경남기록원, 서울기록원 설립을 시작으로 대구, 경북, 경기, 대전, 전북 등 전국 각 지역에서 기록원 설립을 준비 중이다. 지역 도서관이나 박물관에서도 지역기록물 수집사업을 진행하고 있으며, 지역학 연구센터에서도 지역 아카이브의 구축을 중요시 하고 있다.

공공기관의 기록관리에 대한 관심은 공적영역에 집중되어 있고, 당연히 기록관리의 대상은 기관의 활동과 업무를 보여 줄 수 있는 공적기록 중심이었다. 그러나 최근 기록관리는 공적영역 중심의 편향성을 지양하고 다양한 분야로 영역을 확대하고 있다.[23] 이는 민주화 이행과 공고화 과정을 통해 지역사회 시민의 힘이 강화된 측면과 지역 협치의 확산, 마을과 도시의 지속가능한 발전을 위한 민관협력의 활성화와 관련이 깊다. 지방자치단체에서 진행하고 있는 마을 만들기 활동, 마을 아카이브 사업들도 이러한 변화의 일환이다.

지역의 마을 만들기 사업에서 마을 아카이브 구축은 중요한 부분이다. '지역'을 이해하기 위해서는 지역문화를 알아야 하고, 지역민의 삶을 알아야 한다. 그 면면을 살펴보기 위한 매개체로 지역 자체에서 생산되는 기록이 중요하다. 최근 여러 지역에서 마을 공동체 사업의 일환으로 지역의 경험과 기억을 재생하기 위한 목적으로 다양한 지역기록화 사업이 펼쳐지고 있는 것을 볼 수 있다.

서울시나 주요 도시에서의 마을 아카이브는 교육과 연구 분야로 구분하여 진행하고 있다. 아카이브 교육에서는 마을 주민 아키비스트 교육과 마을 아카이브 캠페인을 진행하고, 아카이브 연구에서는 마을에 적합한 맞춤형 아카이브 연구와 표준화 작업을 진행한다. 이를 통해 마을 주민의 성장과정, 커뮤니티 생성과 발전, 마을의 갈등과 해결, 마을의 재설정과 실행, 마을 기업 설립과 해산, 마을 행사, 마을사람들의 일상에 관한 기록들을 수집한다. 이러한 마을 아카이브는 관리·보존보다는 활용에 주안점을 두어 마을 포털을 통한 다양한 콘텐츠 서비스를 지향하는 특징이 있다.[24]

지역 아카이브는 지역공동체의 역사적 기록을 다룬다는 점에서 역사성을 가진다. 마을 아카이브에 수집된 자료는 가장 직접적인 1차적 자료로서, 소소한 역사적 사건들이 참여한 사람들에 의해 직접 서술된 자료이다. 이러한 측면에서 '일상 아카이브(Archives of everyday life)'라 할 수 있다. '일상 아카이브'란 보통 사람들의 일상을 통해 개인(집단)의 행위와 경험을 사회적 맥락에서 해석하고 이해하는 것을 목적으로 한다. 개인의 삶을 기록하여 보통 사람들의 삶과 생활모습을 아카이브 하고 이를 서로 공유하면서 지역 주민의 커뮤니티센터의 역할을 수행하는 것이다.[25] 이러한 의미에서 지역 아카이브는 '특정 지역의 집단과 개인의 기억이 만나는 곳, 공공기록과 민간기록이 만나서 지역의 전체상을 보여주고, 지역민이 능동적으로 참여할 수 있는 공간'이라 할 수 있다.

지역 아카이브는 기록물을 단순히 수집·보존·관리·활용하는 것뿐 아니라 지역 정체성을 강화한다는 점에서도 의미가 있다. 산업화, 도시화 과정에서 사라져 가는 지역민의 삶의 흔적은 오래된 행정문서뿐 아니라 지역민의 기억과 민간이 소유한 기록물로부터 재현이 가능하다. 기록물은 지역민의 사회적 활동과 생활상을 반영하는 증거이자 정보인 동시에 지역의 공동체적 가치를 보존하고 훼손된 지역의 정체성을 재정립하는 토대가 된다. 따라서 지역의 기록물을 관리하는 장소인 아카이브는 지역에서 생산된 기록물을 통해 지역의 경험과 공동체 의식이 생성되는 공간이다.

둘째, 지역 아카이브는 지역에서 필요한 다양한 요구를 수용하여 공공사업으로 진행할 할 수 있다. 지역기록물을 통한 심도 있는 지역사 연구는 물론 스토리텔링 등을 통해 관광문화상품 개발로 이어져 지역의 문화 발전과 더불어 경제 활성화에도 기여한다. 그밖에 민간기록물, 구술기록을 활용한 지역사 교육 프로그램 개발도 가능하다.[26]

최근 기록학, 역사학, 사회학에서 자주 등장하는 단어 가운데 하나가

'로컬리티 기록화(locality documentation)'이다. 중앙과는 다른 로컬(local) 공간의 다양한 양상과 속성으로 형성되는 지역성, 지역 정체성 등으로 생각할 수 있겠다. 초기의 로컬리티 기록화에 대한 연구는 어떻게 기록으로 남길 것인가와 수집한 기록물을 어떻게 아카이브로 구축할 것인가에 대한 기록화 전략에 대한 내용들이 대부분이었다. 그러나 지역을 기반으로 한 아카이빙 사업들이 늘어나면서 로컬리티 구성원들의 참여를 통해 구축된 아카이브 사례를 중심으로 '지역기록 보존에 있어서 공동체의 역할'을 중요하게 살펴보거나 '지역 주민 참여형 방식이나 네트워크 기반의 기록화 방식'등 지역 아카이브 연구 주제가 다양해졌다.[27]

　지역학의 활성화와 지역학 기관의 설립도 지역 연구, 지역 아카이브를 발전시켰다는 점에서 의미가 크다. 1990년대 중후반, 지방자치제도의 본격적인 시행으로 지역민의 정체성 및 문화적 특징을 밝혀낼 수 있는 지역학 진흥의 필요성이 대두되면서 국내 지역학 연구기관 설립이 활발해졌다. 1993년 서울학연구소가 창설된 것을 기점으로 대부분의 광역지자체에서 지역학 전문연구기관이 설립되거나 설립을 위한 연구용역과 기록 수집사업이 진행 중이다. 대학이나 학회 등에서도 지역학 연구기관을 설립하여 지역 연구를 활발히 진행하고 있다. 이러한 지역학 연구의 활성화로 인해 지역의 문화를 올바로 이해하고, 지역학을 제대로 연구하기 위해서는 무엇보다도 지역의 특성을 전해주는 지역의 자료들을 철저하게 정리하고 연구하는 작업이 선행되어야 한다. 즉, 지역의 전통이나 역사·문화적 특성을 이해하고, 지역의 문화정체성을 자원으로 활용하는 기초 단계로 지역에 대한 객관적 자료를 광범위하게 수집하는 것이 필요하다. 이

러한 이유로 지역학 연구기관이나 민간단체에서도 지역학 연구의 플랫
폼 역할을 하기 위한 토대사업으로 아카이브 구축 사업을 추진하고 있
다.[28] 이와 관련한 몇몇 사례를 소개한다.

〈표 3〉 아카이브 구축 사례

아카이브	내용
공주대학교 공주학연구원 공주학 아카이브[29]	· 공주시와 공주대학교 상생협약에 따라 공주시의 지원사업으로 진행 · 기록물 수집량 : 약 7만여 건 · 도서간행물, 사진류, 문서류, 시청각류, 박물류, 구술채록 6개 형태 정리 · 홈페이지 구축 및 서비스 제공 · 콘텐츠 개발, VR, 웹툰 '그랬슈통신', 영상 '고마뉴우스', 카드뉴스 '월간공주'
경기도사이버도서관 '경기도메모리' 디지털 아카이브[30]	· 경기도 문화자원 수집프로젝트 수행 · 경기도의 역사와 문화유산에 대한 광범위한 접근과 미래 세대에 전승을 통해 경기도에 대한 지식과 다양한 향유기회를 제공하기 위해 구축 · 경기 지역사를 포괄적으로 기록, 도시 공간 계획 관점에서 기록화 하고 공동체적 관점에서 커뮤니티와 도민들의 일상생활을 기록화 · 수집된 기록물은 분야 영역, 주제, 종목, 지역, 시기를 중심으로 설계된 다중 분류체계에 따라 정리
강원아카이브협동조합[31]	· 2009년 시민중심의 원주24도시기록프로젝트를 기반 · 2013년 창립하여 민간 조직으로 기록화 사업 진행 · 근현대변화상과 기록자원 수집·보존·관리하는 지역 아카이브 구축 · 지역마케팅, 마을기록지 출판·전시·홍보, 기록문화 시민학교 지역 아카이브 세미나, 지역 10대 이슈 아카이브 기획전 등
성북문화원[32] 성북마을아카이브	· 2018년 5개년 사업으로 출발 성북구와 성북문화원이 협력하여 공공의 목적을 위해 구축 · 지역을 기반으로 하는 공동체 아카이브이자 디지털 아카이브 · 주제로 보는 성북, 이야깃거리, 구술인터뷰, 기록물, 주민기록단, 성북마을 발견 등으로 구성, 유형별, 시대별, 지역별 검색 가능

지역 아카이브 구축

　지역의 기록물은 지역민들의 활동에 대한 증거, 기억, 정보와 지식이자 지역의 자산이다. 지역기록물은 지역 주민의 행동양식과 생활문화가 반영되어 있어 지역사에 대한 사회적 기억을 재구성하는 매체이자 과거와 현재, 미래를 이어주는 가교로써 지역정체성의 형성에 중요한 역할을 한다.

　지역기록물 수집·발굴이 활발해지면서 수집된 기록물의 보존·관리·활용은 필수적이다. 이에 지역기록물의 아카이브 구축을 위해 기록물 관리방안으로 기록물의 분류, 선별, 기술 분야만 간략히 다뤄보고자 한다.

지역문화자원 유형

　지역문화자원 유형은 매우 다양하다. 여기서 문화자원이란 '지역성을 지니는 문화재를 포함한 다양한 유형의 문화적인 자원을 말한다. 일반적으로는 건물이나 조각, 공예, 상대적으로 부피가 큰 유형의 기록과 유·무형 문화재를 통합적으로 지칭한다.'[33] 물론 문화자원에 대한 가치 판단은 시대와 시간, 지역과 장소, 정보와 기술, 민족과 인종, 종교와 가치관, 지리 및 풍토 등의 요인들에 따라서 서로 다를 수 있고 또 변화될 수 있다. 대체로 지역 아카이브 기록물 분류 원칙은 기존의 다양한 분류체계를 고려하되, 각 기관 소장자료의 특성을 고려하고 목록화하기 쉬운 방법으로 분류한다.

　아래는 지역기록물에 대한 독자들의 이해를 돕기 위해 '경기도 문화자원 자료 유형'을 표로 정리한 것이다.[34] 대분류에서 기록물의 문서, 시청각, 간행물, 행정박물 등 유형별 분류를 하였는데 공공기관에서와 달리 주민 일상기록 유형은 기관의 아카이브 성격을 볼 수 있으며 활동에 따라 융통성 있게 관리를 확장하고 있음을 볼 수 있다.

〈표 3〉 경기도 문화자원 자료유형 예시[35]

		중분류	자료 유형별 상세
도서 · 간행물	• 인쇄 등의 과정을 거쳐 책자 형태로 간행된 자료 • 자료의 인화 사진이나 전자 파일(디지털사진, PDF 등)만 존재할 경우에도 도서 · 간행물로 분류	총서 · 총류	여러 권으로 이루어진 총서(학술총서)류 및 사전 · 백과사전, 시군사(시군지, 읍면동지)처럼 특정 장르나 주제에 국한되지 않은 책자
		단행본	연속간행물이 아니라 한 번의 발행으로 출판이 완료된 책자
		보고서	조사보고서나 연구보고서 등과 같이 특정한 목적에 의해서 행해진 조사 · 연구의 결과물
		자료집	일정한 자료를 모아서 엮은 책 답사자료집, 학술대회 발표자료집, 교육자료집, 사진자료집 등
		연속 간행물	동일한 명칭으로 일정 간격을 두고 연속적으로 발행되는 간행물 잡지 및 신문 등의 정기간행물, 정기 발간되는 학회지 등의 학술지, 정기적으로 발간하는 향토문화지 등
		기타	도서 · 간행물 중에서 위 분류에 포함되기 어려운 자료
문서	• 글 · 기호 등을 사용하여 정보가 낱장으로 기록되어 있거나 여러 장이 하나의 묶음으로 편철된 자료 • 해당 자료의 인화 사진이나 전자파일(디지털사진, PDF 등)만 존재할 경우에도 문서로 분류	일반문서	근현대시기에 생산된 문서를 의미 행정문서뿐만 아니라 계약서 · 고지서 등 일상생활을 알려주는 다양한 문서, 행사나 프로그램 등의 특정 목적을 수행하기 위해서 생산된 각종 기획서 · 계획서 등
		기타	문서 중에서 위 분류에 포함되기 어려운 자료

		중분류	자료 유형별 상세
시청각	• 영상자료 및 소리가 녹음된 오디오자료를 의미 • 해당자료의 전자파일(디지털 동영상, 디지털음원, 디지털사진 등)만 존재할 경우에도 시청각물로 분류	사진	유리원판, 사진필름(마이크로, 슬라이드, 네가티브), 인화사진, 디지털사진 등
		동영상	동영상 필름(영화 필름 등), 비디오테이프, 디지털 동영상자료 등
		음원	사람의 음성이나 그 외에 소리(음향)이 기록된 녹음테이프 자료, 디지털 음원자료
		기타	시청각물 중에 위 분류에 포함되기 어려운 자료
도안	• 형상, 모양, 색채, 배치 등을 그림, 기호 등으로 표현한 것을 의미 • 해당 자료의 인화 사진이나 전자파일(디지털 사진, PDF 등)만 존재할 경우에도 도안으로 분류	지도	지구 표면의 상태를 일정한 비율로 줄여, 이를 약속된 기호로 평면에 나타낸 그림 고지도·근현대지도, 개인이나 단체가 생산한 지역 지도 등의 지도류
		도면	토목, 건축, 기계 등의 설계도나 측량도처럼 대상의 구조나 설계 등을 위하여 기하학적으로 나타낸 그림
		탁본	각종 비석, 기와, 기물 따위에 새겨진 글씨나 무늬를 그대로 떠낸 종이
		기타	도안 중 위 분류에 포함되기 어려운 자료
박물	• 여러 사물 및 그에 관한 참고가 될 만한 물건을 의미하며, 인간 생활과 문화를 이해할 수 있는 물질문화자료를 의미	서화	글씨나 그림으로 그려진 서예나 회화 자료
		조각·공예품	조각 및 예술적 가치를 지닌 물건이나 소품 등의 자료
		민속용구	일상생활에서 사용된 민속품이나 자료적 가치를 지닌 의식주 생활문화용품 등

		중분류	자료 유형별 상세
박물		행정박물	각 기관의 행정업무 과정에서 생산·활용한 유형의 기록물로서 행정적·역사적·문화적·예술적 가치를 지니는 기록물 행정박물 중 기념물은 'PDF'만 존재할 경우에도 기념물로 분류

유형	범위
견본류	화폐, 우표, 훈·포장 관련 견본 또는 도안
상징물	기관 및 기관의 업무와 관련하여 상징성을 지니는 현판, 깃발, 휘호, 모형, 의복, 직인, 공무용품 등
기념물	기관의 홍보, 행사, 활동 등을 목적으로 생산된 홍보물 및 기념물 팸플릿, 브로슈어, 리플릿, 포스터, 소식지, 방명록, 엽서 등
상장·상패	기관 업무와 관련하여 수여 받은 상장·상패, 메달, 트로피 등
사무집기류	업무수행에 사용하였던 사무집기류
기타	밖의 유형

		중분류	자료 유형별 상세
		기타	박물 중에서 위의 분류에 포함되기 어려운 자료나 고고유물 등

	중분류	자료 유형별 상세
주민 일상 자료 •지역 주민들이 생산 혹은 소장하고 있는 기록물로서 개인의 가치에 시대적·역사적 가치가 더해져 보존의 가치가 인정되는 기록물	문서류	도서, 가계부, 일기 등이 포함되며, 도서류의 경우 지역 주민의 일상에서 가치가 있다고 판단될 경우 기록으로 간주
	시청각류	사진, 필름, 영상 등이 포함되며, 아날로그 매체와 디지털 매체를 포괄
	박물류	개인이나 공동체에서 가치 있다고 간주하는 생활용품, 기념주화, 우표, 취미용품, 운동용품, 악기, 전단지, 판촉용품 및 각종 기념품류
	구술기록	영상, 사진, 문서 등이 포함되며, 개인의 삶이 담긴 기록으로 역사적, 문화적 가치를 갖는 기록

유형	범위
영상	원본영상, 서비스용 원본영상, 편집원본 영상, 서비스용 편집원본 영상
사진	구술현장 사진, 보존용 사진, 서비스용 사진 등
문서	구술동의서, 구술활용동의서, 구술자 신상 기록부, 사전질문지, 면담일지, 구술기록 상세목록, 구술 녹취문 원본, 구술 녹취문 서비스용, 구술 해제문, 기록물 수집카드 등

구술기록은 아래 목록의 전체 또는 일부를 하나로 간주

	중분류	자료 유형별 상세
	기타	주민일상자료 중에서 위의 분류에 포함되기 어려운 자료
기타 (자료) •위의 6개 대분류에 포함되지 않는 자료	기타	기존 문화원 소장자료나 지역문화 사업을 통해서 생산된 디지털콘텐츠(2D 애니메이션, 3D 이미지 등) 각종 교육 및 체험 프로그램 운영 과정에서 부수적으로 생산된 일회성 자료 등

지역 아카이브 과정

아카이빙(archiving)은 기록을 관리한다는 의미로 이해되고 있다. 여기서 관리는 포괄적인 의미로 기록의 획득·정리·분류·기술·평가·활용 등의 모든 단계를 포함한다. 지역 아카이빙은 지역 자원 중 가치있는 기록을 생산·수집·선별·보존·관리·서비스하는 일련의 행위를 뜻한다.

기록을 이해하기 위해서는 기록이 만들어진 맥락의 관리가 중요하다. 독립된 증거인 생산 당시의 기록을 질서대로 유지하고 맥락정보와 함께 관리방안을 마련해야 한다. 그러한 본래의 맥락을 유지하면서 다양한 활용을 위해 계속적인 이용을 용이하게 하는 것, 이것이 아카이빙이다.

기록관리, 아카이빙은 기록의 생산·활용·폐기·통제를 목적으로 하는 관리 분야이다. 아카이빙은 기록을 적법·적절하게 생산·관리하여 효율적으로 사용하고, 불필요한 기록을 폐기하고 증거적 가치나 영구 보존 가치가 있는 기록을 보존하여 쉽게 검색 활용할 수 있게 하는 일을 말한다. 아카이빙은 기록물의 체계적 통제 외에도 정보와 증거가치를 보증하기 위해 그 속성과 품질을 유지하는 과정을 의미한다. 기록관리나 아카이빙은 자료의 체계적인 수집, 공신력 있는 기록(진본성, 신뢰성, 무결성, 이용가능성)임을 확인하는 것은 물론, 기록을 적법한 절차와 과정에 따라 생산, 유지, 관리하며, 효율적으로 사용하고 불필요한 기록은 폐기하며 증거적 가치, 영구보존 가치가 있는 기록은 보존하고 쉽게 검색, 활용할 수 있는 모든 일련의 체계적인 과정을 의미한다.[36]

아카이빙 프로세스의 세분화된 과정을 크게 구분하면 획득(수집, 생산),

관리·보존, 활용으로 정리할 수 있다. 획득(수집, 생산) 단계에서는 기록관리 전 과정을 고려한 기획 단계가 중요하고, 수집처 또는 생산자의 정보나 훼손 및 누락이 없도록 기술하는 것이 중요하다. 외부에서의 기증이나 수집은 기록물 활용에 대한 동의와 소유권 등의 법적 문제가 발생하지 않도록 해야 한다. 수집한 기록물 목록을 작성하여 기록물 제공자에게 확인하는 과정을 거쳐야 하며 그 과정에서 기록물이 뒤섞이지 않도록 하고, 기증자나 생산자가 관리·보존한 질서를 유지하여 정리할 수 있도록 하여야 한다.

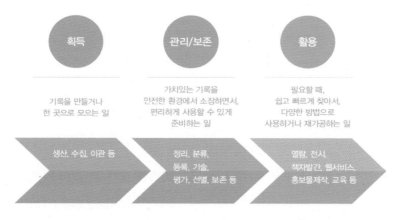

〈그림 3〉 아카이빙 프로세스출처: 경기도 사이버 도서관(2018)[37]

기록의 수집(획득) 후 효율적으로 관리·보존하여 이용자에게 기록정보를 신속하게 제공하기 위해 기록물의 정리(整理)와 기술(記述)이 필요하다. 기록물 기술 규칙은 국제기록관리협의회(ICA)에서 제정한 국제보존기록

기술규칙 ISAD(G)가 있다. ISAD(G)는 국제 보존기록 기술규칙으로서 국제적 범용성을 위한 일반적인 기술 규칙이다. 아래는 국가기록원이 국제 표준과 다른 나라의 표준을 우리 상황에 맞게 적용한 영구기록물 기술 규칙이다. 세부항목은 기록물의 식별정보 등 7개 영역, 27개 요소로 구성되어 있다.[38] 기관 및 단체의 필요에 따라 필수항목을 정하고 가감하여 관리한다.

기록의 정리는 출처주의와 원질서 보존의 법칙에 따라 생산자나 조직이 분류, 보존한 상태를 훼손하지 않고 정리하며 기록물 관리를 위한 기술을 통해 기록의 활용을 용이하게 할 수 있도록 해야 한다. 기술은 기록물의 상세한 정보를 제공하여 기록의 이용을 쉽게 한다. 기술 항목(메타데이터)을 토대로 이용자로 하여금 검색 활용 등 접근을 돕는다. 기록물의 관리 및 보존이나 열람 및 이용, 콘텐츠화 할 수 있는 확장성을 가지도록 색인어를 활용하면 다양한 활용이 가능하다. 특히 지역사 연구는 지역에 대한 공식적인 기록물이 많지 않으므로 지역민의 기억, 구술, 소장자료의 발굴·수집이 중요한 부분을 차지한다. 그렇기 때문에 수집단계에서 획득한 정보를 기술하고 관리하는 것이 중요하다.

실제 예로 필자가 진행한 평택시의 지역아카브 구축을 소개하고자 한다. 평택시민의 생애사 아카이빙 작업으로 2020년 1회차 사진앨범 수집 사업 '평택내컷-사진줄래, 추억줄게'를 진행했다. 수집된 사진과 동영상이 약 3,300점 정도 되었다. 수집된 기록물은 프로젝트명 하위에 기증자별로 사진을 순번을 정하여 디지털화했다. 각각의 사진에 생산일자, 장소, 내용 등 기본정보를 표기하고 특히 미래 활용·접근을 위해 확장된 정보로 주변인물, 사물, 행동, 사건, 시대적 배경 등의 특이 정보 등을 입력하여 관리했다. 현재 다양한 활용을 위해 분류체계를 만들고 있으며 개인생활 사진이란 특징이 있기 때문에 웹서비스의 가능 여부에 따른 공개, 비공개 기준을 설정하여 관리하고 있다. 평택 지역 아카이브를 구축하기 위해 계속 수집을 진행할 예정이며 수집된 사진기록은 이후 웹서비스 환경이 마련되면 서비스될 예정이다.

〈표 4〉 국가기록원 영구기록물 기술 규칙[39]

영역	기술내용	기술요소	기술설명
1. 식별	기술단위를 식별하는데 필요한 필수 정보	1) 참조코드	기록물의 식별코드
		2) 제목	본제목/부제목/기타제목/대등제목 등
		3) 일자	생산시작일자 및 생산종료일자
		4) 기술계층	기록물 군/계열/철/건
		5) 기술단위의 규모와 유형	구분, 종류, 유형, 형태 및 수량, 길이, 측정단위 등
2. 배경	기술단위의 출처 및 관리이력에 관한 정보	6) 생산자명	기관명 혹은 개인명
		7) 행정연혁/개인이력	기관/개인(가문)의 행정이력이나 개인이력
		8) 기록물 이력	소유권, 보존 책임자, 보관장소, 보존변천사항정보 등
		9) 수집/이관의 직접적 출처	수집이관 출처, 수집방법, 수집이관일자, 인수인계 정보
3. 내용과 구조	기술단위의 주제와 정리에 관한 정보	10) 범위와 내용	기록물의 범위와 구조, 내용 가치 등
		11) 평가, 폐기, 처리 일정 정보	보존기간 재분류, 보존매체수록 및 폐기 처리결과 등

영역	기술내용	기술요소	기술설명
3. 내용과 구조	기술단위의 주제와 정리에 관한 정보	12) 추가수집 예상 기록물	추가수집이나 이관예상 기록
		13) 정리체계	기록물의 내부구조, 질서 혹은 정리체계
		14) 색인어	기능어; 인명, 지명, 단체명, 주제명, 사건명 등
4. 접근과 이용환경	기술단위의 이용 조건에 관한 정보	15) 접근환경	공개/비공개, 원본 혹은 사본열람, 열람제한 등
		16) 이용환경	저작권, 복제, 출판조건 등
		17) 자료의 언어	기록물에 사용된 언어
		18) 물리적 특성과 기술적 요구 조건	형태, 원본매체, 재질, 크기, 원본구분, 상태평가 보존조건이나 열람을 위한 소프트웨어, 하드웨어
		19) 검색도구	검색도구의 종류, 위치, 이용방법 등 기술
5. 관련 자료	기술단위와 밀접히 관련된 자료에 관한 정보	20) 원본의 존재와 위치	기록물이 사본인 경우 원본의 존재, 위치, 이용가능성 여부 등
		21) 사본의 존재와 위치	기록물이 원본인 경우 사본의 존재, 위치, 이용가능성 여부 등
		22) 관련 기술단위	관련된 다른 기록물 군/계열 정보 기술
		23) 출판물 설명	기록물 이용 출판물에 대한 모든 정보와 인용사항
6. 추가 설명	어떤 영역에도 기술할 수 없는 정보	24) 추가설명	추가적인 설명/서력기원 외의 연도표기 등
7. 기술 통제	언제, 어떻게, 누구에 의해 기술되었는가에 관한 정보	25) 기술담당자	최초 기술담당자와 최근 기술담당자의 소속부서 등
		26) 규칙과 협약	국제적/국가적/지역적 규칙이나 관행을 기술
		27) 기술일자	최초 기술일자, 최근 수정일자

지역 아카이브를 구축 시 기록물의 선별·평가 정책이 마련되어야 한다. 조직이나 기관, 단체의 성격을 고려하여 정책을 수립하는 것이 중요하다. 넘쳐나는 기록물 중에 관리·보존·폐기에 대한 기준이 없으면 수집할 때도 기준이 모호할 수밖에 없다.

지역학 연구, 마을 아카이브 만들기, 도시재생, 마을기록가 양성 등 지역마다 지역 아카이브 설립이나 교육 등 많은 활동을 하고 있다. 공공기관의 문화관련 부서나 도시개발 부서, 도서관에서 지역 아카이브 사업을 진행하고 있다. 지역연구자들의 연구 활동, 사라져가는 마을의 자료 수집, 지역의 근대사 기록화 사업 등 지역사 연구가 활발하게 진행되고 있다. 더 나아가 지역 주민 교육을 통해 주민이 주체가 되어 마을공동체의 역사 찾기 활동, 자신을 기록하고 이웃과 지역을 기록하는 스스로 역사쓰기, 생애구술사 작업 등 지역 아카이브의 주체와 방법이 다양해지고 있다.

지역사 연구가 활발해지면서 기록 공유의 필요성, 기록으로 인한 공동체성 찾기, 지역사의 주인의식 발현으로 지역 아카이브 필요성을 촉진하고 긍정적으로 바라보게 했다. 지역 아카이브는 기록을 '보존 공간'으로서 멈춰있는 것이 아니라 지역 주민이 함께 다양한 지역의 문화, 역사를 보존하고, 이를 문화 콘텐츠화할 수 있는 '소통의 공간'으로 여겨지기 시작했다.

공공기관의 기록관이나 도서관에서는 지역 아카이브를 문화공간으로 확장하려는 시도가 이루어지고 있다. 도서관(Library)과 기록관(Archives), 박물관(Museum)의 기능을 수행하는 라키비움(Larchiveum)형 서비스 제공을 통해 △아카이브 구축의 목표, △수집대상 자료의 범위와 유형, △자료수집전략, 선별과 평가, △등록(자료 분류, 기술, DB화), △서비스(이용자 계층분석, 연구자 중심의 활용: 자료의 빅테이터화, 콘텐츠 개발, 온오프라인을 포괄하는 다양한 서비스 방안 등)[40]에 대한 세부적인 전략과 실행계획의 수립[41]을 시도하기도 한다.

　마을 차원에서 아카이브가 논의되더라도 아카이빙에 대한 이해가 부족하면 이의 실행과 유지가 되기 힘들다. 따라서 지자체, 지역의 역사가, 문화원, 기록관리 전문가들이 협력해야 한다. 주민 주도의 마을 아카이브를 만들더라도 민·관·학 협력 네트워크를 토대로 설립되고 운영되어야 한다. 아카이브는 특수한 시설, 인력 등 지속적인 운영을 위한 관리 비용이 많이 필요하다. 지자체에서는 유지비용을 지원하고 전시나 마을 아카이빙, 디지털 콘텐츠의 관리 등 아카이브를 둘러싼 기술적인 측면이나 기타 실질적인 후원을 해주어야 한다.

　이런 일을 수행하기 위해서는 지자체 내의 아키비스트는 지역의 기록화 사업에 관심을 갖고 지역 아카이브를 지원하고 관리해야 한다. 학계에서는 지속적으로 지역 아카이브를 위한 이론을 생산하고 변화하는 환경에 맞게 방향을 제시해야 한다. 지역 아카이브를 통해 마을은 이전과 다른 공간으로 변모할 수 있다. 지역 아카이브는 마을에 대한 연구와 기록, 자료 수집과 정리, 보존관리, 전시와 교육 등 제반 활동을 하게 된다. 주민과 지자체, 학자들이 지역문화의 근간인 마을 기록물을 잘 관리하고 이를 계기로 다양한 협력적 활동 체계를 만든다면 지역의 발전, 지역 주민의 문화적 삶을 높일 수 있을 것이다.[42]

지역 아카이브 활성화 과제

　지금까지 지역사 개념 정리와 역사의 대중화에 따른 지역사 연구의 다양한 시도들을 알아보면서 지역 아카이브 구축이 가진 다차원적인 의미를 살펴보았다. 또한 지역 아카이브를 위한 기록학적 개념 정리와 과정, 사례를 서술했다.

　지금까지의 논의를 종합하면 지역 아카이브는 지역공동체의 역사적 기록을 다룬다는 점에서 역사성을 가진다. 지역 아카이브에 수집된 자료는 과거에 대한 가장 직접적인 1차적 자료로써, 과거의 소소한 역사적 사건들이 직접 참여한 사람들에 의해 서술된 자료라고 할 수 있다.

　지역 아카이브는 보통 사람들의 일상을 미세한 영역으로 범주화하며, 개인(집단)의 행위와 경험을 사회적 맥락에서 해석하고 아래로부터의 역사를 재구성하며 개인(집단)의 일상적 삶을 기록화 하는 것을 포함한다. 나아가 기록을 수집·평가·선별하여 보존하는 조직 또는 이를 위한 시설·장소·체계를 의미한다.

　지역 아카이브는 크게 두 가지 측면에서 의의를 지닌다. 첫째, 지역공동체와 관련된 공간적 역사를 기록하고 재구성하는 데 중요한 역할을 함으로써 지역공동체의 정체성 발전과 시민의식을 고양한다는 점이다. 둘째, 지역 아카이브 자료는 생활사뿐만 아니라 건축·미술·음악 등 관련 예술 역사연구의 기초를 마련하고 지역의 물리적 환경과 같은 실무적 차원에서도 기초자료로 활용할 수 있다.

지역 아카이브를 계획하고 구축하는 기관이나 사람들은 반드시 지역의 다양한 면모에 대해 조사를 해야 한다. 대상은 주로 자연·인문·역사, 공동체 조직의 운영, 공동체 문화, 내부 소조직의 운영과 활동, 개별가호, 지역 간 네트워크 등이다. 그리고 마을 아카이브의 전체적인 목표와 마을 아카이브가 포함하려는 공간적 ·시간적 범위를 설정해야 한다.

다음 단계로 기록을 수집해야한다. 지역 아카이브는 다양한 주체들의 참여를 기반으로 이루어지므로 체계적인 기록의 분류와 향후 활용을 위해서는 수집 단계에서부터 표준화된 기준을 마련하여 수집기록의 내용을 작성할 필요가 있다. 기록의 수집 시 마을에 존재하는 다양한 주제와 다양한 기록은 아카이브 과정을 진행하면서 범위와 대상을 확장해 나갈 수 있다. 이렇게 구축된 지역의 다양한 기록을 대중적으로 활용하는 것도 중요하다. 아카이브를 확장하기 위한 이용서비스로는 체험·전시·교육·출판물 제작 등이 있다.[43]

지역 아카이브를 잘 운영·관리하기 위해서는 기록을 생산, 수집, 선별, 보존, 관리, 서비스의 과정이 체계적으로 구축되어야 한다. 획득(생산) 단계에서 기록의 정리와 기술이 되어야 이후 콘텐츠 등 조직화하여 활용·서비스하는데 용이하다. 선별에서도 폐기 기준이 마련되어 있어야 원활한 보존관리를 할 수 있다.

이상의 과제들을 참고로 지역 아카이브를 탄탄하게 구축한다면 인간과 사회를 위한 진정한 의미의 '자원과 소통의 공간'으로 확고히 자리매김할 것이다.

참고문헌

경기도 사이버도서관, 『경기아카이브총서 1. 지역 기록자를 위한 아카이빙 길잡이: 관리편』, 2018, 13-19쪽.

곽건홍, 「일상 아카이브(Archives of everyday life)로의 패러다임 전환을 위한 소론」, 『기록학연구』10, 2011, 3-26쪽.

국가기록원, 『공공기관 기록물관리 가이드 북(기록관 편)』, 2012, 7쪽.

국가기록원, 『영구기록물 정리기술 지침』, 2013. 12~13쪽.

김덕묵, 「아카이빙 사례: 마을 기록관」, 노명환 외, 『아카이브 콘텐츠 아카이빙』, 65-66쪽.

김민수, 「부산 민주화 운동을 주제로 한 지역사 체험학습 방안 모색」, 『역사와 세계』 53, 2018, 63쪽.

김상욱, 「[스웨덴의 에코뮤지엄] 주민과 지역사회가 관리운영의 주체 생활양식자연환경 등 열린 공간 자체를 박물관화 하다」, 한국자치학회, 『월간 주민자치』, 2017, 27쪽.

김선정, 「공공역사와 한국의 구술사」, 『현대사와 박물관 』3, 대한민국역사박물관 2020, 41쪽

김화경, 『마을 아카이브 구축을 위한 수집전략- 부산 산복도로 아카이브 사례를 중심으로 -」, 『한국기록관리학회지』12(2), 2012, 144쪽.

나인호. 시민을 위한 역사교육으로서 독일의 공공역사(Public history). 역사교육논집, 2018, 69, 73-100.

민성혜, 「광명시의 민간기록물 관리를 위한 지방기록물관리협의회 설립방안 연구」, 『한국외국어대학교대학원 정보·기록관리학과 석사논문』, 2011, 29쪽.

설문원, 「로컬리티 기록화를 위한 참여형 아카이브 구축에 관한 연구」, 『기록학연구』, 32호, 2012, 3~44쪽

설문원, 「로컬리티 기록콘텐츠 개발 방향에 관한 연구」, 『한국도서관정보학회지』, 제43권 2호, 2012, 317~342쪽

안상준, 「독일 지방사 연구의 다양한 지평」, 『지방사와 지방문화』 14(2), 2011. 367-368쪽.

엘리자베스 야켈 저, 강명숙 역, 『아카이브 만들기』, 진리탐구, 2003.

우인수, 「영남지방사 연구의 현황과 전망」, 『영남학』 29호, 2016, 39쪽.

이경래. 「국내 마을 아카이브 운동의 현 단계」. 『로컬리티와 로컬리티 기록화: 이론과 현장의 만남, 부산대학교 SSK 로컬리티의 기록화 연구팀 · 명지대학교 인간과 기록화 연구단 공동세미나 자료집』, 2012. 55-57쪽.

이수건, 「한국에 있어서 지방사 연구의 회고와 현황」, 『대구사학』 20 · 21, 1982, 85쪽

이영호, 「지방사에서 지역사로-인천을 사례로 하여」, 『한국학연구』 제23집, 2010, 297쪽.

이정연 · 최효진, 「로컬리티 기록화를 위한 지역학 아카이브 모델 연구-제주학아카이브 현황 분석 및 개선 방향을 중심으로」, 『기록과 정보 · 문화연구』 10호, 2020, 85쪽.

이창언, 「마을 아카이브 구축: 마을 기록물 수집과 관리」, 이창언 · 김광남, 『열린사회와 21세기-마을에서 희망을 찾다』, KNOUPRESS, 2015. 196~197쪽.

이호신, 「미술관 기관아카이브의 기록물 수집과 정리에 관한 사례 연구」, 『한국기록관리학회』 18(4), 2018, 3쪽.

임지현, 『이념의 속살』. 「제4부 해방의 역사학과 역사학의 해방 中 '근대의 담 밖에서 역사 읽기'」, 삼인, 2001.

정지연, 「강원학 아카이브 구축에 대한 이론적 연구」. 『인문과학연구』 62, 2019, 30-31쪽.

조민지, 「아카이브와 아카이빙」, 노명환 외, 『아카이브 콘텐츠 아카이빙』, 2017, 27쪽.

조현양, 『도서관에서의 라키비움 실현을 위한 제도 연구』, 국립중앙도서관, 2015.

한국기록학회, 『기록학 용어사전』, 역사비평사, 2008.

한국기록학회,『기록학개론』2008. 119쪽. 221쪽

허영란, 「지방사를 넘어, 지역사로의 전환−한국 근대 지역사 연구의 현
     황과 새로운 모색」,『지방사와 지방문화』20(2), 2017, 1쪽.

https://blog.naver.com/photogangwon(2020.11.13)

https://archive.sb.go.kr(2020.11.02)

https://www.historyworkshop.org.uk/the−history−of−
     history−workshop

미주

1 우인수, 「영남지방사 연구의 현황과 전망」, 영남학 29호, 2016, 39쪽.

2 이영호, 「지방사에서 지역사로-인천을 사례로 하여-」, 『한국학연구』 제23집, 2010, 297쪽.

3 김민수, 「부산 민주화 운동을 주제로 한 지역사 체험학습 방안 모색」, 『역사와 세계』 53, 2018, 63쪽.

4 허영란, 「지방사를 넘어, 지역사로의 전환- 한국 근대 지역사 연구의 현황과 새로운 모색」, 『지방사와 지방문화』 20(2), 2017, 63쪽.

5 이영호, 위의 글, 298쪽.

6 허영란, 앞의 글, 1쪽.

7 이수건, 「한국에 있어서 지방사 연구의 회고와 현황」, 『대구사학』 20 · 21, 1982, 85쪽: 고석규, 「지방사란 무엇인가」, 『지방사연구입문』, 민속원, 2008, 20쪽; 고석규, 「한국학과 지방학」, 『21세기 한국학, 어떻게 할 것인가』, 푸른역사, 2005, 126-127쪽. 우인수, 위의 글, 39쪽.

8 안상준, 「독일 지방사 연구의 다양한 지평」, 『지방사와 지방문화』 14(2), 2011, 367-368쪽.

9 https://www.historyworkshop.org.uk/the-history-of-history-workshop/

10 백승덕, 「어쩌다 '공공역사'이며 무엇이 '공공역사'인가」, http://www.kistory.or.kr/bbs/board.php?bo_table=story2&wr_id=33&subPage=520&sca=

11 나인호, (2018). 시민을 위한 역사교육으로서 독일의 공공역사(Public history). 역사교육논집, 69, 73-100. 참조.

12 김상욱, 「[스웨덴의 에코뮤지엄] 주민과 지역사회가 관리운영의 주체 생활양식자연환경 등 열린 공간 자체를 박물관화 하다」, 한국자치학회, 『월간 주민자치』, 2017, 27쪽.

13 김상욱, 앞의 글, 114쪽.

14 김선정, 「공공역사와 한국의 구술사」, 『현대사와 박물관』 3, 대한민국역사박물관, 2020, 41쪽.

15 조민지, 「아카이브와 아카이빙」, 노명환 외, 『아카이브 콘텐츠 아카이빙』, 2017, 112쪽.

16 조민지, 앞의 책, 28-32쪽.

17 행정안전부 · 국가기록원, 『공공기관 기록물관리 가이드 북(기록관 편)』, 2012, 7쪽.

18 Elizabeth Yakel, 강명숙 역, 『아카이브 만들기』, 진리탐구, 2003를 참고하라.

19 한국기록학회, 『기록학개론』, 2008, 48쪽.

20 2017년 기록관리 국제표준(ISO15489) 개정판에 기록의 구성요소를 내용과 메타데이터로 새롭게 정의하고 있다.

21 이호신, 「미술관 기관아카이브의 기록물 수집과 정리에 관한 사례 연구」, 『한국기록관리학회』 18(4), 2018, 3쪽.

22 이정연·최효진, 「로컬리티 기록화를 위한 지역학 아카이브 모델 연구−제주학아카이브 현황 분석 및 개선 방향을 중심으로−」, 『기록과 정보·문화 연구』 10호, 2020, 85쪽).

23 김화경, 『마을 아카이브 구축을 위한 수집전략− 부산 산복도로 아카이브 사례를 중심으로 −』 『한국기록관리학회지』 12(2), 2012, 144쪽.

24 이경래, 「국내 마을 아카이브 운동의 현 단계」, 『로컬리티와 로컬리티 기록화: 이론과 현장의 만남, 부산대학교 SSK 로컬리티의 기록화 연구팀·명지대학교 인간과 기록화 연구단 공동세미나 자료집』, 2012, 55−57쪽.

25 곽건홍, 「일상 아카이브(Archives of everyday life)로의 패러다임 전환을 위한 소론」, 『기록학연구』 10, 2011, 3−26쪽.

26 민성혜, 「광명시의 민간기록물 관리를 위한 지방기록물관리협의회 설립방안 연구」, 『한국외국어대학교대학원 정보·기록관리학과 석사논문』, 2011, 29쪽.

27 설문원, 「로컬리티 기록화를 위한 참여형 아카이브 구축에 관한 연구」, 『기록학연구』, 32호, 2012, 3∼44쪽; 설문원, 「로컬리티 기록콘텐츠 개발 방향에 관한 연구」, 『한국도서관정보학회지』, 제43권 2호, 2012, 317∼342쪽; 이정연·최효진, 위의 글 89쪽 재인용.

28 정지연, 「강원학 아카이브 구축에 대한 이론적 연구」, 『인문과학연구』 62, 2019, 30−31쪽.

29 고순영, 공주 로컬리티 확립과 연구를 위한 공주학아카이브 구축 사례, 『한국기록관리학회지』, 20(2), 2020, 115−121쪽.

30 이정연·최효진, 위의 글, 91−95쪽.

31 https://blog.naver.com/photogangwon(2020.11.13)

32 https://archive.sb.go.kr(2020.11. 02)

33 이창언, 「마을 아카이브 구축: 마을 기록물 수집과 관리」, 이창언·김광남, 『열린사회와 21세기−마을에서 희망을 찾다』, KNOUPRESS, 2015, 196∼197쪽.

34 이 유형은 2017년 전국 지방문화원 소장자료 목록화사업에서 제시하는 자료유형을 바탕으로 경기도 문화자원을 참고하여 유형별로 분류한 것이라고 한다. 지역 아카이빙에서 웹기록물 등에 대한 관리가 필요하지만 여기서는 제외되었다고 한다. 향후 대책이 마련되어야 할 것 같다.

35 경기도 사이버도서관, 『경기아카이브총서 1. 지역 기록자를 위한 아카이빙 길잡이: 관리편』, 2018, 13-19쪽.

36 조민지, 위의 책, 33-34쪽.

37 경기도 사이버도서관, 위의 글, 10쪽.

38 국가기록원, 『영구기록물 정리기술 지침』, 2013, 12~13쪽.

39 출처: 국가기록원, 『영구기록물 정리기술 지침』, 2013.

40 조현양, 『도서관에서의 라키비움 실현을 위한 제도 연구』, 국립중앙도서관, 2015.

41 정지연, 위의 글, 30-31쪽.

42 김덕묵, 노명환 외, 「아카이빙 사례: 마을 기록관」, 『아카이브 콘텐츠 아카이빙』, 65-66쪽.

43 이창언·김광남, 위의 글, 196~197쪽.

2부

지역문화가
살아있는
지역 아카이브

3장

문화도시 청주,
지역기록물이
지역문화가 되다

_ 이경란

들어가며

　충청북도에 위치한 청주시[1]는 2014년 청원군과 통합으로 940km²의 넓은 면적과 인구 85만 명으로 100만을 바라보는 도시로 점차 성장하고 있다.

　청주의 대표적 문화 브랜드는 세계 최고의 금속활자본인 『직지』와 공예비엔날레를 통해 형성된 『공예』라고 할 수 있다. 청주는 전통적으로 '교육의 도시', '문화의 도시', '맑고 깨끗한 도시', '교통의 중심지', '양반의 고장' 등 다양한 이미지와 함께 최근에는 송절동, 외북동, 회계동, 오송 일대에서 마한시대의 유물이 대량 발굴되면서 '마한부터 백제로 이어지는 전통이 있는 역사문화의 도시'라는 새로운 이미지도 등장하고 있다. 한편, 2014년 청주시로 통합된 옛 청원군의 문화 브랜드는 소로리 볍

씨와 청원생명축제의 상징인 생명문화가 대표적이라고 할 수 있다.

<그림1> 청주의 다양한 이미지

 그러나 이러한 다양한 이미지가 주는 긍정적인 면에 비해 시민이 공감하는 뚜렷한 이미지는 없기 때문에 청주시의 정체성이 불분명하다는 문제가 있었다. 통합 청주시가 출범하면서 생명·바이오산업으로 대표되던 청원군과 직지·공예로 대표되던 청주시의 물리적 통합은 이루어졌지만, 아직 사회문화적 통합으로까지 이어지지는 못했다. 때문에 통합 청주시의 시민들이 공동 생활권 속에 함께 사는 이웃이 되기 위해 모두가 공감하는 도시의 정체성을 정비하고 이를 공유할 필요성이 대두[2]되었다. 따라서 문화를 통해 시민 모두가 공감할 수 있는 새로운 도시 이미지를 함께 만들어감으로써 모호한 청주의 정체성을 분명히 확립해야 했다.
 이에 통합 청주시 정체성 확립을 위한 새로운 이미지로 직지의 고장답

게 청주의 자원과 도시재생, 문화산업간 연결고리를 구축할 수 있고, 시민과 함께 공감하고 소통할 수 있는 '기록문화'를 선정했다.

삶의 흔적인 기록을 통해 앞으로 살아갈 모습을 그리는 것은 보편적인 사회발전 경로였다. 기록은 시민의 힘이 지역과 공동체를 지속해 온 원동력이며, 미래지향적인 삶의 대안 또한 공동체성의 복원에서 나온다는 것을 보여준다. 청주시민들 또한 도시와 삶의 기록을 통해 사람, 관계, 가치를 재확인하며 문화적으로 계승·발전해 왔다.

청주는 예로부터 기록문화의 성지였다. 국보 제41호인 용두사지 철당간[3]을 비롯하여 통일신라시대 청주(서원경 지방) 4개 마을사람들의 삶을 생생하게 기록한 『신라장적』, 동양서적으로는 서양에 가장 먼저 번역된 책인 『신간대자 명심보감[4]』, 『순천 김씨 묘에서 출토된 조선시대 한글편지[5]』, 100여 년 전 청주의 음식을 자세히 소개한 『반찬등속[6]』등 다양한 기록유산들이 있다.

〈사진1〉 세계에서 가장 오래된 금속활자본 『직지(直指)』

또한, 2003년에 시작한 직지축제와 2007년 고인쇄박물관을 중심으로
흥덕구 운천동 일대에 지정된 직지문화특구, 2016년부터 개최된 국제행
사인 '직지코리아 국제페스티벌' 등 직지문화를 중심으로 다양한 축제와
콘텐츠, 환경이 형성되어 있었다. 통합 청주시의 정체성 확립을 위한 새
로운 이미지로 기록문화를 내세우기 위해서는 청주의 기록문화와 시민
들이 이에 대한 추가적인 활동욕구를 자발적으로 충족할 수 있는 환경을
조성하는 것이 과제였다.

본장에서는 이러한 과제를 해결하고 지역기록물이 지역의 문화가 된 '문화도시, 청주'가 기록문화 창의도시로 선정되기까지의 과정부터 다양한 시민참여 기록 활동 사례들에 대해 소개해보고자 한다.

기록문화 도시, 청주

2019년 12월 청주는 지역의 풍부한 기록자원들을 가지고, 지역별 특색이 있는 문화자원을 효과적으로 활용하여 문화 창조력을 강화할 수 있도록 문화체육관광부 장관이 지정하는 도시 사업에 '기록문화 창의도시'라는 비전으로 대한민국 최초 법정 문화도시[8]로 선정되었다.

문화적 관점에서 '기록'은 결과로서의 기록물도 의미하지만 기록이 만들어지는 행위, 기록을 매개로 새로운 가치를 창출하는 문화적 활동 등을 모두 포괄할 수 있다. 기록이 품고 있는 내용은 사람이 살아가는 이야기와 맥락이 담겨있는 거대한 서사로, 역사성을 가질 뿐만 아니라 현재로 이어지면서, 미래 지향적 가치도 담게 된다.

따라서 삶의 흔적으로서 기록의 가치를 보존하고 현재 삶에서 계승하며 새롭게 창조하는 의미를 가진 '기록문화 창의도시'는 청주가 지향해야 할 문화도시의 주제가 되었다. 청주가 표방하는 '기록문화 창의도시'는 단순히 '기록물' 자체만을 중요시 하는 것이 아니라 시민과 같이 만들고, 모두 함께 공감하는 시민들의 문화역량 강화를 포함하고 있다. 청주가 기록문화 도시로 향하는 과정은 다음과 같다.

기록문화 터전 조성

통합 청주시 출범(2014년)과 함께 청주시와 청원군의 기록물을 한데 모으기 시작했다. 2017년 전국 기초지방자치단체 중 최초로 통합(舊청주시·청원군)전문기록관인 '청주시기록관'(3층, 연면적 2,286.35m²)이 문을 열었고, 도시의 정체성을 새롭게 확립해 가는데 큰 역할을 수행하는 것은 물론 청주의 시정기록과 시민기록의 완결성을 위한 공유·협업의 선도적인 아카이브(Archives)로 성장[9]하고 있다.

2018년에는 '기록으로 비춘 청주시의 과거와 현재 그리고 미래'를 테마로 시민과 소통하는 '기록체험홍보관'을 개관했다. '기록문화', '시정기록', '행정박물' 등 어렵고 난해한 기록의 한계를 극복하고자 디지털 기반의 청소년 기록체험공간을 만들어 더욱 쉽고 재미있게 기록을 풀어냈으며, 시민을 위한 평생교육공간으로 청주의 기록사를 홍보하는 공간을 조성했다. 그리고 공공기록물과 민간기록물을 활용한 기록전시 진행, 민간기록물의 수집·보존에도 적극 참여하여 큰 호응을 얻고 있다. 끊임없는 노력을 통해 시민의 삶 속에 녹아 있는 기록들로 청주만의 고유한 문화를 형성하고, 이러한 문화적 바탕 위에 현재의 기록이 다시 생산·활용되는 과정을 통해 기록문화 활성화에 기여하고 있다.

〈사진2〉 청주시기록관   〈사진3〉 기록체험홍보관

기록문화 기초 확립

지방의 공공기록과 민간기록을 아우르는 제도적 근거를 마련하기 위해 기초지방자치단체 최초로 '청주시기록물관리에 관한 조례[10]'를 제정·공포(2018년)하여 관리체계를 구축했다. 청주시 기록물의 안전한 보존과 효율적 활용을 도모해 투명하고 책임 있는 행정을 구현하는데 그 목적이 있다. 공공기록 뿐 아니라 가치 있는 민간 소장 기록물에 대한 수집과 보존, 평가방법 그리고 활용을 위한 제도적 근거와 더불어 지방 기록물 관리에 있어 선도적 역할을 하기 위해 제정된 것이다. 조례에 따라 기록문화의 정책심의 자문기구가 마련됐고, 정책·제도, 서비스, 수집·평가·보존을 비롯해 시민과 함께하는 기록문화 확산 및 공공기록과 민간기록을 아우르는 견실한 기록 관리의 기반이 조성되었다.

> **– 민 · 관 · 학 거버넌스 구성 –**
>
> Resident(주민) + City(청주시) + University(대학) = 기록관리 전문성 강화
>
> ◆협약내역: ① 기록문화 전문기관(청주대학교, 충북문화재연구원, 청주문화원)
> ② 청주 문화도시 행정협의체 협약
> (충청북도, 고인쇄박물관, 청주시기록관 등 9개 부서)
> ③ 지역가치발굴을 위한 주민과의 협약(덕촌리를 사랑하는 모임 등 3개)
> ④ 기록문화발전협의회 구성
> (대전광역시교육청, 한국교원대학교 등 8개 기관)
> ◆협약내용: 기록정보 및 기록문화 연구, 청주시 기록문화도시 지정 공동 추진
> ➡ 기록 네트워크(협력) 구축으로 명실상부 '기록문화 청주' 도시 자리 매김
> (충청북도 → 전국 확대 추진)

또한 시민사회가 성숙하고, 개인과 공동체 간 기록행위를 통해 서로 소

통하고 교류함으로써 거버넌스의 필요성이 대두되었고, 시민들이 문화적 삶을 영위하면서 활발한 시민공동체 활동[11]과 시민참여형 거버넌스를 구축하게 되었다.

기록문화 도시 건립

기록과 문화를 창의적으로 해석하고 새로운 시각으로 사업을 시도하면서 끊임없는 변화를 거듭하고 있는 청주시는 이를 도시의 정체성으로 확립하기 위해 청주시기록관, 기록체험홍보관을 설립하여 기록문화의 터전을 마련했다. 또한 공공기록과 민간기록을 아우르는 제도적 근거를 마련하여 민·관·학 거버넌스를 구성하는 등 기록문화의 기초 확립을 통해 2019년 12월 지역문화진흥법에 의한 대한민국 첫 법정 '기록문화 창의도시'로 선정되면서, 일상의 기록이 하나의 문화로 자리 잡고 도시를 이끌어갈 수 있는 원동력을 가지게 되었다.

문화도시사업은 2024년까지 △시민 문화력 향상을 위한 "시민 문화력을 키우다" 시민 중심의 공동체 기록 활동, △도시 정체성 확립을 위한 "도시의 정체성을 찾다" 기록을 통한 일상과 도시의 재발견, △문화경제력 제고를 위한 "문화 경제력을 높이다" 창의 기반 구축 등의 3대 목표를 통한 문화도시 조성사업[12]을 추진하는 것으로, '과거와 현재의 기록은 미래를 여는 나침반이 되고, 기록을 통해 미래를 여는 창조의 열쇠이며, 현재의 기록이 미래의 자원이 되는 지속가능한 도시'라는 비전을 가지고 있다.

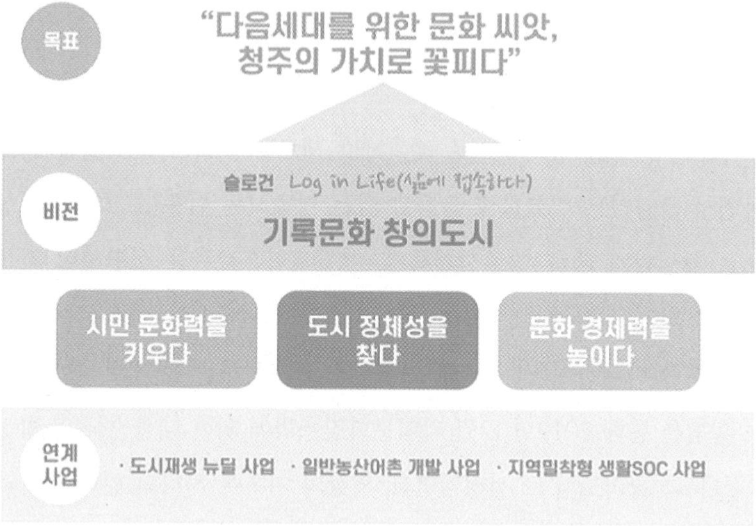

목표
"다음세대를 위한 문화 씨앗,
청주의 가치로 꽃피다"

비전
슬로건 Log in Life(삶에 접속하다)
기록문화 창의도시

시민 문화력을
키우다

도시 정체성을
찾다

문화 경제력을
높이다

연계
사업
· 도시재생 뉴딜 사업   · 일반농산어촌 개발 사업   · 지역밀착형 생활SOC 사업

〈그림2〉'기록문화 창의도시' 문화도시사업 3대 목표

기록문화 시민, 청주

기록문화 창의도시로 선정된 청주시는 수집공모전부터 시민기록가 양성, 마을 아카이브, 시민 포럼, 기록문화체험 등 다양한 활동을 통해 시민과 함께하는 기록문화를 확산시키고 있다. 이 프로그램들 중 시민들이 적극적으로 참여하지 않은 프로그램이 없었고, 시민들이 직접 기획하며 실행해가는 과정을 통해 스스로 기록문화 창의도시의 주인으로 성장해갈 수 있었다. 그 활동들에 대해 살펴보면 다음과 같다.

기록 수집 공모

시민의 삶과 추억이 담긴 다양한 유형의 기록물은 청주의 변천사 등 당대의 상황을 살펴볼 수 있는 귀중한 유산이다. 청주시는 멸실되고 있는 지역의 기록유산을 보전하고 역사적 가치가 높은 민간기록물을 발굴하기 위해 2018년 '우리의 기록, 청주시 역사가 되다', 2019년 '기록＋청주 시민 삶의 기록을 찾습니다' 두 차례 기록 수집 공모를 진행했다.

① 우리의 기록, 청주시 역사가 되다

2018년 7월 10일부터 9월 10일까지 2개월 동안 '우리의 기록, 청주시 역사가 되다'란 주제로 수집 공모전을 열었다. 수집대상은 일제강점기 (1910~1945)부터 1980년대 이전 '청주' 관련 기록물로, 옛 청주·청원이 보유했던 문서·책자·사진·동영상 등이었으며, 시민 총 13명으로부터 기록물 284점을 기증받았다.

기록수집 공모에 참가한 시민 민영만 씨는 1982년 농수산통계사무소 입사 시험에 합격해 받은 합격 통지서를 비롯해 발령장, 임용장, 봉급표와 월급봉투 등 2004년까지 보관한 개인 기록물을 청주시기록관에 기증했다. 민영만 씨가 이 중 가장 소중히 여겼던 것은 농수산통계사무소 합격통지서라며 "처음 입사할 때부터 평생 다니겠다고 다짐한 직장이었다."며 "비록 종이 한 장이지만 합격통지서를 받았을 때 세상을 다 가진 것처럼 기뻤다."고 말했다. 수집된 민간기록물 속 개인의 일상기록을 통해 당시 시대상을 엿볼 수 있고, 소중한 기억도 함께 공유할 수 있게 된 것이다.

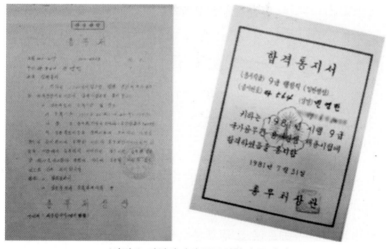

〈사진4〉 민영만씨의 공무원합격 통지서

밖에도 1960~1970년대 가계부, 1970년대 달력, 1962년 초등학교

교과서 등 그동안 어두운 장롱 속에 갇혀 먼지만 쌓여왔을 각종 민간기록물들이 공모전 덕분에 비로소 세상 밖으로 나올 수 있었다. 이러한 기록물들은 심사를 거쳐 입상작은 기증자 표시와 함께 청주시기록관에 전시 및 보관하여 기증자의 명예를 높였고, 공공과 민간을 아우르는 기록정보의 자원화가 되도록 했다. 따라서 민간기록물 수집을 통해 사라져가는 우리 주변의 소소한 기억이 담긴 기록물을 찾아내 그 역사적 가치를 공감하고 다시금 기록하여, 지역사회와 사회구성원들의 과거와 현재의 연대적 상호작용을 이루게 된 것에 그 의미가 있다.

② 기록 + 청주시민, 삶의 기록을 찾습니다

민간영역의 가치 있는 시민기록물을 수집하여 보존하고 청주의 정체성을 담는 기록으로 활용하기 위하여 2019년 8월 기록문화 창의도시 예비사업 프로젝트 '기록 + 청주시민, 삶의 기록물을 찾습니다'를 진행했다.

기록물 수집에 참여한 시민에게는 소정의 상품권과 전시 참여 기회가 주어졌다. 전시를 마친 후 응모자에게 기록물을 반환했으나, 가치 있는 주요 기록물로 판정될 경우 응모자와 협의 하에 항온항습과 소방시설 등 보존 설비가 갖춰진 청주시기록관에 영구 보존될 수 있었다. 개인 삶의 흔적을 도시의 역사적 자산으로 남겨, 기록문화로서의 가치를 청주시기록관을 통해 공유할 수 있는 것이다.

기록물에 대한 소유와 저작권이 응모자 본인에게 있다면 청주시민 누구나 참여 가능했다. 삶의 흔적을 보여줄 개인 소장기록으로 문서자료(일기, 편지, 증명서, 메모, 책자 등)부터 시청각류(사진, 필름, 동영상 등), 인쇄물(포스터, 전단, 엽서, 월급봉투 등), 박물류(신분증, 배지, 상장, 상패 등)까지 다양한 형태의 기록을 수집대상으로 삼았다. 기증방법은 현장 방문을 통한 기증을 추진했다. 오랜 시간 보관만 해두었던 삶의 흔적들이 기록으로 또 청주의 역사로 재탄생될 수 있다는 취지에 많은 시민들이 공감하여, 2019년 8월 5일부터 9월 17일까지 44일간의 수집기간 동안 무려 3,600여 점의 시민기록물이 접수될 만큼 호응이 높았다.

③ '기록플러스' 시민기록 전시

시민들의 삶과 애환이 고스란히 담겨있는 일상기록을 단순히 수집에만 그치지 않고 시민들이 간직한 도시의 기억과 기록을 모아 전시를 진행했다. 장소는 '유네스코 국제기록유산센터'가 들어설 예정인 옛 청주시 한국공예관이 선정되었다.

전시는 총 3부로 구성되었는데 1층은 「마을에 문화를 더하다」라는 소주제로 꾸며졌다. 마을기록 활동으로 공동체를 회복하고 있는 청주시 산남동부터 40여 년 전 대청댐 건설로 사라진 문의면 마을, 그리고 기록의 과거와 미래가 공존하고 있는 운천동까지 그 모든 변화의 과정들이 기록으로 시민을 만났다.

2층은 「일상에 기록을 더하다」를 소주제로, 지난 8월~9월에 수집된 시민일상 기록물 총 3,269점과 시민들의 참여 과정을 담은 사진, 영상 등을 전시했다. 빛바랜 추억록, 낡은 일기, 뜻깊은 순간을 기록한 사진과

영상 등 청주시민들의 평범하지만 더없이 빛나고 소중한 기록들을 한눈에 볼 수 있었다.

3층은 「기록에 창의를 더하다」를 소주제로, 지역 청년작가 10명(김기성, 이선희, 왕민철, 정혜경, 장연수, 고정원, 이선구, 홍덕은, 이재복)의 작품을 선보였다. 특히 김기성 작가와 이재복 작가는 삶의 기록 수집부터 이번 전시의 기획 및 구현까지 직접 진행한 주인공들로, 기록문화 창의도시를 꿈꾸는 시민의 힘으로 마련된 전시라는 점에서 더욱 주목을 받았다.

이처럼 '기록플러스' 전시는 개인의 다양한 기록으로 지역의 기억을 공유하고 소통하는 경험을 함으로써, 시민기록의 의미를 확대시키는 등 기록의 무한한 활용 가능성을 보여주었다.

〈그림 3〉 '기록+ 청주시민, 삶의
기록물을 찾습니다!' 포스터

〈사진5〉 '기록 +'전시 모습

시민기록가 양성

　기록물은 지역의 정체성을 보여주고 역사와 문화를 대변한다. 지역의 고유한 역사·문화적 가치는 공적기관, 단체에서 생산 및 관리하는 공공기록물에도 포함되어 있지만 지역의 정체성을 보여주는 역사·문화적 가치는 공동체의 민간기록에서 그 특성이 더욱 강하게 나타난다. 시정기록은 공공기관이 무슨 일을 했는지 설명할 수 있으나, 시의 다양한 변천과 관련한 전반적 기억까지 그대로 보여주지는 못하기 때문에 시민의 기억과 기록도 같이 수집해야 하는 것이다.

　지역사회에는 무수히 많은 기록이 존재하며 지금 이 순간도 다양한 루트로 끊임없이 생산되고 있다. 따라서 당대의 기록물은 물론, 근대문화유산까지 마을마다 방치되고 소실될 위기에 처한 기록물을 수집·선별하여 기록화 하는 것이 필요하다. 지역기록화의 주인공은 지역과 시민이고, 시민이 주체가 되어야 지역의 진정한 기록화를 수행할 수 있다. 또한, 지속가능 하기 위해서는 전문가와 행정(공공)인력만으로는 양적으로나 질적으로 극명한 한계가 있으므로 반드시 시민과 함께해야만 한다.

　청주시는 시민들의 다양한 기억과 기록을 수집·관리·활용하고 지역의 기록문화를 함께 만들어 갈 시민기록가를 발굴하기 위해 기록문화 및 아카이브에 관심 있는 시민들을 대상으로 시민기록가 양성 아카데미를 실시하고 있다.

　문화도시센터와 청주시기록관, 청주대학교 청주학연구소가 공동으로 추진하는 '청주 시민기록가 양성 아카데미'는 민·관·학이 협력해 지역

내 기록분야 전문 인력을 양성하기 위해 기획한 프로그램이다. 공개 모집 및 서류 검토와 전화 인터뷰를 통해 총 30명의 예비 시민기록가를 선발했다. 프로그램의 80% 이상을 참여한 교육생에게는 '시민기록가 교육 수료증'이 발급되며, 이들에게는 향후 문화도시 청주의 기록문화 활동가로 활약할 기회가 주어진다.

프로그램은 대학교수, 관련분야 박사학위소지자, 현직 종사자를 강사로 초청하여 아키비스트의 활동영역을 이해하고 개인의 생활사를 기록하는 다양한 기록화 방법 습득을 목적으로 한다. 강의내용은 기록관련 기초적인 법·행정, 전반적인 기록관리 프로세스, 실무실습 등으로 시민의 눈높이에 맞춰 진행했다.

청주시 '제1기 시민기록가 양성 프로그램'의 강의 커리큘럼은 다음과 같다.

〈표 1〉 청주시 제1기 시민기록가 양성 프로그램 강의 커리큘럼, 2020

강의구분		시간	교육 내용
1회	기록과 기록관리	2	아카이브란?, 국내외 기록 인프라, 민간기록사례 소개
2회	현장활동	8	국내 기록관(국가기록원 등) 견학
3회	수집, 기록이야기	2	기록관리 필요성 및 민간기록의 중요성
4회	자료조사방법	2	생활사 기록을 위한 자료 조사방법
5회	기록관리과정	2	생애 기록 스토리 만들기 Ⅰ
6회		2	생애 기록 스토리 만들기 Ⅱ
7회		2	생애 기록 스토리 만들기 Ⅲ
8회		2	기록물 장기 보존하기
9회		2	기록물 장기 보존 실습

10회	현장활동	4	현장방문을 통한 구술 채록 방법: 옥산면
11회		4	현장방문을 통한 사진, 동영상 수집 방법: 수암골
12회	민간기록물 수집	2	민간기록물 수집과 기록 스토리 만들기 Ⅰ
13회		2	민간기록물 수집과 기록 스토리 만들기 Ⅱ
14회	성과공유회	2	민간기록물 수집과 기록 스토리 만들기 Ⅲ
15회		2	성과공유회(수집 민간기록물, 생애 기록 발표) 및 수료식

청주의 '기록문화 창의도시' 사업추진을 위해서는 문화도시센터-청주시기록관-시민-기록전문가가 함께 모여 유기적 관리체계 구축해야 한다. 이를 실현하기 위한 향후 추진계획은 2020년 아키비스트 양성교육 기초과정 운영으로 기초지식을 함양한 후, 2021년 1기 수료생 집중과정 운영을 통해 전문지식을 쌓으며, 2022~2024년 새로운 시민기록가를 발굴하기 위한 지속적인 운영 등으로, 시민과 함께하는 자발적인 지역 아카이빙을 위한 자생력 확보가 최종 목표이다.

마을 아카이브

마을주민의 건의와 도움으로 함께 이루어낸 청주시 제1호 마을 아카이브 사업인 '기록으로 보는 독립운동 기억 공간, 덕촌리 독립운동마을'은 민간 아카이브의 지속적인 발전을 위해 주민들의 자발적인 참여와 적극성이 뒷받침이 된 모범적인 사례로, 특히 우리 민족정신을 일깨우며 나라사랑 운동을 자연스럽게 보고 느끼는 기회를 제공했다.

2019년, 3·1운동 및 대한민국임시정부 수립 100주년을 맞아 행정안

전부는 지역 특성에 맞는 기념사업을 발굴하고자 '제2차 3·1운동 및 임시정부 100주년 기념사업 공모[13]'했고, 공모에 당선된 청주시는 지역 주민과 시민단체가 참여해 독립운동가를 기억·기념하는 공간을 조성하는 '독립운동가 마을' 아카이브(Archives)를 진행했다.

'독립운동가 마을'은 지역의 역사적 가치가 높은 장소들을 보존하기 위해 실시한 청주시 제1호 마을 아카이브 사업으로 독립운동가 정순만[14] 선생의 고향 마을이 '독립운동가 마을'로 재탄생 했다. 추진내용은 검은 정순만 선생 기록을 모아 기념관에 전시하였고, 3·1운동 만세광장(쉼터) 및 애국의 길, 독립운동마을 표지석을 설치했다. 특히, 청주시, 청주대학교, 애국지사 정순만기념회 사업회, 하동정씨 종중과 지역민 자발 참여로 추진체계가 민·관·학 협동이라는데 의의가 있다. 준공식에 참여한 주민은 "우리 마을에서 독립운동가가 태어났다는 것도 자랑스럽지만 우리가 그분과 그분의 독립 운동사를 기록함으로써 기억하고 추억하는 마을을 만들었다는 것이 더 뿌듯하다"며 자랑스러워했다.

▲ 정순만 선생의 생가 터 ▲ 독립운동계의3한 정순만 ▲ 정순만 선생의 훈장증

〈사진6〉독립운동가 정순만 일대기와 수집기록물

현재 '애국지사 검은 정순만 기념사업회 덕신학교'는 하동정씨 종중
및 덕촌리를 사랑하는 모임의 적극적인 지원으로 운영되고 있다. 애국심
및 애향심 고취를 위한 독립운동 교육장소로도 활용하고 있는데, 옥산초
등학교와 업무협약을 체결해 전통문화 체험학교를 연 20회(400여 명)
운영하고 있다. 이로 인해 청주시·정씨종중·덕촌리를 사랑하는 모임
(시설관리지원), 정순만 기념사업회(교육분야)의 협약이 이루어졌고 주민이
주도하는 주민 자율운영체계를 마련하게 되었다.

이로써 지역기록화(Archiving Locality)를 위한 주민 참여형 아카이브 구
축을 이룬 '덕촌리 독립운동마을'은 관광 및 교육장소로 활용 및 지속발
전 가능한 기반을 가지게 되었다.

〈사진7〉 덕촌리 독립운동가 마을 기록문화체험

시민 포럼

2019년 4월 30일 기록에 대한 과거·현재·미래의 개념과 가치를 공
유하고 기록문화 도시 청주의 가능성을 구체화하며 시민 공감대를 넓

히기 위해, 기록문화 전문가와 활동가, 청주시민 등 100여 명이 함께하는 자유토론의 장을 마련했다.

기록문화와 지방기록의 활성화를 주제로 시작한 세미나는 지방기록물 발전 방향과 시민과 함께하는 청주시기록관 발전 방안을 위한 다양한 의견을 들을 수 있는 계기가 되었다. 또한 근대 이후 청주의 생활상을 엿볼 수 있는 민간기록물을 기증한 시민들께 감사장을 수여하기도 했다.

〈사진 8〉 기록문화와 지방기록의 활성화 포럼

또한, 같은 해 시민들과 함께 청주의 기록관리 체계를 정립하고 지역기록유산을 효율적으로 보존·관리할 수 있는 방안 모색을 위한 공론의 장인 '2019 청주 기록×도시 포럼 시리즈'를 개최했다. 3차에 걸쳐 개최된 포럼에서는 첫 번째 기록의 가치, 두 번째 시민의 일상에서의 기록의 가치, 마지막으로 기록문화와 창의도시에 대하여 논의가 이루어졌다.

5/22(수) 포럼 ① 기록의 가치	7/23(화) 포럼 ② 시민의 일상과 가치	8/31(토) 포럼 ③ 기록문화와 창의도시
• 기록의 개념과 가치 • 기록과 도시	• 시민의 기억, 청주의 기록 • 국내외 프로젝트/성과 사례	• 시민참여형 아카이브 • [살롱] 결과물 발표

무엇보다 시민공감대를 형성하는 자리인 만큼 시민들과 단체, 학자들의 열띤 토의가 펼쳐졌다. 많은 의견 가운데 핵심을 소개하면 다음과 같다.

〈사진 9〉 청주 기록×도시 1차 포럼 모습

" 포럼에 참석한 한 시민은
"직지의 고향인 청주만큼 기록의 가치를 구현할 수 있는 곳은 없다."며
"우리 모두가 자발적 기록활동을 통해 문화도시 시민으로 성장하고 함께
소통하면서 진정한 의미의 문화도시로 나아갔으면 좋겠다." 고 말했다. "

〈사진10〉 청주 기록×도시 2차 포럼 모습

윤은하 전북대학교 교수는
"민간기록 수집에 있어서는 중요기록 선별을 위한 인문학적 해석과정이 중요하다."
"기록 활동을 하기에 앞서 청주의 정체성에 대한 고민과 해석의 작업이 필요하며
기록은 소통이고, 민간기록을 어떻게 활용할 것인지 다각도로 논의가 필요하다."
고 말했다.

〈사진11〉 청주 기록×도시 3차 포럼 모습

❝시민 문화공간 우리의 최우정 대표는
1970~1980년대 청주의 주요 경제 주축이었던 양백여상[15] 이야기를 회고하며
"오랜 시간 청주를 먹여 살렸지만 역사 너머로 잊힌 사람들을 기억하고
그 가치를 인정해 줌으로써, 간과되어 온 공동체의 상처를 치유하며
그들이 남긴 기록을 도시가 포용해야 한다."고 역설했다.❞

세 차례에 걸쳐 열린 청주 기록×도시 포럼 현장은 매번 빈자리를 찾아보기 힘들 정도로 큰 호응을 얻었으며, 청주예술의전당 일원에서 개최된 '대한민국 독서대전'과 연계 진행되어 '글을 읽고 쓰기를 즐기는' 문화도시 청주의 이미지를 부각시켰다는 긍정적인 평을 받았다. 포럼을 통한 시민과의 소통 결과로 나온 시사점을 정리하면 다음과 같다. 먼저, 지방기록물관리를 위한 지역의 민·관·학이 함께하는 거버넌스 구축이 필요하며, 그중에서도 지역기록관, 재단, 민·관·학의 소통이 기반이 되어야 한다.

　또한, 기록문화 발전에 있어 주체가 되는 시민들의 기록에 대한 인식 변화와 국가차원의 정책적 지원이 필요하다. 그리고 지역에서 자발적으로 기록 활동을 하는 사람·단체를 흡수해야 한다. 이를 위해서는 시민 아키비스트 양성, 민간기록 수집 등의 프로그램을 모색해야하며, 나아가 마을 공동체, 도시재생사업과의 연결할 필요가 있다.

　마지막으로, 기록을 4차 산업으로 연결하여 정보의 활용방안을 모색하되 새로운 것에 치우치기 보다는 전통·예절과 관련된 과거의 기록물이 기록화가 되어야 할 것이며 도시에는 문화에 대한 기품이 있어야 하고, 단순히 유명하거나 인기 있는 부분에 치우치는 상업문화는 배제되어야 한다는 의견이 도출되었다.

　시민포럼을 통해 다함께 기록의 가치를 탐구하고, 기록문화 창의도시 청주의 비전을 구체화하고, 지역기록의 가치와 중요성에 대한 시민 공감대를 형성했다는 것에 의미가 있다.

기록문화체험 프로그램

청주시기록관은 기록을 직접 보고, 느끼고, 체험할 수 있는 시민과의 소통기회를 만들고, 기록문화 확산의 발판 마련을 위해 기록문화체험 프로그램 "기록과 함께 놀자"를 기획, 운영했다. 공공기관의 행정기록 기록관(폐쇄형 서고)이란 딱딱한 이미지 탈피해 문화 공간으로 새롭게 인지시키고, 시민의 인식제고 및 활발한 교류를 마련하는데 중점을 두었다.

〈사진12〉 기록홍보관 견학 모습   〈사진13〉 책 만들기 체험 모습

첫 번째, 어린이를 대상으로 여름방학 프로그램을 2019년 8~9월, 두 달간 진행했다. 고대 중국 기록매체인 죽간과 고대 이집트 종이인 파피루스 기록체험, 청주의 기록유산, 세계기록유산이야기를 담은 '기록 이야기' 책 만들기, 기록관 및 홍보관 견학 후 퀴즈풀기 등 체험을 통해 기록이 무엇인지 알기 쉽게 풀어내어 참여 어린이와 학부모들로부터 큰 인기를 끌었다. 매주 수요일, 2회(90분씩, 총39회)에 참여한 인원만 50개 팀, 695명이었고, "기록과 함께 놀자" 체험 프로그램 운영에 대한 만족도는 92%, 재방문 의향은 98%에 달했다. 평소 접하기 어려운 기

록에 대한 체험활동과 눈높이에 맞춘 프로그램 진행 등이 큰 호응을 얻었고, 이러한 기록문화체험 프로그램을 지속적으로 참여할 수 있도록 홍보가 필요하다는 의견을 이끌어내기도 했다.

〈표 2〉 여름방학 기록문화체험 프로그램

프로그램	내용	소요시간
고대 중국 기록매체(죽간)에 기록하기	미래에 내가 무엇이 될까?	20'
고대 이집트 종이에 기록남기기	1년 후 나에게 쓰는 편지	10'
'기록 이야기'책 만들기	청주의 기록유산, 세계기록유산 미니북 만들기	30'
전자 기록매체 활용체험	시대별 공문서 만들기 기록 저장하기	10'
시설 견학	기록관 및 기록홍보관 견학	20'

두 번째, 2019년 청주국제공예비엔날레 행사에서 '기록과 함께 놀자' 체험 프로그램 부스를 운영했다. 행사일인 매주 토요일, 1일 3회 운영을 통해 관람자 386명이 참여하였고, 체험 프로그램으로는 죽간(중국), 파피루스(이집트) 기록장에 기록하기, '기록이야기' 책 만들기, 기록나무 가꾸기(나뭇잎 붙이기), '내가 꿈꾸는 문화도시 청주' 전시하기를 진행했다.

〈그림 4〉'기록과 함께 놀자' 포스터

〈사진 14〉 책 만들기 체험 모습

세 번째, 겨울방학을 맞이하여 '가족과 함께하는 기록관 나들이' 기록문화체험 프로그램을 운영했다. 7세 이상의 청소년을 대상으로 부모와 함께 기록문화를 체험함으로써 기록으로 소통할 수 있는 기회를 제공했다. 프로그램 중 한지책 만들기는 '반찬등속'의 100년 전 반찬 레시피를 작성해 바늘과 끈으로 묶어 책을 완성했고, 이 외에도 청주기록유산 배우기, 퀴즈풀기 등 기록에 대해 직접 체험할 수 있는 기회를 마련했다. 모든 체험을 마친 후에는 "잘했다."는 칭찬의 글이 적힌 왕의 문서, 교지를 전달하며 체험을 종료했다.

〈표 3〉 겨울방학 기록문화체험 프로그램

구분	세부 내용	시간
안내	특강, 체험, 견학 등 진행내용 안내	5'
견학	기록홍보관 → 행정자료실 → 문서고	10'
특강	·청주시기록관 소개 및 기록의 정의 ·청주의 기록문화에 대해서 알아보기	20'
체험	·왕의 문서(교지) 만들기 ·한지책(전자문, 반찬등속) 만들기 ·기록매체(죽간, 파피루스) 기록남기기	50'
마무리	부모가 전달하는 왕의 문서 교지 전달 및 단체사진 촬영	5'

〈사진15〉 기록문화체험 프로그램 운영

같은 다양한 기록문화체험 프로그램을 통해 참여자들이 낯설고 어렵게만 느껴지던 기록에 한걸음 가까워지는 인식변화를 유도하고 친구, 가족과 함께 기록문화를 체험하면서 청주의 기록문화유산에 대해 자연스럽게 습득할 수 있는 일거양득의 성과를 거둘 수 있었다.

지금까지 지역기록물이 지역문화가 된 문화도시 청주의 사례를 살펴보았다. 기록은 사람들이 살아온 모습을 상징하고, 지역사회의 기억을 형성하는 역할을 한다. 따라서 공공기록물만으로는 부족한 지역사회의 기억을 보완하기 위해서 지역기록물이 필요하다. 청주가 품어온 지역기록물들은 그 자체로도 귀중하지만 그것이 만들어지는 배경과 의미는 기록이 품고 있는 가치를 느끼게 한다. 직지, 반찬등속, 순천 김씨 묘에서 출토된 192건의 한글편지 등은 모두 나눔의 정신이 배어있는 공유의 문화를 내포하고 있다. 특히, 직지의 경우 당대 최선의 소재 최고의 기술을 동원한 첨단 테크놀로지의 산물이라 할 수 있다. 이러한 청주의 기록유산은 오랫동안 청주시민들의 삶 속에 녹아 새로운 가치추구를 자극해왔다.

2017년 전국 지자체 최초로 통합 전문 기록관인 청주시기록관이 문을 열었고, 2019년 문화도시에 선정되었고, 2022년 유네스코 국제기록유산센터가 문을 연다. 이렇게 청주는 '기록'이라는 지역의 문화자원을 토대로 2020년 6월 9일 국가기록원과 함께 대한민국 첫 법정 기록의 날 기념식을 개최하는 등 기록문화를 대표하는 도시로 나아가고 있다. 청주가 기록을 과거의 유물로만 여기지 않고 현재적 삶에서 새로운 가치로 발현하고 있음을 확인해준다.

청주가 표방하는 기록문화 창의도시는 단순히 기록물을 관리하고 보존하는 측면을 넘어 시민과 함께 공유하고 협업하며 기록을 통해서 문화로 연결하는 사업을 지속적으로 추진하여 시민과 같이 활동할 수 있도록 하는데 주안점을 두었다. 시민들이 수동적 참여자가 아닌 능동적 참여를 통해 주도적으로 자신의 생애와 지역을 기록화 할 수 있도록 지원하고 있다.

필자는 청주시에서 기록연구사로 근무하면서 시민과 함께 기록의 가치를 찾고, 기록의 다양한 활용 방법들을 고민하고 논의하면서 기록이라는 것이 종이 안에만 존재하는 것이 아니라 청주시를 대표하는 지역문화가 될 수 있을 것이라는 확신이 생겼다. 청주는 삶 속에 녹아있는 기록을 통해 지역의 고유한 문화를 형성하고 이러한 문화적 바탕위에 현재의 기록이 다시 생산되고 활용되는 과정을 통해 창의문화를 만들어 가고자 한다.

정부에서 추진하는 문화도시 사업은 5개년 사업이지만 청주의 비전인 기록문화 창의도시는 지속가능해야 한다. 이를 위해서는 주기적으로 기록문화 시민학교, 지역기록물 전시, 포럼 등을 운영하여 기록의 중요성에 대한 사회적 공감대 형성이 필요하다. 또한, 개개인 삶의 기록이 지역의 역사와 문화를 담고 있기 때문에 자생적으로 활동하는 시민기록 활동가들을 찾고 그 활동을 더욱 지원하며 협업하는 것도 필요하다. 특히, 기록에서 소외되기 쉬운 개인이나 마을에 관심을 가져야 기록의 민주주의가 실현될 수 있다. 주민들의 기억에 귀기울여주고 알 권리를 충족시켜주며 주민들이 자유롭게 지역의 기록을 열람·활용 할 수 있는 여건을 더 많이 조성해야 한다.

어제의 기억이 오늘의 기록이 되고, 이 기록을 시민과 함께 소통할 수 있는 문화로 성장시킨다면 새로운 지역문화 패러다임이 탄생할 것이다.

청주 문화도시 미래상에서 가장 많이 언급된 단어는 '힐링과 치유'였으며 시민들은 기록문화 활동을 통해 각박한 현실에서의 위로받기를 원하고 있었다. 또한 시민 스스로 시민의식이 각성되어야 살기 좋은 도시가 될 것이라는 의견들이 많았으며 지역 생활 속에서 기록문화를 통해 개인-공동체간 소통과 교류의 기회가 확대되기를 기대하고 있었다. 기록은 공동체와 개인의 상호작용을 반영하고 있다. 우리는 삶의 흔적인 기록을 매개로 일상의 가치를 소중히 여기며, 공유와 소통을 통해 세대·계층·이념 등의 격차를 허물어 시민공동체를 활성화하고 더불어 사는 도시를 만들어야 한다. 시민과 함께 기록으로 소통하는 기록문화 창의도시 청주의 비전은 현재 진행 중이다.

미주

1 청주시는 2014년 청원군과 통합으로 전국 기초 지자체단체 중 면적 1위(940km2, 서울시의 1.6배, 대전광역시의 1.7배), 인구 2위를 차지했다. 2020년 통합 청주시 인구는 1.5% 증가했고 예산규모도 46.5% 늘어나 전국 시군구 가운데 네 번째로, 발전을 위한 '튼튼한 규모의 도시 경쟁력'을 갖춘 도시가 되었다.

2 청주시, 노잼 도시 TOP 3 등극 http://www.dynews.co.kr/news/articleView.html?idxno=468518.

3 고려 광종 13년(962), 당간을 세운 정확한 시기와 건립한 사람들에 대한 정보가 또렷이 새겨져 있어 소중한 가치를 지니고 있는 귀한 유산이다.

4 16세기말 네덜란드어로, 동양서적으로는 서양에 가장 먼저 번역된 책인 「신간대자 명심보감」은 1454년 청주에서 목판으로 간행되었다.

5 청주 상당구 외남동에서 출토된 순천 김씨의 묘에서 발견된 192건의 편지로, 중요민속자료 제109호로 지정되었다. 순천 김씨의 부모 김훈과 신천 강씨가 보낸 편지, 남편인 채무이가 보낸 편지로 구성된다. 편지 내용에는 시집간 딸을 그리며 걱정하는 모정, 출타한 남편의 집안 걱정과 안부 등을 담고 있으며, 부부간의 관계, 부모와 자녀의 관계, 양반과 종의 관계 등 16세기 조선시대의 일상생활의 모습이 고스란히 남아있는 중요한 기록이다.

6 고한글로 간행한 충북 최고의 음식 관련 서적으로, 상신동에 거주했던 진주 강씨 문중의 며느리인 밀양 손씨가 1913년 12월 24일에 필사한 것으로 추정된다. 반찬, 과자, 음료 등 46가지 음식의 재료 손질과 조리법 등이 상세히 기록되어 있다.

7 「직지」는 현재 프랑스 국립도서관 동양문헌실에 소장되어 있다. 그 경위는 1886년 한불수호통상조약이 체결된 후 초대 주한대리공사로 부임한 꼴랭 드 쁠랑시(Collin de Plancy, 1853~1922)가 우리나라에 근무하면서 고서 및 각종 문화재를 수집하였는데, 그 속에 「직지」가 포함되었던 것이다.

8 청주시는 지역문화진흥법 제15조에 따라 2019년 12월 국가가 인정하는 [법정 문화도시에 지정]되었다. 이에 따라 [기록문화 창의도시]라는 비전으로 시민 모두가 살기 좋고 365일 문화로 즐거운 도시를 만들고 있다.

9 지방기록의 선진모델로 활용(2020. 10월 기준): (국내) 172개 기관, (국외) 8개국, (시민) 1,403명 방문

10 제71주년 제헌절 충북 이색 조례 조명(2019. 7. 16) '청주시기록물관리에 관한 조례 제정'

민간기록물 수집·관리에 어려움을 해결하고 지방기록물 관리에서 청주시기록관과 함께 청주시가 선도적인 역할을 하려는 목적이 있다. 국가 최상위법인 헌법이 만들어진 후 각종 법령이 제정됐다. 최근에는 지역 특성에 맞는 조례가 만들어져서 눈길을 끈다. https://mobile.newsis.com/view.html?ar_id=NISX20190716_0000712342

11 시민공동체 : 덕촌리 '독립운동마을', 산남동 '두꺼비 마을'의 공동체 기록활동, 문화재생 공동체 '터무니', 여성 구술 연구모임 '허 스토리', 청년문화콘텐츠협동조합 1377 등 자발적인 기록 및 문화모임이 활발하게 활동하고 있다. [문화10만인클럽]이란? 문화향유를 즐기고자 하는 청주 시민들의 모임으로 ① '청주 100만도시의 10%인 10만명은 문화를 즐기자' ② '연 10만원의 문화소비를 하자'는 두 가지 의미가 있음.

12 청주문화산업진흥재단–문화도시청주 http://www.cjculture.org/home/sub.php?menukey=607

13 (근거)「3·1운동 및 대한민국임시정부 수립 100주년 기념사업추진위원회의 설치 및 운영에 관한 규정」(대통령령 제28623호) (기념사업 정의) 3·1운동과 대한민국임시정부 수립에서 나타난 자유와 독립을 향한 정신을 계승하고, 국민들의 역사적 자긍심을 고양하여 자유롭고 정의로운 대한민국의 미래를 제시하기 위한 국내·외 기념행사, 학술대회, 문화·예술행사, 출판 등의 사업 (동 규정 제2조)

14 일제강점기 성명회, 권업회, 13도의군부 등을 설치하여 항일운동을 전개한 독립운동가

15 청주시 흥덕구에 위치했던 산업체 부설 고등학교로, 2006년 모기업인 대농의 부도로 폐교되었다.

4장

시민기록자의 탄생,
이천문화아카이브

_ 이동준

들어가며

　코로나19 사태는 그동안 우리가 영위해왔던 일상적 삶을 근본적으로 되돌아볼 기회를 만들어주었다. 사람과 물류의 이동이 차단되고 일상이 멈춰버린 '비접촉'(untact; non contact) 사회를 경험하면서 우리는 지구적 위기상황에서 지역이 스스로 생존의 길을 찾아야 한다는 사실을 깨닫게 되었다. 그동안 세계화로 인해 우리의 식탁과 일상생활도 외부세계에서 들어온 식재료와 물건들로 잠식되어 있었기에 우리의 생활패턴을 조금씩 지역 중심으로 재편하지 않으면 앞으로 더 큰 어려움에 처할 수도 있겠다는 인식이었다. 코로나19는 아이러니하게도 우리로 하여금 지역의 중요성을 깨닫게 했다. 그동안 세계화의 덫에 빠져 놓치고 있었던 생태, 돌봄, 나눔의 가치에 다시 주목하게 만들었다. 이제 지역에서는 외부세계에 대한 의존도를 줄이고 지역을 중심으로 새로운 대안을 찾아 나서야 한다는 움직임이 일어나고 있다.

<그림 1> 여주 대신면 시골마을에 걸려있는 로컬푸드운동을 알리는 현수막

글로벌 위기상황에서 개인을 보호할 공동체는 결국 로컬에서 찾을 수밖에 없고 우리는 마을에서 그 가능성을 발견한다. 마을이야말로 지역을 기반으로 하는, 가장 단단한 공동체의 토대이기 때문이다. 가족 간의 접촉(home-contact)과 학교에서의 접촉(school-contact)만을 허락하는 사회에 우리는 언제까지 머물러 있을 수 없다. 진정한 배움과 새로운 사회의 모색은 집과 학교를 넘어서 지역에서 실험되고 또 실천되어야 하기 때문이다. 그래서 '지역에서의 접촉'(local-tact; local community close contact)가 우리의 시작점이다. 로컬푸드 같은 지역 중심의 자립경제를 통해 생산자와 소비자 사이의 거리를 줄이고 기본적인 식량과 먹거리를 지역 내에서 해결할 수 있어야 한다. 생산분권화와 함께 지역 내 일자리 생태계도 만들어가야 한다. 이렇게 지역을 기반으로 주민들이 그들의 일상과 관계를 새롭게 형성해가는 활동이 우리가 추구하는 뉴노멀이다. 우리의 일상과

문화가 지역사회에서, 근거리 범위 내에서, 그리고 신뢰를 기반으로 하는 동네와 이웃 주민과의 관계망을 통해서 다시 형성되어야 한다는 뜻이다.

문화원은 지금 지역에서 아카이브를 시작하려고 한다. 지역에서 새로운 삶의 양식(뉴노멀, new normal)을 만들어가기 위해서 우리 자신과 우리의 과거에 대한 탐구가 필요하다. 온고지신(溫故知新)이란 말처럼 과거를 새김으로써 새로운 것을 알 수 있기 때문이다. 문화원은 그동안 지역의 과거를 보존하는 일에 누구보다도 앞장서 왔다. 특히 향토사라는 이름으로 과거의 자료들을 수집하고 조사·연구하는 활동을 지속해왔다. 그렇다면 문화원이야말로 지역 아카이브를 수행할 적격자가 아닐 수 없다. 하지만 아쉽게도 문화원이 그동안 해왔던 활동과 보존해온 자료들은 과거에 관한 지식이긴 했어도 왜 과거에 그러했는지를 묻고 찾아가는 과정은 아니었다. 우리는 옛것(古)에 관한 지식만으로 새것을 알 수 없고, 새날을 찾아갈 수도 없다. 과거에는 왜 그랬는지, 과거 지역민의 삶의 내용은 왜 기록에서 빠졌는지 그 이유(故)를 캐묻고 질문하지 않는다면 우리는 과거 그 자체에 머물러있게 된다. 아카이브는 결코 과거를 다루는 개념이 아니라 우리의 미래와 내일에 대한 책임을 묻는 작업이다. 그런 의미에서 아카이브는 미래에 방점을 찍는 작업이며 프란시스 베이컨의 신기관(Novum Organum; 知新)처럼 새로운 탐구의 도구가 될 수 있다.

지역 아카이브를 그저 향토에 관한 자료수집, 기록관리로만 이해할 때 그것은 지역에 관한 지식정보 데이터베이스에 불과할지 모른다. 그것은 차디찬 유물이요, 과거의 잔해, 움직임이 없는 '명사로서의 아카이브'

(archives as noun)일 뿐이다. 이에 비해 지역 아카이브를 지역을 바라보는 관점, 지역을 기록하는 방식, 더 나아가 지역의 정체성을 찾아가는 과정과 활동으로 이해할 때 그것은 지역민에게 활기를 불어넣고 낙후된 지역을 새로운 가능성의 터전으로 바꾸는 계기가 된다. 역동적으로 움직이는 '동사로서의 아카이빙'(archiving as verb; 瀒)이 되는 것이다.[1] 동사로서의 아카이빙은 지역민을 당연히 아카이빙의 주체로, 지역사회의 주역으로, 지역사의 주인공으로 호출한다. 이것이 우리가 주민 스스로의 힘으로 지역을 아카이빙하려고 하는 이유라고 할 수 있다.

이 글은 물론 지역 아카이브 전반에 관한 내용을 언급하고 있지만, 그보다는 지역에서 아카이브를 시작하려고 하는 문제의식이 무엇인지에 대해 더 관심을 두려고 한다. 이 글에서 다루는 세 개의 큰 주제어는 '지역인문학'과 '지역 아카이브', 그리고 '지역학'이다. 지역인문학은 지역을 바라보는 우리의 시선이자 우리 자신을 지역의 주체로 세워가는 과정이다. 지역 아카이브는 지역민의 삶을 담아내는 작업과 활동으로서 의미가 있다. 지역학은 지역민들이 살아온 문화사, 생활사를 토대로 그 지역의 정체성을 찾아가는 실천학이자 미래학이다. 여기에 하나를 더 보태자면 '지역학습'을 들 수 있다. 지역학습은 평생학습을 지역의 토대 위에 세워서 지역을 창조적으로 바꿔나갈 수 있는 시민층을 기르는 교육이다. 이런 부분들이 어떻게 서로 연결되어야 할지, 그리고 이 과정에서 아카이브는 어떤 역할을 해야 할지 이천문화원의 지역 아카이브 사례[2]를 통해서 이야기해보고, 아울러 지역에서 추구해야 할 지역 아카이브의 방향과 모습을 제안해보려고 한다.

지역문화 뿌리내리기

달라진 '문화'의 개념

2013년 12월에 제정된 문화기본법은 문화정책 전반에 관한 기본법으로 이제까지 우리가 알고 있던 문화에 관한 고정관념[3]을 바꾸어 놓았다. 이 기본법은 우리 사회의 전 영역에 문화적 가치를 확산시키고 국민의 문화적 권리를 명확하게 규정해 기존의 창작자 중심의 문화정책을 수요자 중심의 문화향유 정책으로 확대하고자 하는 취지에서 제정되었다. 그동안 우리가 알고 있던 문화의 영역은 문화예술, 문화산업, 문화재보호 등의 범위에 국한된 것이었다. 그리고 문화예술 분야의 기존 법들은 전문 예술인이나 단체 등 문화예술 공급자 중심의 지원에 초점을 맞추고 있어서 문화의 향유자로서 국민에 대한 지원은 거의 없었다.

United Nations
Educational, Scientific and
Cultural Organization

World
Heritage
Centre

Memory of
the World

Intangible
World
Heritage

<그림 2> 유네스코위원회에서 정한 세계유산 등재기준
: 문화유산, 자연유산, 기록유산, 무형문화유산

그러나 최근에는 여가문화, 문화복지, 문화다양성 등과 같이 새로운 문화정책 영역이 대두되었다. 그리고 국민을 문화의 향유자이자 참여자로, 더 나아가 문화의 주체자로 바라보는 관점에서 국민의 문화적 권리를 법적으로 보장할 필요가 있었다. 이런 변화의 관점이 등장하면서 문화의 경제적·산업적 가치보다 문화의 심미적·정신적 가치에 중점을 둔 문화기본법이 탄생하게 된 것이다. 문화기본법은 '문화'에 대한 정의도 바꾸어 놓았다. 이 법의 제3조에 따르면, 문화란 '문화예술, 생활 양식, 공동체적 삶의 방식, 가치 체계, 전통 및 신념 등을 포함하는 사회나 사회 구성원의 고유한 정신적·물질적·지적·감성적 특성의 총체'라고 정의하고 있다. 이는 기존과 같은 협의의 문화개념으로는 향후 변화되는 문화의 영역을 수용하기에 한계가 있다는 점을 인식하고 유네스코가 정의한 광의의 문화개념[4]을 우리 법률에 적극적으로 반영하고자 한 결과라고 할 수 있다.

문화재 보호를 주된 문화 활동으로 인식하고 있던 시기에 문화재 (cultural property)[5]는 역사적으로 가치가 있는 과거의 유물(건축물)이자 활동의 흔적일 뿐이었다. 그러나 이와 같은 문화재 개념을 미래세대에 물려주어야 할 유산으로 인식하고 보전하자는 차원에서 '문화유산'(cultural heritage) 개념이 등장하게 되었다. 문화유산은 문화재뿐만 아니라 그 문화재를 둘러싼 장소와 경관, 그리고 그 당시의 문화와 민속 등을 포괄하는 개념이다. 문화재가 과거 유물의 자산적 성격에만 초점을 맞춘 일종의 '점' 개념이었다면 문화유산은 이를 둘러싼 장소적·사회적·정신적 가치를 모두 포괄해서 '면'과 '공간'개념으로까지 확장해나간 것이라 할 수 있다.

'지역문화'의 역동적 성격

2014년 1월 제정된 지역문화진흥법은 '지역의 고유한 문화'에 초점을 맞추어 지역 간 문화격차를 해소하고, 지역별로 특색 있는 고유의 문화자원 활용을 통해 지역 주민의 삶의 질을 향상시킴으로써 지역의 경쟁력을 제고하고자 하는 취지에서 만들어졌다. 이 법의 제2조(정의)에 따르면 '지역문화'란 '지방자치법에 따른 지방자치단체 행정구역 또는 공통의 역사적·문화적 정체성을 이루고 있는 지역을 기반으로 하는 문화유산, 문화예술, 생활문화, 문화산업 및 이와 관련된 유형·무형의 문화적 활동'을 말한다. 지역문화진흥법에서는 지역문화 개념과 더불어 '생활문화' 개념을 새롭게 제시하고 있는데, 생활문화란 '지역의 주민이 문화적 욕구 충족을 위하여 자발적이거나 일상적으로 참여하여 행하는 유형·무형의 문화적 활동'으로 정의하고 있다.

이 법에서 규정하고 있는 지역문화 개념에서 가장 핵심이 되는 것이 바로 '지역을 기반으로 한다'는 점이다. 지역문화유산은 지역을 기반으로 형성된 유형·무형의 문화적 자산을 뜻하며, 지역문화예술은 지역을 기반으로 지역의 문화예술인이 행하는 유형·무형의 활동과 예술 작품을 뜻한다. 그렇다면 지역을 기반으로 한다는 것은 구체적으로 무엇을 의미하는가? 지역문화의 '지역'이란 단순히 지리적 개념이나 공간적인 개념을 말하는 것이 아니라 역사성과 공동체성을 토대로 하는 개념이다. 이런 토대가 없이 그저 어느 공간영역에서 모아진 문화를 지역문화라고 말할 수는 없을 것이다. 지역문화의 핵심은 지역민이 지역의 관점에서 문화를 주체적으로 바라보고 자발적으로 참여하며 행하게 하는 데 있다.

우리는 어느 예술인이 공간적으로 어느 지역에 주소지를 두고 창작, 예술 등의 활동을 한다고 해서 그를 지역예술인이라 부르지 않으며, 그것으로 지역문화에 참여한다고 동의하지는 않는다. 활발한 예술 활동은 하고 있지만 지역적 자기정체성을 가지지 못했거나 공동체적 지향성이 없는 예술인, 지역에 살고 있기는 하지만 그 지역의 문화를 수용하지도 않고 과거에 자신이 습득했던 문화나 어느 지역이어도 상관없는 범용적 문화 활동을 하는 예술인은 지역문화에 참여하고 있는 것이 아니다. 지역문화는 무엇보다도 한 지역에서 역사적 공동경험을 통해 형성된 문화적 동질성을 기반으로 하며, 지역의 일상적 삶의 공간에서 일어나는 문화적 활동이 시간적으로 쌓이면서 비로소 형성되는 것이다. 따라서 지역문화에는 역사적 경험을 공유하고 거기에 참여하는 과정이 있어야 한다.

지역문화는 지역의 고유한 특성과 정체성을 내포하는 개념이다. 지역문화는 역사적·문화적 정체성을 이루고 있는 지역과 그 지역을 살아가는 삶의 주체인 주민, 그리고 그들이 이루는 공동체적 사회가 구성요소가 되어 역사적 공동경험을 통해 형성되는 것이다. 지역문화는 이렇게 삶의 현장에서 복합적으로 이루어지는 것이기에 유동적이고 과정적이며 미래지향성을 갖는 역동적인 면모를 지니고 있다. 지역의 정체성 역시 고정된 개념이 아니다. 지역의 정체성은 그 지역의 주민들이 겪어온 공동의 역사경험과 그 지역의 문화가 갖는 고유한 특성 위에 형성된 것이기 때문이다.

이전에 문화재는 박물관의 보호장치 속에 박제된 과거의 잔해였고 예술활동은 전문가에게만 허용된 특별한 영역이었다. 하지만 이런 사회적 통념이 깨지기 시작하면서 문화재는 과거의 시간에서 현재와 미래의 시간으로 호출되었고 예술활동은 전문가의 영역에서 일상의 생활공간으로 그 무대가 바뀌었다. 그렇다면 과거의 '전통문화'는 현재의 '생활문화'와 어떤 관계가 있는가? 지금 우리에게 남아있는 '전통문화'는 과거의 어느 시점에서는 그 시대의 '생활문화'였을 것이다. 그리고 지금의 '생활문화'는 또 미래의 '전통문화'가 될 것이고 '문화유산'으로 보존이 될 것이다. 생활문화가 중요한 것은 현재 우리가 일상적으로 참여하여 행하는 문화적 활동들이 미래의 전통문화가 될 것이기 때문이다. 이런 내용들이 그 지역의 역사적·문화적 정체성과 지역성(locality)의 본질을 형성하고 있는 것들이다. 지역문화는 바로 이 '지역성'을 기반으로 하는 유무형의 문화적 활동이요 지역적 삶의 총체이기도 하다.

'문화자치', '기록자치'의 시대

문화기본법과 지역문화진흥법은 우리 사회가 어디로 지향해가는가, 그리고 사회적 지향에서 문화는 무엇이고 어떤 가치가 있으며 어떤 역할을 해야 하는가에 대한 질문을 던진다. 문화는 인간이 살아가는 총체적 삶의 양식이기에 어느 특정한 계층이나 권력에 의해 전유되어서는 안되는, 인간 모두의 보편적 권리라는 점을 자각할 필요가 있다. 문화기본권은 모든 사람이 문화를 향유할 뿐만 아니라 문화활동에 주체적으로 참여할 권리를 인정하는 것이다. 문화에 대한 기본적 권리를 실현하기 위한 가장 중요한 과제는 무엇일까? 그동안 문화예술 영역에서 대상화되거나 배제되어왔던 지역을 문화의 주체로 세우며 소수계층의 문화를 배려하고 보전하는 일이다. 바로 '주체적 지역문화의 형성'과 '문화의 다양성 존중', '문화적 격차 해소와 균형발전'이 중요한 과제로 떠오른다.

분권과 자치는 우리 사회가 더 단단하게 민주주의로 가기 위해 거쳐야 할 지점이다. 분권을 의미하는 'Decentralization'은 탈중앙화, 중앙 권력으로부터 벗어난다는 의미를 함축하고 있다.[6] 이와는 반대로 집권 'Centralization'이란 말은 권력을 중앙으로 모은다는 뜻이다. 집권(執權)의 한자를 보면 저울(權)을 잡는 것(執), 다시 말해 힘의 균형을 잡는 일이 집권의 의미임을 알 수 있다. 그리고 자치를 의미하는 영어 단어인 'Autonomos'는 시민이 스스로의(autos) 규율이나 관습(nomos)에 따른다는 뜻을 가진다. 그러나 아직 우리나라의 현실에서 시민에 의한 자치는 쉽게 이루어질 수 없는 과제이기도 하다. 일반적으로 자유의 개념을 설명할 때 '~로부터의 자유'와 '~에로의 자유'로 구분하듯이[7], 민주주의는 중앙의 권력과 통제에서 벗어나(분권) 시민이 스스로 다스리는(자치) 방향으로 나아가야 한다.

이를 문화영역에 대입해보면 분권과 자치가 최종적으로 실현되어야 할 현장이 바로 지역이고, 지역의 주민이 그 지역을 기반으로 해서 주체적으로 만들어가는 문화가 바로 지역문화인 것이다. 지역문화란 결국 자신의 저울, 자신의 기준, 자신의 고유한 문화를 갖는 일이다. 지역 주민이 주체가 된다는 점에서 '시민자치'를 세우는 일이고, 공동체 단위에서 시작한다는 점에서 '마을자치'의 시작점이 되며, 지역다움의 정체성을 찾아가려고 한다는 점에서 '문화자치'를 지향하는 것이다. 이제 주민은 더 이상 대상화되거나 정보의 제공자, 형식적인 참여자, 행정의 협조자가 아니라, 스스로의 힘으로 지역의 역사를 기록하고자 한다는 점에서 '기록자치'의 주체로 탄생하게 된다. 이와 같이 지역문화는 중앙 권력으로부터 벗어나 스스로의 힘으로 자신의 관점, 스스로의 필요와 이유를 가지고 지역에서의 삶을 살아가겠다는 선언이다.

2017년 문화체육관광부가 발표한 '문화비전 2030'은 사람을 위해, 신뢰를 바탕으로, 함께 만들어가는 비전을 강조하고 문화분권과 문화자치가 문화비전 실현을 위한 중요한 축임을 제시한 바 있다. 이는 시민 한 사람 한 사람이 갖는 문화기본권에서 출발해서 주체적으로 지역의 고유한 공동체 문화를 만들어가는 과정(Bottom-up Approach)이 문화자치를 위한 기본적인 전제가 되어야 함을 강조한 것이라고 할 수 있다. 문화기본법 제2조(기본이념)에서 제시하고 있는 문화의 다양성과 자율성, 창조성의 가치는 지역문화를 중심으로 한 문화자치에서부터 시작되어야 한다. 문화자치는 지역 주민 스스로 지역의 문화예술 발전의 주역으로 실질적인 정책과 문화예술 활동에 참여함으로써 그 동력이 만들어질 수 있다.

지역인문학: 지역을 바라보는 인식의 전환

'여기, 지금'(hic et nunc)을 묻는 인문학

과거에는 중앙관료들이 지역에 내려와 읍지류 같은 기록물을 남겼다. 근현대기에는 민속학자나 역사학자 같은 전문가들이 지역에 들어와 그들의 시각으로 지역을 바라보고 기록했다. 그러나 이제는 지역을 중앙의 관할지가 아니라 지역민의 삶의 공간으로 되돌려주어야 하고, 지역의 주민을 대상화하는 것이 아니라 주체의 자리에 서도록 해야 한다. 지역을 바라보는 관점을 권력자나 외부인의 관점이 아니라 지역민과 내부인의 관점으로 바꾸어 새롭게 지역을 재발견해야 한다. '지역문화'는 이와 같이 지역민의 관점에서 지역을 주체적으로 바라보고 자발적으로 참여하여 일상적으로 만들어가는 문화적 활동이라고 할 수 있다. 지역문화에는 역사적 경험과 함께 일상적 생활문화를 공유하고 상호작용함으로써 참여하는 과정이 존재한다. 그렇다면 문화원은 이런 의미에서 주민 중심의 지역문화가 뿌리내리는데 어떤 역할을 해왔는지 깊이 성찰해보아야 하지 않을까?

<표 1> 지역학을 둘러싼 연계 분야

```
        지역인문학
        (관점, 가치)

         지역학
        (총체적 연구)

  지역 아카이브      지역학습
 (연구·활용기반)     (실천기반)
```

　지역인문학은 지역을 기반으로 한 인문학을 말한다. 인문학이 인간에 대한 연구, 인간다움과 인간적인 것을 탐구하는 학문이라면, 지역인문학은 '지역'이라는 삶의 토대 위에 서 있는 인간에 대해 묻는 작업이다. 지역은 인간이 활동할 수 있는 근거리의 범위에서 공동체를 이루며 살아가는 생활권의 개념으로 이해할 수 있다. 최초의 인간에게 지역은 에덴(Eden)이었으며, 로마시대에는 키위타스(Cívĭtas), 서구의 근대시민사회 시기에는 부르(Bourg), 코뮌(Commune)[8]이라고 불리웠다. 이제 그 삶의 토대가 되는 지역을 우리가 살고있는 '여기, 지금'(hic et nunc)에 적용하면 그것은 마을이나 동네가 될 것이고, 범위를 좀 더 넓히면 시·군 같은 기초지자체 범위의 지역이 될 것이다. 지역인문학을 '여기, 지금'을 묻는 인문학으로 표현한 것은 여기 이 장소에 현재 살아가고 있는 나의 존재적 실존양식이 무엇인지를 묻는다는 뜻이다. 그 '나'는 개인으로 고립화된 존재가 아니고 공동의 장소성 속에 타자를 수용하면서 하나의 동질성을 갖게 된 공동체적 존재이기도 하다.

 '우리'는 누구인지, 우리에게 지역은 어떤 의미인지, 우리는 지역에서 무엇을 희망할 수 있는지, 그리고 우리는 어떻게 지역을 변화시킬 수 있는지 끊임없이 묻는 것이야말로 '여기, 지금의 인문학'이자 지역의 인문학이다. 지역인문학은 왜 지역에 인문학이 필요한지, 지역이 필요로 하는 인문학은 무엇인지 계속 질문할 수 있어야 한다. 이천문화원은 이것을 지역이 추구해야 할 인문학으로 보았다. 스타강사 중심의 일방적인 강의와 경청이 과거의 인문학이었다면, 이제는 지역이 중심이 되는 인문학, 지역의 상황과 지역의 바람, 그리고 지역 주민과의 상호작용이 중시되는 인문학의 시대가 열렸다. 지역인문학은 우리가 살고있는 지역을 중심으로 세계를 바라보며, 그 위에 주체적으로 나의 삶을 세우고, 우리의 삶터인 지역을 주민의 힘으로 스스로 만들어가도록 끊임없이 추동하는 작업이다. 이는 마치 소크라테스가 아테네의 시민들에게 끊임없이 성가신 질문을 던져 소의 낮잠을 방해하는 쇠파리와 같은 역할을 자처했듯이, 지역인문학은 지역 사람들을 일깨우는 역할을 해야 한다는 의미이기도 하다.

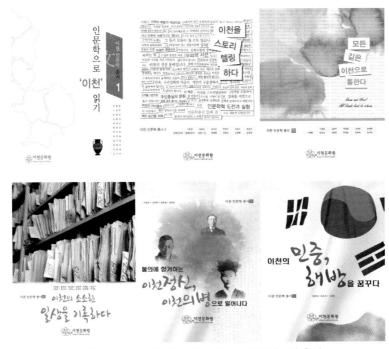

<그림 3> 2014년부터 시작된 이천의 지역인문학 총서
(강좌 내용을 참여자들이 녹취·정리하여 출간)

이천문화원은 시민교육 프로그램의 일환으로 지역인문학을 시작했다. 문화원이 설정한 지역인문학의 방향과 목표는 명확했다. 지역을 바라보는 새로운 관점, 지역에 대한 새로운 탐구, 그리고 지역을 변화시키는 실천의 주체로서의 개인과 공동체의 자각. 2014년 시작한 '인문학으로 이천 읽기'는 지역을 바라보는 다양한 인문학적 관점을 소개했다. 2015년 '이천을 스토리텔링하다'는 이천이 가지고 있는 고유한 문화자원은 무엇이 있는지, 어떻게 이를 활용해 창조적인 문화콘텐츠로 만들어 갈 것인지에 대한 화두를 던졌다. 2016년 '모든 길은 이천으로 통한다'는 고립된 개인에서 이웃과 공동체로 통하는 '창문'(Windows)을 여는 작업을 시도했다. '모든 길은 이천으로 통한다'(All Roads lead to Icheon)는 말은 이천을 중심으로 모든 것을 사고한다는 뜻이다. 서울을 중앙으로, 이천을 변방으로 사고하는 것이 아니라 이천을 중심에 놓고 서울을 변두리에 놓겠다는 '로컬로의 전환' 선언이다. 지역을 기반으로 해서 굳건히 선 다음 세상을 바라보겠다는 강한 주체의식의 표현이기도 하다.

  이천인문학은 '인문학적 관점'에서 지역에 대한 '아카이브 활동'으로 이어졌다. 2017년 '이천의 소소한 일상을 기록하다'는 우리가 우리의 과거를 주어진대로 받아들이는 것이 아니라 적극적으로 선택하고 재해석해야 할 필요성을 제기했다. 이제 지역에서의 삶을 기억하기 위해서 무엇을 수집하고 보존할지, 공동체의 사회적 기억을 어떻게 기록하고 남길지 주민 스스로 결정해야 한다. 공공기록이 정부의 행정과 정책을 기억하고 있다면 지역 주민의 삶을 기억하는 것은 민간기록이다. 민간의 다양한 시선과 체험을 보여주는 기록이 많아질 때 우리 사회는 과거를 더 풍성하게 기억할 수 있다. 2018년 '이천 개의 찬란한 마을'은 이천이 만들어가야 할 지역공동체의 모습을 주민의 입장에서 찾아가는 과정이었다. 여기서 제시된 마을인문학은 마을과 주민이 자기성찰을 통해 마을의 현실과 문제를 이해하고 주민의 힘으로 마을의 미래를 모색하는 실천적 활동을 의미한다. 마을인문학을 통해 우리는 마을이 시민자치의 시작점이자 지구적 위기의 공동체적 대안공간임을 인식하게 되었다.

2019년은 3.1운동 100주년이 되는 해여서 이천인문학의 주제를 '이천의 의병과 독립운동'으로 잡았다. 이천에서 일어난 의병항쟁과 독립운동을 통해 이천의 근현대사를 새롭게 조명해보려는 시도였다. 의병활동이 꺼져가는 조선의 의기가 마지막으로 타오른 불길이었다면, 그 이후의 독립운동은 소수의 지배층이 아닌, 모든 조선의 백성이 들고일어나 역사의 전면에 주체로 나선 운동으로 이해될 수 있다. '이천의 의병과 독립운동'은 이와 같은 관점에서 어떻게 이천의 백성들이 역사의 중심세력으로 등장하게 되었는지 찾아가는 탐구의 과정이었다. 2020년에는 지역인문학의 최종 지향점을 여성에 두고 주제를 '21세기, 여성이 이끌어가는 문화의 시대'로 정했다. 그동안 가정과 사회에서 늘 보조자의 역할로 머물러왔던 여성을 불러와 자신과 대면하고 스스로의 목소리로 삶을 이야기할 수 있는 여성으로 세우고자 하는 의도였다. 가려진 음지에서 말없이 숨죽이며 일하고 이름 없이 살아야 했던 여성에서 당당하게 사회적 역할을 찾아가는 새로운 여성의 출현을 기대하고 있다. 2021년 인문학의 주제인 '생태적 사고, 지구를 살리다'는 여성인문학이 지역사회에 어떤 희망의 대안을 제시할 수 있는지, 포스트 코로나 시대에 여성이 지역에서 새로운 대안적 삶의 양식을 제시하고 그 실천의 시작점에 여성이 서겠다는 강한 의지를 보여준다.

<표 2> 이천문화원의 지역인문학 전개 과정

년도	주제	강좌 구성	참여자수	비고 (후속 활동)
2014	인문학으로 이천읽기	12강	25명	이천문화원정대 구성(6인)
2015	이천을 스토리텔링하다	12강	28명	이천이야기꾼 구성(25인)
2016	모든 길은 이천으로 통한다	12강	25명	이천학 준비, 이천학아카데미 시작
	삶의 다채로움과 만나다	12강	28명	조각도슨트(14인), 이천알기교사(15인) 구성
2017	이천의 소소한 일상을 기록하다	12강	28명	시민기록자 구성(28인)
	우리는 利川을 어떻게 기록해야 하는가	10강	29명	2개의 현장프로젝트 진행을 위한 워크숍
	들락날락(樂) 이천마을실톡(Talk)	4강	32명	시민기록자들의 미주알고주알 톡모임
2018	오디세이, 천개의 찬란한 마을을 꿈꾸다	12강	25명	마을인문학, 마을기록사업 시작
	이천 땅의 연원과 의미를 되묻다	12강	20명	길위의 사진가(12인), 이천학 연구소 발족
2019	이천에서 일어난 의병과 독립운동	12강	23명	이천의 숨은 의병활동 발굴
	이천에서 만나는 영웅들	6강	21명	마을이야기꾼, 마을동화 프로젝트 시작
	우리가 마을에서 발견하고 배우는 것들	8강	18명	이천시민기록자 워크숍(이천학 연구소 주관)
	이천, 문화자치의 시대를 열다	5강	64명	이천인문학콘서트 공동기획(원사 이전)
2020	여성이 이끌어가는 문화의 시대	7강	25명	문화원여성회 주관 인문학강좌 운영
2021	생태적 사고, 지구를 살리다	13강	20명	기후변화에 따른 지역문화 뉴노멀 모색

소식지, 백서, 시군지를 넘어

소식지, 백서, 시군지는 지역사회에서 별로 읽히지 않는 발간물 유형이다. 그 기관의 사업이나 활동 내용을 알리는 소식지는 회원과 직접적인 관계자가 아니라면 굳이 받아서 구독할 이유가 없다. 소식지(기관지, 사보)의 가장 큰 약점은 기관(회사)의 홍보가 주목적이기 때문에 객관적 사실이나 유용한 정보를 제공하기보다는 자화자찬하는 식의 글들을 독자들에게 일방적으로 전달하려고 한다는 점이다. 이런 한계 때문인지 최근에는 뉴스레터 형식으로 내용을 가볍게 하거나 사외보처럼 특정 주제를 읽을거리 위주로 다루는 사례도 늘고 있다. 백서는 많은 기관들이 10년 단위로 기관의 현황과 사업 내용을 정리해 내놓는 자료물이다. 백서 역시 그 형태와 구성이 너무 고답적이고 획일적인 방식이어서 일반 시민의 관심 밖에 있다. 많은 지자체에서 공들여 펴내고 있는 시군지는 여전히 관찬읍지(官撰邑誌)의 연장선에 있다. 물론 부가적으로 주민의 삶과 마을이야기 같은 새로운 내용이 추가되고는 있지만, 전통적으로 이어져 온 시군지의 한계를 벗어나기는 어려운 게 현실이다.

일방적 홍보, 밀어내기식 발송은 이들 발간물들의 공통된 특징이다. 최근에는 한 가지 주제를 깊이 있게 다루는, 수준 높은 사외보들이 우리 주변에 점점 늘어나면서 이런 눈높이를 따라잡지 못하는 문화원 소식지는 갈수록 지역사회에서 설자리를 잃고 있다. 시군지는 경쟁하듯 분량이 방대해지고 있고 집필도 전문가에 의존하고 있어서 지역 주민에게 널리 읽히기는 어려운 상황이다. 이런 지역발간물의 한계를 넘어서 주민 눈높이에 맞는, 주민이 좀 더 살갑게 읽을 수 있는 발간물을 만들 수는 없는 것일까? 두껍고 무겁고 딱딱한 행정기록물이 아니라 얇고 가볍고 말랑말랑한 생활지로의 전환은 불가능한 것일까? 이제 행정 단위의 시군지 편찬보다는 주민들의 일상을 같이 느끼고 호흡하는 동네잡지 같은 마을지가 필요하다. 시민 중심의 필진구성과 더 다양한 의견이 모아질 수 있는 시민참여 방안도 찾아보아야 한다.

이천문화원은 이런 방향의 전환이 문화원 사업에서도 일어날 수 있다는 경험을 했다. 문화원이 그동안 만들어왔던 소소한 발간사업들도 우리의 관점이 달라지고 그 발간물에 담아내는 현장성이 달라지면, 일반시민이 그 변화를 체감할 수 있을 만큼 지역사회의 반응도 달라질 수 있다는 것을 실감할 수 있었다. 아래의 이천문화원 사례는 문화원 소식지를 지역문화지로, 문화원백서 보다는 지역의 문화예술사 자료집으로, 그리고 행정기록물 성격의 시군지에서 주민 중심의 마을지로 전환한 사례들인데, 문화원마다 상황과 여건이 달라서 모두 적절한 것은 아니지만 이런 방향의 전환이 문화원 현장에서 어떻게 적용될 수 있는지 구체적으로 보여줄수 있다고 생각되어 소개한다.

① 소식지를 넘어 지역문화지로

<그림 4> 2012년 이천문화지 '설봉문화'

이천문화원 소식지 '설봉문화'는 1989년 창간되어 지난 2019년 8월로 창간 30주년을 맞았다. 그리고 지난해 여름에는 60호 발간을 기념하는 전시회도 열었다. '설봉문화'는 단순히 문화원 소식만 전하기보다는 이천의 향토문화를 전반적으로 소개하는 기관지의 성격으로 2012년까지 발간해 왔다. 이천의 문화계 소식도 함께 실었고 문화분야 이슈에 대한 공론화나 향토사 연구논문, 문예작품을 발표하는 기회의 장이 되기도 했다. 내용에 아쉬움을 토로하는 독자도 있었다. 여러 분야의 내용을 다루다 보니 구성이 산만하고 통일성이 없다는 지적부터 그때그때 이슈를 쫓아가지 말고 긴 안목으로 주제를 정하라는 충고까지 다양한 시민의 목소리를 수렴하기도 했다. 2000년대에 지역문화에 관심을 갖는 시민층이 두터워지면서 좀더 다양한 주제와 심층적인 내용을 바라는 독자들이 늘어나기

시작했다.

2012년 이천문화원은 시민들의 높아진 문화적 욕구와 관심을 충족할수 있도록 '설봉문화'의 전체 컨셉과 기획 방향, 그리고 판형과 내용에도 대대적인 수정을 가했다. 기존의 '설봉문화'가 문화원 관점에서 지역의 문화 관련 소식을 알리는 소식지였다면, 새로 기획된 '설봉문화'는 시민의 관점에서 시민이 알고 싶어하는 내용을 집중적으로 소개하는 지역문화지로 탈바꿈하고자 했다. 이렇게 해서 2012년 8월 '설봉문화' 47호가'다시 그리는 설봉산수도'란 제목으로 발간되었다. 이천시민들의 일상적인 문화공간이자 휴식공간으로 사랑받고 있는 설봉산을 주제로 하여 설봉산의 역사와 문화유산, 각종 문화시설과 축제, 그리고 설봉산을 즐겨찾는 사람들의 인터뷰에 이르기까지 이천시민의 다양한 삶의 모습을 담아낸 '설봉문화' 47호는 시민들로부터 많은 격려와 지지를 받았다.

시민들이 무엇을 원하는지 시민의 관점에서 주제를 선정하고 그에 따른 정보와 콘텐츠를 제공하려면 이전과는 다른 시선으로 이천의 문화와역사를 바라볼 필요가 있다. '설봉문화'가 가장 크게 달라진 점이라면 문헌과 자료에 의지하기보다는 생활현장 구석구석을 다니며 주민들과 만나고 인터뷰하면서 오늘을 살아가는 이천의 모습을 생생하게 담아내려고 했다는 점이다. 이와 같이 지역문화에 대한 입체적 조명과 주제별 접근을 통해 새로운 시각으로 문화를 읽고 해석하는 방식을 선보였던 '설봉문화'는 그 후 '이천의 할머니'(48호), '이천의 시장'(49호), '구만리뜰'(50호), '이천의 학교'(51호), '이천이야기'(52호), '이천의 젊은 도예가'(53호),

'길을 걷다, 이천을 거닐다'(54호), '이천의 술'(55호), '이천의 노거수'(56호), '이천을 기록하다'(57호), '이천의 의병'(58호), '행복한 우리 마을'(59호) 등 이천의 다양한 문화적 코드를 주제로 다루면서 지역문화를 바라보는 우리의 관점이 얼마나 중요한지 일깨워주었다. 이천에서 '설봉문화'는 문화원 소식지에서 지역문화지로의 전환에 성공하면서, 지역에 있는 문화적 자원들을 새롭게 찾아내고 이를 아카이브하는 작업으로 인식되고 있다.

② 문화원 백서에서 지역문화 아카이브로

<그림 5> 2014년 이천문화 50년 백서

2013년은 이천문화원 창립 50주년이 되는 해였다. 많은 문화원이 그렇듯 이천문화원에서도 백서를 만들자는 이야기가 나왔다. 학교나 기관, 단체 등에서는 50년, 60년, 100년을 맞게 되면 예외 없이 백서를 발간하기 때문이다. 그런데 백서 발간을 위해 시에 예산을 요청하는 과정에서 뜻밖

의 반응에 놀라고 말았다. 기관의 백서 만드는 일은 공적인 성격이 아니므로 문화원 자체 예산으로 해야 한다는 것이었다. 이로 인해 그동안 문화원이 지역사회에서 해온 활동과 사업에 대한 냉정한 반성이 일어났다. 사실 백서를 만들려면 그동안 치러온 사업과 행사에 대한 기록들을 모은다. 그래서 백서 발간은 과거로 거슬러 올라가는 자기 행적의 탐구라고 할 수 있다. 이런 관점에서 '문화원 백서'를 만들기보다는 이천의 지역문화 형성과정을 돌아보고 앞으로의 발전방안을 제시하는 아카이브 성격의 '지역문화 백서'를 만들기로 했다. 문화원 50년의 역사를 기록하는 것도 의미가 있지만, 그 지역의 문화가 성장해온 과정과 그 지역에서 행해진 문화적 활동들을 정리하고 기록하는 일은 더 중요하기 때문이다.

어떤 기관이든 백서를 발간할 기회는 10년을 주기로 계속 찾아온다. 그렇다면 문화원의 경우 단순히 문화원의 역사를 발간하거나 10년간의 내용을 증보하는 성격의 백서를 발간하기보다는 지역사회의 문화형성 과정과 문화 활동사를 담아내는 방향으로 관심을 돌린다면 더 큰 의미가 있지 않을까. 이천문화원은 그동안 지역에서 활동해온 여러 문화 주체들을 중심으로 지역문화의 발전과정을 체계적으로 기록하고 정리하고자 하는 목표를 세웠다. 이천시가 추진해온 문화정책과 문화예술인(단체)들이 해왔던 문화활동을 포함하여, 시민사회의 문화운동에 대한 기록도 담아내고자 했다. 그동안 문화주체들이 해왔던 역할을 되짚어보고 이를 토대로 이천이 가지고 있는 문화자산의 활용방안, 시민사회의 문화역량 개발, 이천시와 문화예술단체 간의 협력과 역할분담, 그리고 지역사회 문화자원의 네트워크 활성화 등 앞으로의 문화발전 방향을 모색해 보고자 했다. 이렇게 해서 발간된 「이천문화 50년」은 이천의 지역문화를 일구어온 지난 50년간의 문화활동과 전개과정을 전반적으로 파악할 수 있게 정리하고 기록한 아카이브 성격의 자료집이다.

「이천문화 50년」이 기술하고자 한 목표와 범위는 크게 다섯가지로 정리할 수 있다. 첫째, 이천의 지역문화 형성과정을 전반적으로 기술하는 일이다. 구체적으로는 이천의 문화를 만들어가는 주체적인 활동이 시작된 시기부터 현재에 이르기까지의 형성과정을 시기별로 구분하여 정리하는 작업이다. 둘째, 이천의 문화유산 발굴과 보존과정이다. 이천의 다양한 민속과 문화재의 발굴과정, 시·군지의 편찬, 문화재 찾기운동 등 문화시민운동 전개 과정에 대한 전반적인 내용을 포함한다. 셋째, 이천의 주요 문화축제의 형성과정이다. 그 축제가 처음 제안되고 만들어진 후 현재까지의 발전과정, 행사의 준비와 진행과정, 그리고 행사 후 문제점과 개선사항에 대한 피드백과정을 기록하고 정리하자는 것이다. 넷째, 이천시가 추진해온 문화예술정책과 사업의 변천과정이다. 평생학습도시, 유네스코창의도시 지정 이후 발전 과정도 정리해야 할 과제다. 다섯째, 이천의 문화활동에 대한 평가과정이다. 이천문화의 나아갈 방향을 모색하기 위해서는 시민공동체의 참여와 자기결정권이 중요하기에 평가과정에 시민의 참여가 반드시 수반되어야 한다.

③ 시군지 보다는 마을지로

이천에는 1871년 이천부읍지, 1955년 이천대관, 1984년 이천군지, 그리고 2001년 이천시지 등과 같은 기록작업이 이어져 왔다. 하지만 이런 시군 단위의 기록작업은 지역의 필요에 의해서가 아니라 중앙권력의 필요에 따라 이루어진 게 사실이다. 국가의 역사가 가장 우선적이고 지방의 역사는 부차적이며 그저 변두리의 역사에 불과했던 것이다. 하지만 시민이 주인이 되는 '주민자치' 시대가 활짝 열리면서 이제 우리나라도 지역의 역사와 마을공동체에 대한 관심이 높아지기 시작했다. 과거에는 기록작업이 왕조나 권력자 중심의 실록편찬으로 이루어졌다면, 현재는 지역주민이 삶의 주체로 나서서 시민의 관점에서 지역의 역사와 이야기를 발굴하고 새롭게 기록하는 시대가 되었다. 개인과 마을이 모여 도시를 이루고 개인과 마을의 역사가 모여 국가의 역사가 완성된다는 자각이 움트기 시작한 것이다.

이천문화원은 1996년 백사면을 시작으로 2002년 대월면에 이르기까지 7년에 걸쳐 10개의 읍면 민속조사보고서를 발간해왔다. 그리고 2016년 도심권 4개 동에 대한 민속조사보고서를 완성함으로써 시군 단위보다 더 내려간 읍면 단위의 기록작업을 마무리했다. 이제는 마을 단위의 기록작업이 시작되어야 할 시점에 와 있다. 지금까지 마을지는 주로 과거의 기록이 대부분이었다. 급격한 개발과 고령화로 인해 사라져갈 위기에 처한 마을의 과거에 대한 기억들을 기록하려 하지만 주민들은 아직도 이 마을에서 삶을 영위하고 있고 미래에도 그들의 후손에게 살만한 마을로 물려주고 싶어한다. 단순히 과거에 마을이 '이랬다'만 말하는 것이 아니라 앞으로 마을이 '이랬으면 좋겠다', '이렇게 만들어보면 어떨까'하는 바램도 담아내고 싶기 때문이다. 이런 이유로 마을지는 과거의 기록만이 아닌, 현재의 가치와 미래의 가능성을 찾아내는 시발점이 되어야 한다.

마을을 기록하는 것은 개인이 스스로를 마을의 주민으로 자각하고 공동체의 삶을 되돌아본다는 점에서 큰 의미가 있다. 마을 기록작업을 통해서 그동안 지리적 공간 속에 잠자고 있던 마을은 비로소 주민들의 삶의 체험이 묻어있는 장소로 변화될 것이기 때문이다. 마을지에는 마을의 어제와 오늘을 내일로 전하기 위해 주민들이 뭘 고민했는지 그 흔적이 묻어나야 한다. 마을주민이 처한 현실과 공동체적 의식이 녹아있어야 한다. 마을주민이 어떤 역사를 겪어왔고 무엇을 지키려고 해왔는지, 어떤 문제의식을 가지고 살아왔는지 드러나지 않는다면 이는 그저 민속지에 불과할 뿐이다. 과거의 삶을 그저 박제된 유물로 놓아두지 않고 어떻게 현재의 삶 속에 재현하고 거기서 새로운 가치와 의미를 끌어낼 것인지 끊임없이 고민하는 것이 중요하다.

2017년 이천시지 대중서 편찬사업은 시민들이 쉽게 읽을 수 있는 대중적인 시지를 만들자는 취지에서 시작되었는데, 시민기록자들의 참여는 이런 취지에 꼭 맞는 부분이었다. 시지 집필에 참여한 시민기록자는 자영업자·문인·교육자·화가·시인·전업주부·공직자 등 다양한 인생경험을 가진 10여 명의 이천시민으로 구성되었다. 이들 시민기록자의 글은 일상적이고 쉬운 말로 씌어졌다는 점에서 우선 읽기가 편하다. 그리고 답사지역을 여러 번 찾아보고 주민들을 만나 인터뷰하고 썼기 때문에 글에 생동감이 있다. 군데군데 표현이 다소 거칠기도 하고 매끄럽지 않은 부분도 있지만 이들의 글에는 지역에 대한 진한 애정이 묻어난다. 외부 전문가가 결코 따라갈 수 없는 부분이다. 이런 관점에서 지방지편찬사업에 지역 주민이 주체적으로 지방지 집필 작업에 참여하는 사례를 만들었다는 점에서 그 의의는 매우 크다고 할 수 있다.

<그림 6> 2017년 이천시민들에게 쉽게 읽히는 대중서 성격의 '이천시지' 편찬 작업

시민기록자의 탄생

우리가 자료를 바라볼 때 스스로를 아카이브의 주체로 깨닫게 되는 순간이 있다. 그런 주체로서의 자각, 우리 자신의 정체성의 토대인 지역에 대한 발견, 인식의 기반으로서의 로컬리티에 대한 끊임없는 성찰이 이루어지는 때가 바로 지역에서 아키비스트(archivist)가 탄생하는 순간이다. 아키비스트는 자료를 대할 때, 그 자료를 바라보는 관점과 접근방식에 대해, 그리고 자료를 어떻게 분류하고 조직하고 재구성할지 끊임없이 고민하는 사람이다. 그래서 그는 새롭고 창의적인 방식으로 자료를 분석하고 재구성할 줄 아는 사람이다. 살아있는 현장성을 살려내는 방식의 기록을 고민하는 사람이다. 그 지점에서 아카이브는 단순히 '자료를 바라보는 관점'에서 '삶을 바라보는 관점'으로 인식의 범위가 확장된다. 지역 아카이브는 지역을 살아가는 사람들의 모습과 다양한 삶을 보여주는, 우리들 자신의 삶에 대한 관점이기 때문이다.

2014년부터 이천문화원은 지역의 주민을 지역문화의 주체로 세우기 위해 지역인문학 프로그램을 운영해왔다. 지역인문학을 통해 사람을 남기려는 의도였다. 지역문화도 결국 지역에 사는 주민에 대한 고려와 접근이 중요하고 주민이 주체가 되어야 하기 때문이다. 인문학의 출발점이 사람이라면 지역인문학의 출발점은 지역 주민이 되어야 하기에 사람에게 투자하는 일이 무엇보다 중요하다. 이천문화원은 매년 인문학 주제에 따른 후속사업으로 지역문화전문가 양성과정을 개발·운영해왔다. 2015년에 시작한 '이천이야기꾼' 프로그램은 이천에 구전되는 다양한 소재의 이야기를 발굴하고 현대적인 감각으로 재해석하여 시민들에게 들려주는 과정이다. 2016년의 '이천예술도슨트'는 20회에 이르는 국제조각심포지엄을 통해 만들어진 200여 점의 조각작품과 근현대 건축물, 설치예술들을 시민들에게 쉽게 해설하는 프로그램이다. 그리고 '문화유산교육교사'는 초등학교 3학년 학생들에게 우리 고장 탐구학습을 보다 생동감 있게 교육해보자는 취지에서 만들어진 과정이었다.

2017년에는 이천의 역사와 마을주민의 삶을 기록하는 '이천시민기록자' 과정을 개설했다. 참여적·개방적 지역 아카이브를 추진하기 위해서는 시민 아키비스트를 양성하는 일이 무엇보다 중요하다. 특히 이천에 대한 기억들을 간직하고 있는 어르신들이 갈수록 줄고 있어서 이들의 기억을 기록으로 바꾸는 작업이 시급하다. 시민기록자들은 이천인문학 과정을 통해 지역을 바라보는 관점과 공동체 아카이브에 대한 이해, 지역 아카이빙의 사례연구 등에 대해 배울 수 있었다. 이들은 또 시민기록자 워크숍을 통해 구술사 연구와 구술채록 방법, 민속조사와 마을 콘텐츠, 지역문화자원 기초조사방법론, 시민 아키비스트의 역할, 구술사와 공동체에 대한 이해 등 아키비스트 활동에 필요한 과정을 이수했다. 그리고 하반기에는 현장실습을 위해 고안된 두 개의 아카이브 프로젝트[9]를 진행하면서 직접 주민들을 만나고 인터뷰하는 기회를 가졌다.

<그림 7> 2017년 수여한 이천시민기록자 자격증

주민 인터뷰를 통하여 구술된 기록과 개인적 자료들은 근현대 역사적 사건들을 이천의 주민이 어떻게 경험했는지 알 수 있는 귀중한 자료들이

다. 서울에서는 2013년부터 '기억수집가'란 이름의 구술채록전문가 양성을 통해 서울 사람들의 이야기 기록으로 남기는 '메모리[시]서울 프로젝트' 사업을 추진한 바 있다. 그 외에도 원주, 파주, 시흥에서도 시민 아키비스트 양성을 위한 다양한 강좌를 시도해오고 있다. 과거에는 구술의 주관적 성격과 개인적 경험의 한계를 이유로 구술 작업에 비중을 두지 않았지만, 최근에는 구술자의 주관성이 오히려 역사적 기록의 배후에 있는 주민의 경험과 그들의 삶에 끼친 변화의 내용을 보여주는 것으로 그 가치를 인정받고 있다. 이제는 주민들이 지역의 역사에서 주체로 나서서 그들 자신의 삶과 이야기를 기록으로 남기는 시대가 되었다. 이와 같은 시대적 흐름과 요청에 대한 대답이 바로 시민기록자라고 할 수 있다.

이천시민기록자는 이천아카이브 인문학 과정과 전문워크숍을 수료하고 1년간의 현장실습을 마치면 시민기록자 자격증을 얻게 된다. 시민기록자는 자신을 알리는 명함도 새겼다. 명함의 뒷면에는 시민기록자가 무엇인지, 어떤 역할과 활동을 하는 사람인지 기술한 내용이 들어있다. - '시민기록자는 평범하게 살아가는 지역 주민의 일상 속 이야기를 모으고 기록하며 그 속에서 새로운 가치를 찾아내는 전문인입니다. 이천시민기록자는 우리가 살아가는 삶터인 이천에 관한 기억을 기록으로 바꾸는 이천아카이브 사업(마을조사, 구술채록 등)에 참여하고 있습니다.'

이천시민기록자는 그동안 지역 주민의 삶을 다양한 방식으로 담아내고 기록하는 과정에서 점차 그 활동의 폭을 넓혀왔다. 현재 이천시민기록자는 마을기록사업 이외에도 이천의 지역문화자원에 대한 기초자료 조사,

문화원 소장자료의 메타데이터화 작업, 이천 관내의 문중 소장자료와 주요 향토자료의 목록화 및 디지털화 작업, 이천의 계층별·주제별·분야별 구술채록 및 정리 작업, 이천아카이브의 콘텐츠화 및 전시프로젝트 등 다양한 사업에 참여하고 있다.

현재 지역문화 전문인력 양성은 중앙이나 권역별 양성기관에서 모집하고 교육한 후 지역에 배치시키는 방식의 한계에 직면해 있으며 지역에서도 문화기관 등에 주로 양성과정만 있고 수료 후 후속적으로 활동할 수 있는 일거리나 고용대책은 없는 것이 현실이다. 지역의 문화수요 창출과 요구에 맞는 잡(Job) 매칭이 탄력적으로 이루어지려면 정책의 방향이 많이 달라져야 한다. 이천문화원은 이천문화 5개년 장기발전계획에서 이천시민의 문화적 욕구와 수요 증대에 따라 지역에서 필요한 문화인력(100명)을 자체적으로 양성해 나간다는 계획을 세웠다. 특히 2021년부터는 여성의 육아돌봄을 '경력단절'이 아닌, '돌봄경력'으로 인정·우대하고, 여성의 문화감수성을 지역사회 문화일자리 활동으로 연계하는 '뉴노멀 뉴딜 프로젝트'를 추진할 계획이다.

지역문화 전문인력의 양성은 양성과정 이후 이들이 담당해야 할 구체적인 과업과 이들을 위한 고용대책이 지역사회에 함께 마련되어야 비로소 실효를 거둘 수 있다. 급격한 사회변동과 문화환경의 변화는 문화분야의 직업과 일자리 수가 쉽게 늘어나기 어렵다는 현실을 보여준다. 지역사회에 문화 일자리가 지속적으로 늘어나기 위해서는 먼저 주민들의 문화적 욕구가 새롭게 창출되어야 한다. 일이 있어야 자리도 생긴다. 문화적 욕구가 늘어나면 지역사회에서 해야 할 일들이 보이고 일거리가 생기며 프로젝트와 사업들이 만들어진다. 이런 일들을 수행하는 방식은 고용노동이나 전문가용역, 자원봉사 등과 같은 방식도 물론 가능하겠지만, 이천문화원이 주목했던 것은 시민자원활동가와의 펠우로쉽에 의한 프로젝트 추진이었다.

고용노동은 자발성과 창의성을 끌어내기 힘들고, 전문가용역은 지역에 대한 실질적 경험과 애정이 부족하며, 자원봉사방식은 전문성을 확보하기 어렵다. 반면에 시민자원활동가는 인문학적 상상력을 가지고 지역을 바라보며 새로운 일거리와 가치를 찾아가는 사람이다. 펠로우쉽이란 이천문화원이 이들을 지역사회의 동등한 문화주체로서 인정하고 대우하며 이들과 협력적으로 과업을 수행해가고자 한다는 관계의 표현이다. 이천문화원이 목표로 하는 것은 지역의 문화수요 증가와 문화전문인력 양성, 그리고 지역의 문화일거리와 문화일자리 창출이 서로 이어져서 이천의 문화일자리 생태계가 조성되는 것이다. 이천문화원은 이천스토리텔링전문가, 이천생활문화전문가, 이천문화유산전문가, 이천아카이브전문가, 이천마을기록전문가 등 시민자원활동가 5개 분야에서 문화일자리 워크페어를 만들어가기 위한 징검다리를 하나하나 놓아가고 있다.

<표 3> 시민자원활동가를 위한 문화일자리 워크페어 5대 영역

전문분야	추진 방향	구체 활동영역 (100인)
이천 스토리텔링 전문가 (20인)	– 이천의 이야기를 현대적 감각으로 콘텐츠화하는 작업에 참여 – 이천의 스토리텔링 문화산업 육성에 참여 – 이야기 총서 기획과 매년 이천의 동화책 발간	– 스토리텔링기획가 (2인) – 이천이야기꾼 (10인) – 마을동화작가 (5인) – 마을동화 일러스트작가 (3인)
이천 생활예술 전문가 (20인)	– 이천 기반의 예술활동과 설치작품들을 시민중심의 관점에서 기획·전시하고 해설하는 활동 – 국제조각심포지엄 작업과정 기록 및 작품해설 – 새로운 생활예술 가치를 창출하는 전시기획	– 생활예술큐레이터(5인) – 이천예술리서처(4인) – 국제심포지엄 시민참여 활동(2인) – 이천아트도슨트(9인)
이천 문화유산 전문가 (20인)	– 2016년부터 진행해온 초등3학년 '우리고장 이천알기' 교육 확대 실시 – 중고등과정 및 청소년 대상 프로그램을 개발, 실시함으로써 자부심과 정체성을 갖게 함	– 지역교과서 개발 프로젝트(4인) – 체험교육교재 및 콘텐츠 개발(4인) – 문화유산교육과정 운영(3인) – 문화유산교육 교사(9인)
이천 아카이브 전문가 (20인)	– 이천시민의 '일상적 삶'에 대한 기록작업의 중요성과 그 가치가 부각되고 있음 – 이에 따라 시민기록자 양성프로그램을 통해 21세기 문화콘텐츠 시대에 대비하고자 함	– 메타데이터 기록자(49인) – 지역문화자료 리서처(4인) – 이천생활사 리서처(10인) – 콘텐츠 전시 큐레이터(2인)
이천 마을기록 전문가 (20인)	– 마을의 역사와 주민생활을 주민 중심으로 기록하는 마을기록사업을 통해 마을자치 활성화와 마을의 활로를 모색하는데 기여하고자 함 – 마을자원의 활용과 콘텐츠화, 마을기록관 운영	– 마을지 에디터·큐레이터(2인) – 마을주민 구술채록(12인) – 마을기록학교 교사(3인) – 마을자원 리서처(3인)

지역 아카이브: 우리 힘으로 우리 지역 기록하기

이전의 아카이브 작업들

'아카이브'(archives)는 일반적으로 기록물, 기록관리, 기록물 보관장소를 아울러 일컫는 용어라고 할 수 있다. 앞에서 '명사로서의 아카이브'란 표현이 있었지만 이는 실체적 기록물을 중심에 두고 사용하는 말이다. 이에 비해, '아카이빙'(archiving)이란 개념은 행위의 주체로서 아키비스트가 수행하는, 기록관리에 대한 총체적인 활동 과정을 의미한다. 아카이빙의 과정은 기록자료의 확보, 기록자료의 관리·보존, 그리고 기록자료의 활용 등 크게 세 부분으로 구분해서 설명할 수 있다. 기록자료의 확보는 아카이빙의 첫 번째 과정으로 여기저기 흩어져 있는 자료를 수집하는 행위와 없던 자료를 생산하는 행위를 통해 자료를 관리의 영역 안으로 가져오는 것을 말한다. 기록자료의 관리·보존은 자료의 분류, 자료상태 확인, 자료의 정보 기술(메타데이터 작성), 자료형태별 정리(보존상자 포장 및 라벨 부착), 서가 배치, 보존관리 등에 이르는 전 과정을 말한다. 그리고 기록자료의 활용은 자료를 가공하거나 활용하여 콘텐츠화하는 것이다.

<표 4> 지역 아카이브의 구성요소

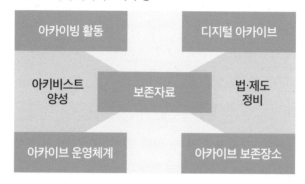

  문화원을 흔히 향토문화의 보관소, 향토자료의 보고라고 말한다. 어떤 지역을 자세히 알려고 하면 많은 이들이 아직도 문화원을 찾아온다. 향토에 관한 모든 자료와 정보를 문화원이 가지고 있다고 생각하기 때문이다. 그러나 향토자료를 어떤 기준에서 조사·수집하고 선별·보존해온 것인지, 그리고 앞으로 그 자료들을 어떻게 정리하고 활용할 것인지 그에 대한 문제의식이 없다면 아카이브적 관점에서 볼 때 문화원이 보유한 수집물들은 그저 모든 것을 망라한 '잡다한 자료'[10]에 그칠지도 모른다. 그렇다면 문화원은 어떤 기준과 관점으로 향토자료를 수집하고 보존해왔는가? 문화원이 그동안 수집하고 생산해온 자료들은 과연 지역민이 살아온 삶과 기억들을 보여주는 것인가? 아니면 단지 그 지역의 문화재, 민속, 유물 등 과거의 잔해나 그에 관한 2차적 연구물들인가?
  그동안 지역은 별 생각 없이 지역에 남겨진 관찬기록물들을 향토사 연구를 위한 중요한 사료로 다루어왔다. 오늘날 지역을 대상으로 연구하는 민속학자, 역사학자, 구술사나 기록관리 전문가들도 그들의 관점에서 지

역을 바라보고 자료를 선별하고 또 생산한다. 과거 중앙에서 파견된 관료들의 지방기록물이나 전문가들의 지역연구물 역시 지역 주민의 관점에서 평가하고 선별하는 과정이 없다면 지역은 또 다시 외부적인 역사 인식에 종속될 수밖에 없을 것이다. 지역에 관한 의미 있는 성찰로 이어지지는 않을 것이다. 지역에 관한 과거의 기록물들을 하나하나 평가하고 검토하는 작업이야말로 중요한 아카이브의 과정이기 때문에 문화원은 아카이브를 시작하기에 앞서 지역에서 이루어진 이전의 아카이브 작업들에 대한 비판적인 검토를 할 필요가 있다. 여기에는 물론 문화원이 그동안 수집·보존·생산해온 향토자료와 그 관리 실태가 먼저 검토대상이 된다.

① 문화원 장서관리

2017년 조사한 전국의 문화원 보유자료 현황을 보면 전체 보유자료 (1,713,893건) 중 90%가 장서류임을 알 수 있다. 그리고 장서의 대부분은 일반 도서류가 차지한다. 민속, 설화, 문학, 역사, 문화 등 일반 인문서적이 50% 이상은 될 것이다. 게다가 이런 일반도서 중 상당수의 도서들은 10년 이상된 책들이어서 도서관 기준으로는 폐기 대상에 해당한다. 일반 인문서적 다음으로 많은 책은 타 지역의 문화원에서 교차해서 보내온 향토자료 발간물이다. 한 문화원에서 매년 2~3종의 발간물을 교차 발송한다. 이렇게 상호 교차해서 받게 되는 발간물을 고스란히 보관하는 경우 1년에 수백 권의 발간물이 쌓이게 된다. 게다가 문화원의 열악한 장서시설이나 공간으로는 이 많은 교차 발간물을 다 보관할 수도 없다. 문화원이 보유한 향토자료의 생산과 공유, 발간과 배포, 보관과 활용에 대해서 지속가능한 보존관리 방식이 무엇인지 고민이 필요한 부분이다.

다음으로 문화원의 장서나 수장고, 창고를 많이 차지하는 것이 문화원의 자체 발간물이다. 경기도의 경우 31개 문화원의 총 발간자료는 1,793종에 이른다. 한 개 문화원당 평균 60종의 도서를 발간해온 셈이다. 최근 2년간 발간자료를 기준으로 보면 경기도의 문화원들은 매년 3~10종의 도서를 지속적으로 발간하고 있고 1종의 발간 부수는 700~1,300부 정도로 파악된다. 문화원마다 이렇게 많은 양의 발간 부수로 인해 박스 상태로 도서를 일정기간 보관하기 위한 공간이 별도로 필요한 상황이다. 대부분의 문화원들은 시군지나 대규모 예산을 투입해 만든 발간물, 그리고 프로젝트 성과물이나 정기간행물에 대해서는 한국문화원연합회를 포함해 전국의 모든 문화원을 대상으로 발송하고 있는데 수백만 원에 이르는 발송비 부담도 큰 문제라고 할 수 있다.

또 다른 문제점으로는 문화원이 그동안 도서 발간물 위주로 자료를 보관해왔다는 점이다. 그래서 책자 이외에 각종 행사와 사업 과정에서 생산된 포스터, 리플렛, 소책자 등에 대한 보관은 제대로 이루어지지 않고 있다. 보관의 범위와 가치에 대한 인식이 도서 형태의 발간물에 머물러있기 때문이다. 문화원의 소장자료 가운데 관내 기관이나 단체에서 발간한 발간물들이 많지 않다는 점도 아카이브 추진에 있어서 아쉬운 대목이다. 최소한 시군지 작업시 이런 관내 자료물들을 꼼꼼히 수집해서 분류 보관할 필요가 있다. 이제는 각자 보유하고 있는 향토자료를 무조건 보관만 할 것이 아니라 자료의 가치와 활용성에 입각해서 새로운 방식의 배치방안을 모색할 필요가 있다.

② 향토사료관 운영

문화원의 초창기 활동을 보면 정부의 시책을 홍보하는 공보관이나 지역의 향토문화를 계발하고 보급하는 향토사료관, 그리고 지역에서 개최되는 각종 문화예술 관련 행사들을 주관하는 역할을 담당해왔다. 1994년 제정된 지방문화진흥법은 문화원의 주된 사업을 지역의 고유문화, 전통문화, 그리고 향토사와 관련된 사업 등으로 규정하고 있는데, 이때부터 문화원은 본격적으로 지역의 향토사연구, 민속행사를 전담하는 기관으로 그 입지를 다져왔다. 특히 문화원은 향토문화연구사업에 역점을 두고 향토문화연구회를 조직하거나 향토문화연구소를 설치하여 향토자료를 수집, 발굴, 보존하는 사업에 매진해 왔다. 이렇게 수집된 향토자료들을 기초로 하여 문화원은 사료집, 시군지, 향토문화지 등을 발간해왔으며, 다양한 민속자료를 전시, 보관할 수 있는 향토사료관이나 향토사료실을 운영해오기도 했다.

전국에 향토사료관, 향토문화관, 향토역사관, 향토자료전시관 같은 전시시설이 꽤 많이 산재해있는데, 이런 시설들은 문화원이 향토문화사업을 시작하면서 수집된 자료들을 기반으로 운영하는 경우가 대부분이다. 지자체가 직접 설립하거나 운영하는 곳도 있지만, 문화원이 관리, 운영해오고 있는 시설도 적지 않다. 향토사료관은 인구가 적은 군 단위 지자체에서 주로 운영되고 있는 시설이다. 특히 충북지역에서는 향토민속자료 전시관이라는 긴 명칭을 사용하고 있다. 이들 지자체들이 시설을 박물관으로 등록하지 않는 주된 이유는 열악한 재정 형편으로 시설요건[11]을 갖추기도 어렵고 전문직인 학예사를 두기도 쉽지 않기 때문이다. 반면에 시 단위 이상의 지자체의 경우에는 법적 요건을 갖춘 시립박물관을 운영하는 경우가 많다.

문화원은 그동안 지역에서 수집·발굴해온 향토자료들을 나름대로 관리·보존하기 위해 수장고나 향토사료관 같은 전시공간을 유지해왔다. 물론 소장자료의 수준이나 전시시설, 공간의 규모는 열악했지만 향토문화에 대한 관심과 열의로 시설을 관리·운영해온 문화원의 노력은 높이 평가받을 만하다. 그러나 보다 전문적이고 체계적인 방식으로 지역의 문화재와 향토사료를 보존·전시하는 박물관의 시대가 열리면서 향토사료관은 서서히 잊혀져가는 시점에 놓이게 되었다. 그렇다면 이제 문화원은 박물관과는 다른, 향토사료관만이 다룰 수 있는 전시의 대상과 영역은 무엇인지, 박물관과의 차별성을 어떻게 드러내고 가져갈 것인지 보여줄 수 있어야 한다. 이런 관점에서 아직 향토사료관을 운영하는 문화원들은 다음과 같은 질문에 답할 수 있어야 한다. 문화원이 보유하고 있는 향토자료는 어떤 관점에서 선택되고 수집된 것인가? 지금 향토사료관 수장고에 있는 향토자료는 어떤 상태로 보존·관리되고 있는가? 문화원은 향토자료에 대한 새로운 재현방식과 활용계획을 세우고 있는가?

③ 향토자료관리체계 구축

2011년부터 문화원에는 향토자료의 체계적 관리방안을 마련하려는 움직임이 있었다. 특히 현장에서는 다양한 형태의 자료들도 수집·보관하고 있어서 이에 대한 표준화와 활용방안에 대한 요구도 증대했다. 그러나 향토자료를 관리하기 위한 문화원의 여건은 매우 열악했다. 먼저, 향토자료를 보관할 공간이 절대적으로 부족했다. 대부분의 경우 노후화된 시설에 보관장소가 협소하고 누수, 화재, 온습도 유지 등 자료관리를 위한 최소한의 기준도 없어서 자료가 훼손되거나 유실되는 문제도 있었다. 관리상의 문제는 더욱 심각했다. 향토자료 목록의 부재, 표준화되지 않은 문서체계, 자료의 입수(위탁, 기증, 수집), 정리, 보존 등 관련 매뉴얼의 미비, 전문인력의 부족, 사업결과물의 관리 미흡, 홈페이지 자료실의 서비스 부족, 향토자료의 콘텐츠화 부족 및 낮은 활용도 등 운영 전반에 있어서 영세성을 면치 못하고 있었다. 한마디로 문화원은 '오랜 역사를 지니고 있으나 사회변화에 대한 대응 부족, 인적 역량 부족, 재정 자립능력 부족 등으로 자생력이 약화되어'[12] 활성화 방안이 필요한 상황이었다.

2015년 3월 한국문화원연합회는 향토자료관리 중장기방안 수립에 관한 결과보고서를 내놓았다.[13] 이 보고서는 향토자료의 표준화 방향을 관리표준화, 디지털표준화, 서비스표준화 등 3가지로 제안하고 있다. 관리표준화는 분류체계와 향토자료의 관리절차, 그리고 관리를 위한 실무교육을 포함한다. 디지털 표준화는 향토자료를 디지털화하기 위하여 자료의 유형에 따라 작성해야 할 메타데이터와 관리 포맷을 표준화하는 것이다. 서비스 표준화는 디지털관리시스템을 통해 '원자료'와 '원자료를 활

용한 콘텐츠'를 웹사이트에서 서비스하는 것이다. 향토자료의 관리절차
는 자료의 생산, 수집, 보존의 3단계로 구분해서 문화원이 자료를 생산하
면 연합회가 그 자료들을 수집·보존하고 온·오프라인으로 서비스하는
방식이다. 실무교육은 향토자료의 효율적 관리를 위해 문화원에 향토자
료 관리담당자를 양성하는 기초교육과, 향토자료관리 매뉴얼 학습 및 관
리자시스템 입력방법을 교육하는 상시교육으로 이루어진다.

향토자료관리체계는 각 문화원들이 향토자료의 체계적 관리를 통해 향
토문화를 활성화하겠다는 목표도 가지고 있었지만, 관련 국책기관들이
지역의 민간기록 자료들을 조사·수집하고 이를 기반으로 수행하는 연구
사업과 서비스구축에 대해 지역의 문화원들은 늘 대상화되고 수동적으
로 자료를 제공하는 위치에 있었기 때문에[14], 앞으로는 연합회가 향토자
료를 통합적으로 수집·보존·관리·서비스하겠다는 의도도 담겨있었다.
그러나 이와 같은 향토자료관리체계에는 문화원이 보유한 향토자료의
성격과 가치, 문화원의 향토자료관리의 현 수준과 현실적인 여건에 대해
서는 충분히 숙고가 되지 못한 상황이었다. 특히 각 문화원들의 향토자료
관리 역량을 제고하기 위해서는 '지역마다 향토자료의 수준과 편차가 심
하다', '자료의 성격이 원자료(law materials)라기 보다 대부분 2차적인 연
구물들이다', '자료의 대부분이 지역의 특성이 반영되어있어 표준화가 쉽
지 않다' 등과 같은 의견들을 경청할 필요가 있다.

④ 자료전수조사 및 목록화

지방문화원 표준 제규정에는 아직 문서관리기준이나 도서의 발간 및 배포에 관한 기준, 장서관리기준이 없다. 이런 기준에 대해서는 대부분의 문화원들이 제정하지 못했거나 부실한 것이 현실이다. 도서의 수집과 범위, 분류체제, 발간과 배포, 등록, 서지정보의 작성과 관리, 대출과 활용, 폐기, 디지털화 등의 기준을 아직 마련하지 못하고 있다면 그것은 장서를 그저 공간적으로 보관만 해온 것이지 관리, 활용해온 것이라고 할 수 없다.

향토자료를 체계적으로 관리하기 위해서는 자료의 성격과 유형, 자료의 양, 자료의 세부적 특성을 파악하고 이를 관리하기 위한 실질적인 분류체계가 필요하다. 그러나 이 부분이 아카이브 추진과정에서 각 문화원들이 가장 어려움을 겪는 지점이다. 문화원 소장자료가 점점 많아질수록 제일 먼저 부닥치는 문제는 자료의 유형 분류에 관한 문제들이다. 문화원 자료들이 워낙 그 범위와 형태가 다양할 뿐 아니라 문화원 특유의 자료 성격을 고려할 때 어떤 분류를 따라야 할지 난감했기 때문이다.

한국문화원연합회는 2017년 전국 문화원 소장자료의 전수조사와 함께 목록화 사업을 추진했다. 문화원이 보유하고 있는 향토자료를 모두 조사하고, 자료의 유형에 따라 분류한 다음, 이를 목록화하는 작업이었다. 작업과정에서 소장자료의 유실을 방지하고 희소성이 있거나 활용도가 높을 것으로 판단되는 자료에 대해서는 디지털화 작업을 추진했다. 이를 위해 연합회는 목록화 매뉴얼[15]을 만들어 전국 문화원에 배포했다. 목록화 추진과정에서 연합회가 배포한 매뉴얼은 당시 문화원이 겪고 있던 이런 유형 분류의 문제를 일정 부분 해결하는데 기여했다. 이 매뉴얼에서 처음으로 문화원 소장자료에 대한 대분류, 중분류 수준의 유형 분류와 어떤 자료를 목록화하고 디지털화할지에 대한 기준이 제시되었기 때문이다. 하지만 설문조사를 보면 현장에서는 여전히 '자료 분류체계의 모호성' (29.0%) 문제를 가장 큰 애로사항으로 느끼고 있었다[16]

<표 5> 지방문화원 소장자료의 유형 분류

대분류	중분류	세부 분류 기준
도서·간행물	총서·총류	여러 권의 총서류 및 사전, 시군지처럼 특정 장르나 주제에 국한되지 않은 책자
	단행본	연속간행물이 아니라 한 번의 발행으로 출판이 완료된 책자
	보고서	조사보고서, 연구보고서 등과 같이 특정한 목적으로 행해진 조사·연구의 결과물
	자료집	일정한 자료를 모아서 엮은 책. 답사자료집, 학술자료집, 교육자료집, 사진자료집 등
	연속간행물	정기적으로 발행되는 간행물, 잡지·신문, 정기적으로 발간하는 학술지, 문화지 등
	고서적	1897년 이전에 간행된 한지(韓紙), 어미(魚尾) 등의 형식을 갖춘 활자인쇄본, 필사본
	기타	도서·간행물 중에서 위 분류에 포함되기 어려운 자료
문서	고문서	옛 문서의 서식을 유지하는 문서로, 1897년 이전에 생산된 문서 또는 편철된 자료
	일반문서	근현대 시기 생산된 문서로 행정문서, 일상생활에 쓰인 문서, 기획서·계획서 등
	기타	문서 중에서 위 분류에 포함되기 어려운 자료
시청각	사진	유리원판, 사진필름(마이크로, 슬라이드, 네가티브), 인화사진, 디지털사진 등
	동영상	동영상 필름(영화 필름 등), 비디오테이프, 디지털 동영상자료 등
	음원	사람의 음성이나 그 외에 소리(음향)이 기록된 녹음테이프 자료, 디지털 음원자료
	기타	시청각물 중에 위 분류에 포함되기 어려운 자료

	지도	일정한 비율로 줄여, 약속된 기호로 나타낸 그림. 고지도·근현대지도, 지역지도 등
도안	도면	토목, 건축, 기계 등의 설계나 측량도처럼 기하학적으로 나타낸 그림
	탁본	각종 비석, 기와, 기물 등에 새겨진 글씨나 무늬를 그대로 떠낸 종이
	기타	도안 중 위 분류에 포함되기 어려운 자료
	서화	글씨나 그림으로 그려진 서예나 회화 자료
	조각·공예품	조각 및 예술적 가치를 지닌 물건이나 소품 등의 자료
박물	민속용구	일상생활에서 사용된 민속품이나 자료적 가치를 지닌 의식주 생활문화용품
	행정박물	문화원의 행정업무 과정에서 생산·활용한 기록물로서 가치를 지니는 기록물
	기타	박물 중에서 위 분류에 포함되기 어려운 자료
기타	기타	그 외 자료

※〈전국 지방문화원 소장자료 목록화사업 매뉴얼〉 12~16쪽의 내용을 표로 재구성하였음.

매뉴얼에 제시된 유형분류가 현장에서 쉽게 적용되기 어려웠던 이유는 사업의 목적이 각 문화원의 지역 아카이브 활성화 보다는 문화원의 자료 현황 파악과 규모 추정, 그리고 활용가능한 자료의 선별을 위한 것이었기 때문이다. 매뉴얼에 제시된 목록작업 양식과 작성 항목들은 문화원의 자료 보유현황을 파악하기 위한 용도로 선별된 항목들이었다. 매뉴얼은 목록표 양식의 구체적인 작성방법에 초점이 맞추어진 것이고 목록작업 양식은 전체 보유자료 현황을 파악하기 위한 일종의 요약 통계표의 성격이었다.

아카이브는 자료만 있다고 가능한 것이 아니다. 자료는 아카이브의 대상일 뿐이고, 그 자료의 가치를 결정하는 것은 우리 자신이어야 하기 때문이다. 그 자료를 대하는 아키비스트의 관점이 결국 자료를 수집하고 선별하고 보존하는 기준이 된다. 기억의 주체가 누구인지, 누구를 위한 기억인지, 또 무엇을 위한 기억인지 그에 대한 질문으로부터 그 기억들을 수집·보존·선별하고 또 중요성을 결정하는 주체는 우리 자신이라는 사실을 깨닫는 것이다. 지역 아카이브는 먼저 지역민의 관점에서 지역을 바라보아야 한다. 그다음에 무엇을 기록하고 수집·보존할지, 무엇을 콘텐츠화할지 스스로 탐구하고 찾아가는 과정이 뒤따라야 한다. 이런 성찰과 하나하나의 과정이 이어져서 지역 아카이브가 만들어지는 것이다. 표준화와 관련해서는 각 문화원이 보유하고 있는 자료의 특성을 감안해 그동안 나름대로 운영해온 분류체계를 무조건 표준화 방식으로 대체하기 보다는 병행하는 방식으로 운영하는 지혜도 필요하다. 목록화 작업은 문화원이 가진 자료를 전수조사하고 재구성해 볼 수 있는, 좋은 기회였으며, 앞으로 지역에서 어떻게 아카이브를 추진해나가야 할지 더 깊이 고민할 수 있는 작용점이기도 했다.

<표 6> 2017년 목록화사업 매뉴얼에 제시된 목록작업 양식

자료유형		자료명	권호	저작자 (수급자/소장자)	발행자 (발급자)	생산년도	분량	지역		키워드				보유수량	전자파일 보유유무	디지털화 대상여부	비고	작업내역	
대분류	중분류							광역	기초	향토문화 표준분류	키워드1	키워드2	키워드3					작업자	작업일자

※ 한국문화원연합회·한국문화관광연구원(2017), 〈전국 지방문화원 소장자료 목록화사업 매뉴얼〉 25쪽

디지털 아카이브의 구축

지역학 연구를 위해서는 지역에 관한 자료를 시민이 이용하기 편리하게 아카이브로 구축하는 작업이 반드시 필요하다. 아카이브가 잘 만들어져 있어야 그 기반 위에 지역학 연구가 활성화될 수 있으며, 이를 활용한 다양한 2차적 작업들이 지역에서 시작될 수 있기 때문이다. 디지털 아카이브(digital archive)는 수집한 자료의 보존과 관리뿐만 아니라 디지털화에 따른 활용성이 높으며 공간의 제약성이 없다는 장점이 있다. 그리고 데이터 기반의 다양한 검색 기능을 통해 콘텐츠를 재구성하거나 새로운 정보로 가공하는 일도 가능해진다. 디지털 아카이브의 핵심은 DB화를 통해 지역문화자료를 사용자 중심으로 검색하고 활용할 수 있게 함으로써 이를 '자원화'하는 것이다. 디지털 아카이브는 그동안 문화원이 소장해온 자료를 '보관'의 기능보다는 '활용'에 중점을 둔다는 측면에서, 그리고 소수 전문가들만 이용하던 관행에서 지역의 모든 주민에게까지 그 이용범위를 넓힌다는 측면에서 문화원의 지역 아카이브 구축에 반드시 수반되어야 할 사업이라고 할 수 있다.

<그림 8> 2020년 오픈한 '이천문화아카이브'

　이천문화원은 2014년 경기도사이버도서관이 추진하는 디지털 아카이브인 '경기도메모리'[17] 사업에 시범 사례로 참여하면서, 2015년 독자적으로 이천의 문화 전반에 관한 디지털 아카이브 시스템을 구축한다는 장기 계획을 수립하게 되었다. 디지털 아카이브는 이천시지 편찬 이후 보관 수준에 머물러 있는 기초조사자료의 활용도를 높일 수 있는 효과적인 대안으로 제시되었다. 이와 함께 지역사회에 이천학 도입의 필요성을 공감하는 분위기가 형성되기 시작하면서 디지털 아카이브의 구축은 이천학 연구의 활성화를 위해서도 선행해서 갖춰야 할 기반적 요소라는 인식도 갖게 되었다. 이천문화원의 디지털 아카이브 구축사업은 1차년도인 2015년에는 지난 50여년간 이천문화원이 확보한 민간자료와 발간물에 대한 아카이브를 시작으로, 2차년도(2016년)에는 그동안 민속조사 과정에서 수집

된 각종 녹음물과 영상물을 3차년도(2017년)에는 향토사 및 민속조사 과정에서 생산하거나 확보한 사진자료를 4차년도(2018년)에는 지역별로 채록된 구비전승, 설화, 전설 등 구술자료를 아카이브 해나갔다. 그리고 5차년도(2019년)에는 그동안의 아카이브들을 하나의 아카이브 관리체계로 통합했다.

그러나 이천문화원의 디지털 아카이브 사업은 다음과 같은 요인들로 인해 사업을 추진하는 과정에서 많은 어려움을 겪었다. 첫째, 아카이브의 기본적인 프레임과 분야별 추진계획은 수립되었지만 아카이브의 전체적인 전망과 구현방식, 시스템의 기술적 설계, 단계별 로드맵 등 세부적인 실행계획이 수반되지 않았다. 둘째, 아카이브 예산규모가 매년 500~700만원 수준으로 사업을 추진하기에는 너무 작았다. 특히 매년 아카이브 추진 성과를 가시적으로 보여주지 않으면 예산 지원이 어려운 현실에서 사업일정의 차질은 불가피했다. 셋째, 현재 문화원이 처해있는 조건에서 참고할 만한 디지털 아카이브 선행사례나 가이드를 발견하기 어려웠다. 앞으로 각 문화원이 지역에서 문화원의 여건에 맞는 디지털 아카이브를 구축해 가기 위해서는 기본적인 추진가이드(매뉴얼)의 마련이 시급하다.

이천문화원이 구축한 디지털 아카이브는 아직 완성도가 떨어지지만 2020년 6월 15일 전격적으로 오픈을 했다. 이천문화아카이브는 이천에 관한 모든 지식정보를 시민에게 전한다. 메인화면을 장식하는 표어인 '이천의 어제와 오늘을 내일로 전합니다' 는 이천문화아카이브의 목적과 지향점이 어디에 있는지를 한마디로 압축한다. 코로나 19로 인해 대부분의 대면접촉 활동이 어려워지면서 집이나 학교, 사무실 등에서 고립된 생활을 해야 하는 시기에 이천문화아카이브는 유용한 온라인 지역탐구의 도구가 될 수 있다. 교사들에게는 현장에 나가야 하는 어려움을 덜어주면서 교육준비와 자료제작을 할 수 있도록 지원한다. 특히 스토리아카이브에 들어가면(교육자료 > 우리고장 이천알기) 다양한 현장학습용 교재와 교구, 워크북 등이 올라와 있다. 초등학교 사회과 교과학습에 활용하기 위해 온라인 학습자료, 교육용 콘텐츠를 개발해야 하는 학교 현장의 교사들에게는 문화원의 디지털 아카이브가 사막의 오아시스 같은 역할을 한다.

이천문화아카이브는 '발간물아카이브', '사진아카이브', '스토리아카이브', '민속아카이브' 등 4개 분야로 구성되어 있다. '발간물아카이브'는 이천시지, 민속조사보고서, 이천인문학/이천학, 시민기록자/마을지 등 12개의 카테고리로 나누어 이천문화원이 그동안 발간한 모든 도서들을 조회하고 다운받을 수 있다. '사진아카이브'는 이천문화원이 그동안 앨범형태로 보관해온 사진자료 3,427장을 선별하여 스캔작업과 메타데이터 정보를 정리하는 등 디지털화 작업을 진행했다. 주제별, 시기별 검색은 물론, 문화원 캘린더를 사진갤러리로 활용해 이천의 사계를 담아온 '캘린더 속 사진', 읍면별로 찾아보는 '우리마을 노거수', 마을기록사업을 할 때마다 마을의 속속들이 정경을 사진에 담은 '이천의 마을 속으로' 같은 테마별 사진 콘텐츠들도 함께 배치해 구성을 다양화했다. '스토리아카이브'는 11개 읍면별로 마을에서 채록한 전설과 설화(1차 자료), 그리고 어린이 눈높이에 맞게 재탄생한 동화(2차 자료)로 구분하여 이천의 이야기를 찾아볼 수 있도록 구성했다. '민속아카이브'는 이천을 대표하는 민속놀이, 민요 등의 민속자료를 영상과 오디오로 감상할 수 있는 아카이브다.

민속아카이브에서는 이천의 전통민속을 현대적으로 재구성하여 창작한 공연작품들도 만나볼 수 있다.

<그림 9> 이천문화아카이브의 발간물 아카이브 구성 내용(12개 카테고리)

지역 아카이브의 향후 과제

향토사 관점에서 콘텐츠 관점에 이르기까지 그동안 문화원이 수집하고 보존해온 자료는 초기에는 향토사 연구를 위한 '사료'로, 어느 때는 향토 문화 전반에 걸친 '향토자료'로, 최근에 와서는 콘텐츠 활용을 위한 '원천 자료'로 세파에 휩쓸리듯 표류해왔다. 이제 그 어떤 외부적 관점이나 목 적에 따라 재단되는 것이 아니라 각 문화원이 자신의 관점으로 가지고 있 는 자료들을 바라보고 그 용도와 가치를 결정해야 한다. 그렇다면 각 문 화원이 지역의 아카이브를 추진하려고 할 때 가져야 할 관점과 가치 기준은 무엇일까? 문화원의 역할과 기능에 대해 언급하고 있는 두 개의 법률(지방문화원진흥법, 지역문화진흥법)에는 모두 중장기 기본계획의 수립에 대한 규정이 들어있는데, 이에 대해 한국문화관광연구원이 최근 수행한 연구보고서에서 그 실마리를 찾을 수 있다.

지방문화원 지원·육성에 관한 연구보고서에는[18], 문화원의 비전을 '지역다움의 창조와 공유'로 설정하고 비전 실현을 위해 26개의 세부 정책과제를 도출하고 있는데, 이 가운데 특히 아카이브에 관한 과제들을 살펴보면 첫째, 소멸 위기에 있는 근현대사의 경험을 보존하기 위한 당대 기록사업 추진, 둘째, 지역을 기반으로 주민들이 살아왔던 개인과 공동체의 역사를 기록하는 주민생활사 구술채록 추진, 셋째, 마을을 중심으로, 이제까지 달라져온 마을의 변화에 대한 기억들을 기록·보관·전시하는 마을기억저장공간(마을기록관 등) 추진 등이다. 지역문화진흥에 관한 또 다른 보고서에는,[19] 문화원의 역할을 '지역다움의 가치창조와 공유를 통한 공동체성 회복'에 두고 문화원의 기능은 '지역민과 주민공동체의 생활사와 문화 관련 자원들을 기록·보존·관리·활용하는' 쪽으로 특화해 나갈 것을 제안하고 있다. 이를 위한 추진과제로 소멸 위기의 당대기록사업, 개인·공동체의 역사(생활사) 기록사업, 마을 등 잊혀진 지역문화 복원사업 등의 과제를 도출하고 있다. 이런 내용들을 종합해 볼 때, 지금 문화원은 과거와는 다른, 새로운 사명을 부여받고 있는 것이 분명하다. 그것은 지역문화(지역의 전통문화, 생활문화, 공동체문화 등) 관련 자원들을 지속적으로 발굴·수집·정리하고 활용하는 일이다. 바로 지역 아카이브에 대한 사명이다.

 2017년 문화원 소장자료의 목록화사업 이후 후속적으로 해야 할 과제는 무엇인가? 각자 지역에서 여건에 따라, 필요성과 관심에 따라, 그리고 능력에 따라 지역 아카이브를 추진하면 되는가? 가장 먼저 대두되는 후속 과제로는 첫째, 목록화 작업의 범위를 문화원 자료를 넘어서 '지역문화자료' 전반으로 확장하여 추진하는 일이다. 먼저 지역의 문중이나 기관·단체 등이 보유하고 있는 기록물과 전통문화자료를 조사하고 목록화하는 것이 필요하다. 여기에는 기존의 문화재 개념으로 분류되지 않는 형태의 유물이나 기록물, 비지정 무형문화유산도 포함된다. 그리고 우리나라의 주요 고전문헌 사료와 근현대시기의 신문류, 잡지류 등에서 지역에 관한 정보와 자료를 추출하여 이를 목록화하고 국역화하는 작업도 추진해야 한다. 이런 작업들은 시군지 편찬시 초기단계에서 이루어지기도 하지만, 조사·수집된 기초자료들이 지속적으로 관리되는 경우는 많지 않다. 어렵게 수집된 기초자료들이 훼손되거나 폐기되는 일도 종종 발생한다. 편찬작업이 끝나면 확보된 기초자료들은 반드시 체계적으로 정리하는 과정을 거쳐 절차에 따라 문화원이나 박물관 등 지역 내 전문기관으로 이관되어야 한다.

<표 7> 지역문화자료 목록화 작업의 범위

자료 구분		자료 성격	자료영역 및 범위	후속 필요작업			
문화원 소장자료		문화원 발간자료, 수집자료	목록화 작업 환료	메타데이터 작업			
문화원 이외 소장 자료	지역 내 소장 자료	문중, 기관·단체 소장자료	문집, 고서류, 무형문화유산 등	도록집	영인	국역화	
		근현대 비지정 문화재	기록물, 민속, 유물, 건축물 등	도록집		국역화	
		시군지 편찬시 기초수집자료	원고, 사진, 박물류, 수집물 등	목록화			자료집
	지역 외 소장 자료	고전문헌사료	실록, 읍지 등 지역 관련기사	목록화	영인	국역화	
		근현대시기 신문·잡지 자료	매일신보 등 지역 관련기사	목록화	영인		자료집
		지역관련 연구물	논문, 학술지 등	목록화	영인		e문서

둘째, 지역민의 생활과 일상적 삶을 보여주는 새로운 형태의 '일상문화자료'를 수집·생산하는 작업도 시급한 과제다. 이제는 문화원도 새로운 분야의 자료를 수집·발굴하는데 관심을 돌릴 필요가 있다. 개인의 구술생애사, 주민생활사, 구술사 아카이브 같은 영역은 그동안 향토사에 치중했던 문화원으로서는 미처 관심을 갖지 못했던 분야이기도 하다.[20] 이렇게 그 지역공동체가 갖는 실질적인 모습과 삶의 변화 과정을 재현할 수 있는 기록물들은 중앙기관이나 지방의 행정관청에서 생산된 공공기록물보다 그 형식과 내용에 있어서 훨씬 다양하고 풍부하다는 특징을 가지고 있다. 이것이 우리가 정형화되지 않은 다양한 형태의 민간기록물에 관심을 가져야 하는 이유다. 새로운 형태의 생활문화자료란 그 지역 사람들이 살아가는 삶의 모습을 반영할 수 있는 다양한 형태의 기록들이다.[21] 이런 형태의 자료들이야말로 주민들의 일상적 삶의 문화를 생동감 있게 전달

해주며 주체적으로 지역다움의 정체성을 형성하는데 도움을 준다.

셋째, 이렇게 수집·확보·생산한 자료들에 대한 '메타데이터 작업'도 시급한 과제다. 메타데이터란 그 자료에 대한 구조화된 정보를 분석하여 그 자료 뒤에 함께 따라가는 정보를 말한다. 왜 메타데이터화 작업이 중요한가? 기록 자체의 중요성보다는 그 기록의 형성과정이 더 중요해졌기 때문이다. 그 기록이 누구에 의해 어떤 의도로 기록이 되었는지, 그 기록을 선택하고 활용하고 보존한 사람은 누구였는지, 그 기록의 뒤에 숨겨진 의미와 가치가 무엇인지 그 기록의 형성과정을 기록하는 작업이기에, '기록에 대한 기록'이라는 의미에서 '메타데이터', 또는 '메타기록'이라 부를 수 있다. 기록은 그 시대의 기억을 재현하는 수단으로 그 기억을 함께 공유함으로써 그 지역에서 주민 간에 소통과 연대가 가능해진다. 그것이 메타데이터 작업이 수반되어야 하는 이유다. 메타데이터 작업을 위해서는 먼저 자료의 범위와 기준을 정하고, 그다음 메타데이터 정보(그 자료의 형성과정과 배경지식 등)를 어느 수준까지 기술할지 결정해야 한다.

메타데이터화 작업은 자료를 이용자 중심으로 전환하여 이용자가 쉽게 원하는 기록을 찾고 자료의 내용과 생산되어진 맥락을 이해하고 또 다양한 용도로 자료를 활용할 수 있도록 함으로써 이를 자원화하는 일이다. 따라서 메타데이터화 작업이 단순히 기존의 도서분류 체계에 따라 정리된 정보를 제공하는 화석화된 기록관리가 아니라 현재의 지역현장과 주민이 기억하고 공감하고 있는 내용을 아카이브에 지속적으로 담아낼 수 있는 기록관리가 되려면 새로운 발상의 전환이 필요하다. 문서, 사진, 신문, 시청각류, 박물류 등의 자료를 매개로 해서 지역민이 경험했던 장소와 사건에 대한 기억을 소환하고 담아낼 수 있는 열린 아카이브 구조가 바탕이 되어야 한다. 사진을 예로 들어보자. 이 사진에 대한 주민들의 기억들을 아카이브가 수용할 수 있어야 한다.[22] 기존의 경직된 메타데이터화 방식이 아니라 사진 속 내용을 하나하나 고증하고 확인하면서 여기에 들어있는 이야기와 사연, 정보를 찾아내서 세부적으로 채워나가는 작업을 지역민에게 열어놓아야 하는 것이다. 이것이 주민의 삶에 다가가 그 안으로 스며들어가는 아카이브, 주민이 주체가 되고 주민의 참여를 기반으로 하는 공동체아카이브의 모습이 아닐까 생각한다.

넷째, 지역에 있는 다양한 '아카이브 간의 연계 작업'에 대한 구상도 필요하다. 광역단위에서 추진되는 아카이브의 경우 지역에 관한 기록정보 중 보존 및 이용가치가 있는 정보들을 공공영역과 민간영역에 걸쳐 광범위하게 수집하고 이를 디지털화, DB화하여 통합관리하려는 경향을 보인다. 이런 성격의 아카이브 구축에는 초기 단계부터 열린 논의구조가 형성되어있어야 한다. 기록물의 공개와 공유뿐만 아니라 기록물의 생산, 수집 과정에 대한 참여, 재구성에 대한 비판적 요구와 실천에 이르기까지 시민들이 쉽게 접근하고 필요한 지식정보를 이용할 수 있도록 처음부터 고려되어야 한다. '아카이브의 구축과정과 구축된 아카이브, 그리고 아카이브의 해석과정에 시민이 처음부터 참여하고 접근할 수 있으며 의견을 반영할 수 있는가' 하는 질문이야 말로 아카이브가 정당하게 그 지위를 회복할 수 있는 시금석이 될 것이다.

<표 8> 2017년 목록화사업 이후 후속적으로 추진해야 할 과제

주요 후속과제	추진해야 할 주요 과제 내용
1. 지역문화자료 목록화 작업	문화원 소장자료 이외 지역관련 자료 현황 파악 및 목록화
2. 일상문화자료 수집·생산 작업	주민의 일상생활을 보여주는 비정형 형태의 민간영역 자료
3. 메타데이터 작업	목록화 작업을 넘어 자료의 형성과정, 내용을 기록하는 작업
4. 인터아카이빙 작업	지역의 다양한 민간영역 아브이브들을 서로 네트워킹하는 작업

광역단위의 통합형 아카이브와는 다르게, 기초단위에서는 지역에 있는 다양한 민간 아카이브들이 서로 연계하여 협력형 아카이브를 모색해나가는 것도 의미가 있다. 인터아카이빙 영역의 문제의식이라고 할 수 있는데, 지역에 있는 다양한 민간자원의 아카이브들이 어떤 방식으로 서로 연결되어야 하는지, 아카이브 주체들 간의 협력의 방식과 결합의 수준은 어떠해야 하는지 등에 관한 내용을 포함한다. 민·관 협력을 기초로 한, 아카이브 간의 거버넌스체계에 대한 구상도 이 문제의식에 속한다. 행정영역에서는 광역단위와 기초단위 아카이브 간의 연계체계와 연계방식에 대한 고민이 필요하다.[23] 아카이브에 대한 단순한 접근이나 반복적으로 이루어지는 1차적인 정보가공 수준을 넘어서서, 아카이브 간의 연계를 통해 새롭고 독창적인 결과를 산출할 수 있도록 지역 아카이브의 활용을 촉진시키는 작업이 고려되어야 한다.

지역 아카이브의 새로운 영역들

구술기록사업

기록관리는 과거 자료의 보존, 보관, 새로운 자료의 조사, 발굴, 그리고 자료의 선별, 정리, 활용은 물론 구술채록 작업까지 포함한다. 지역 아카이브는 지역에 관한 기록물들을 체계적으로 관리해서 시민들이 그 정보들을 쉽게 찾아보고 다목적으로 활용할 수 있게 한다는 취지에서 시작되고 있는데, 이천문화원은 그중에서도 특히 현재를 살아가는 주민의 삶을 기록하는 생산적 아카이브 활동에 주목하게 되었다. 이천에 대한 기억을 간직하고 있는 사람들이 점점 고령화되기에 이들의 기억을 기록으로 남기는 작업은 지역 아카이브에서 가장 시급한 과제이기도 하다.

<그림 10> 2015년 시작된 구술기록사업

구술기록은 물론 근현대의 역사적 사건들을 이천의 주민이 어떻게 경험했는지 알 수 있는 새로운 지역사의 기록방식이라고 할 수 있다. 과거에는 구술채록이 중앙권력이나 민속학자 등 외부전문가들에 의해서 단면적이고 일방적인 방식으로 진행되어왔다. 그러나 이제는 구술채록이 지역과 깊은 연관 관계를 맺으며 주민과 소통할 수 있는 방식으로 달라지고 있으며, 이에 따라 지역 주민이 아키비스트로서 구술기록작업에 참여하는 일이 늘어나고 있다.

시민기록자는 외부 전문가에 비해 그 지역에 대한 전체적 이해와 마을의 정서, 주민들 사이에 있는 사회적 관계 등을 더 잘 이해할 수 있을 뿐만 아니라, 주민의 일상적 삶의 내용을 주민들의 다양한 관점으로 기록할 수 있는 장점이 있다. 시민기록자가 참여하는 구술기록사업은 중앙의 관점으로는 결코 포착할 수 없는, 지역의 현장성을 풍부하게 담아낼 수 있다는 점에서도 앞으로 그 성과가 기대된다.

'이천사람실록'은 이천에 사는 평범한 사람들의 일상적 삶을 담아내고자 하는 구술채록사업이다. '이천사람실록'이라는 제목은 '조선왕조실록'에 대한 '대항기억'[24]으로 기록작업을 펼쳐나가겠다는 취지에서 붙여졌다. '조선'이라는 중앙권력에 대해 '이천'이라는 지역을 대비시키고, 최상층 신분인 '왕조'에 대해 '사람'이라는 평범한 지역 주민을 대비시켰으며, '실록'이라는 생기 없는 기록방식에 대해 주민들의 일상과 기억, 희노애락을 정서적으로 공감하며 기록하겠다는 뜻이다. 제목에서부터 기록의 주권을 지역 주민이 가지고 있어야 한다는 분명한 의식을 보여주고자 했다.

2015년에 발간된 '이천사람실록'은 인문학과정을 통해 구성된 이천문화원정대가 우리 주변의 평범한 시골어르신을 찾아가 공감할 수 있는 주제를 가지고 그들의 삶을 담으려고 했던 첫 번째 구술기록작업이었다. 이 구술기록작업의 특징은 구술과정에서 어르신이 사용하는 독특한 이천의 정서를 담고 있는 이천의 언어를 발견했다는 점이다. 구술자가 살고 있는 그 마을에서 쓰이는 말이 바로 '마을어'인데 마을어는 마을의 고유한 정서와 관습이 고스란히 묻어있는 말이다. 그래서 구술기록을 잘하기 위해서는 먼저 마을어를 익혀야 하고, 마을어를 통해 구술자와 충분한 교감을 나눈 후 구술작업을 진행하는 것이 필요하다. 구술자의 이야기는 구술자의 말로 기록될 때 그 의미가 가장 잘 전달될 수 있다.

　물론 형태소 측면에서 구술자가 쓰고 있는 말이 서울이나 경기지역의 말과 그리 큰 차이는 없으나 문화원정대는 구술인터뷰를 하면서 그들이 겪은 사회적 경험과 정서가 그 말에 실려서 전해지는 그 미묘한 느낌에 주목했다. 실록이 주류권력에 의해 공식기억으로 남겨진 박제화된 역사라면, 민중의 기억이 이어지는 방식인 '구전'(口傳)은 전승을 거듭할수록 민중의 삶과 애환을 그 말에 더 풍부히 실어나갈 수 있다는 점에 착안하여 이천문화원정대는 '구전심수'(口傳心授)를 그들의 구술채록 방법론으로 채택했다. 구전심수는 말로 전하고 마음으로 준다는 뜻으로 국악에서 구음을 익히는 것처럼 구술자의 이야기를 들을 때 그 사람의 삶과 경험을 전체로 받아들인다는 의미다.

　'이천사람실록2'는 2018년 이천시민 14명의 생애담을 담은 구술이야기

'이천 아니면 가당키나 하나'로 이어졌다. 이천토박이와 도예인, 교육자, 그리고 양조장과 연탄가게 등 이천에서 오랫동안 생업을 유지해온 주민들의 인생살이 이야기에서 우리는 지역의 역사와 근현대 시기의 역사를 눈 앞에 마주하듯 읽을 수 있다. 또한 거기서 공동의 역사적 경험을 가진 개인들의 지역에 대한 유대감과 공동체성을 읽어낼 수 있다. '이천 아니면 가당키나 하나'라는 제목은 주민들이 지난 힘든 시절에도 불구하고 다시 일어설 수 있도록 보듬어준 이천에 대해 느꼈던 공동체적 유대감이 배어있는 표현이다. 14명의 이천시민 이야기는 처음에는 '개인의 이야기'에 불과한 듯 보이지만 그 이야기들이 모이고 이어지는 순간 홀연히 '이천의 이야기'가 된다. 이것이 평범한 이천주민들의 소소한 일상 속 이야기를 모으고 실을 꿰려고 하는 이유이기도 하다. 묵묵히 사회적 약자로 살아온 이천주민들의 기억 속에서 우리는 그동안 주류권력의 공식기록으로만 알아왔던 박제화된 이천의 역사가 아닌, 더욱 다양한 모습의 이천의 역사를 기록하고 그려갈 수 있다는 희망을 발견하게 된다. 역사는 주민의 입장에서 재구성하고 재해석함으로써 비로소 주민의 역사가 될 수 있다. 주민이 주체로 참여하는 구술기록은 바로 그런 가능성을 보여주는 작업이다.

<그림 11> 시민기록자가 주도한 구술기록사업 결과물인 이천사람실록 총서
(현재 총서4까지 출간)

'이천사람실록3'는 2019년 '창전동에서 90년을 살았지'라는 제목으로 이천의 원도심지역인 창전동에서 살아온 주민들의 이야기를 담아냈다. 창전동은 이천에서 가장 먼저 개발이 이루어진 지역으로 1980년대 군청과 읍사무소, 교육청, 경찰서 같은 관공서가 들어서고 이천의료원과 버스터미널 같은 생활편의시설이 밀집해 있던 곳이었지만, 상권이 주변 지역으로 확장되면서 점점 공동화되고 낙후된 지역으로 인식되기 시작했다. 게다가 많은 도시들이 그랬던 것처럼, 어느날 도심지역 재개발이 이루어지면 창전동의 모습은 그 시대를 살았던 사람들의 기억으로만 남게 될 것이기에, 더 늦기 전에 창전동에 대한 기억들, 창전동에서 살아온 주민들의 이야기들을 기록하기로 한 것이다.

'이천사람실록4'는 2020년 이천인문학의 주제인 '여성'에 맞추어 '당신이 이천입니다'라는 제목으로 이천 여성 11명의 이야기를 담아냈다. 여성들의 시선과 입장에서 지역사회를 이야기하고 기록함으로써 그동안 남성 중심의 사고와 권위적 사회구조로 인해 우리 사회에서 늘 조연으로 여겨졌던 이천의 여성을 지역의 역사를 만들어온 주체로 불러내고자 했다. 이 책에서 만나는 이천의 여성은 그동안 우리가 알아왔던 여성의 이미지(남성의 보조자로서 순종적이고 수동적인 역할을 강요받아왔던 이미지)가 아닌, 주체적이고 독립적으로 자신의 삶을 꾸려나가는 존재로 다가온다. 이들은 원래 이천사람이 아니었지만 '스스로 이천을 선택'하고 '스스로 이천이 된' 사람들이다. 근현대를 살아온 여성들의 삶터가 부모나 남편, 또는 그들의 직장 등에 따라 정해지는 것과는 달리, 이 책에서 만나는 여성들은 삶을 개척하는 과정에서 이천이라는 지역을 주체적으로 선택하고 이천에서의 삶에 스스로 의미와 가치를 부여한 주인공들이다. 이제 이 책의 제목이 되어버린 여성들로 인해 '이천사람'은 단순히 '이천에서 태어난 사람'이 아니라 이렇게 '스스로 이천을 선택하고 스스로 이천이 된 여성들이 낳고 길러낸 사람들'이라는 의미로 재정의된다. 이들의 삶이야말로 '이천'이고 이들 자신이 바로 '이천'이 되었기 때문이다.

마을지 만들기

'마을조사보고서', '마을자료집', '마을연구서', '마을안내서' 등 마을에 관한 발간물의 제목도 여러가지다. 더 거슬러 올라가면 마을에 관한 기록들은 조선시대의 지리지에도 보인다. 지방 행정구역의 연혁을 밝히는 내용에 곁들여 호구와 토지, 특산물, 역, 봉수, 산성 같은 항목이 들어갔다. 승람류에는 명산대천, 유적과 명승지가 포함되었다. 그리고 일제 강점기에는 통치상 필요를 위해 마을 사정과 요주의 인물의 동향, 소재파악 조사도 이루어졌다. 이런 관찬 기록들은 어디까지나 외부자, 통치 권력의 시선에서 마을을 바라본다. 해방 이후에도 이런 시선들은 계속된다. 70년대부터 80년대까지는 관 주도로 만든 '마을유래지'와 '내고장가꾸기'가 확실한 대세였다. 90년대엔 향토사나 민속지 성격의 읍면지, 마을지가 성행했다. 규격화된 문화유적보고서, 민속조사보고서도 그 한 줄기였다. 이런 책들은 대부분 그들의 성취지향적 의도가 반영된 기록들이다. 그들에게 마을은 공권력이 작동되는 맨 아래 행정 단위이거나 조사연구를 위해 일상생활을 관찰할 수 있는 객체 공간일 뿐이다.

새로운 마을기록방법을 모색해 볼 수는 없을까? 소수의 외부전문가가 주축이 되는 것이 아니라 주민이 기록의 주체로 참여할 수 있는 접근방식을 고려해야만 한다. 딱딱하고 어려운 학술적 용어가 아닌, 그들의 입말과 그들의 습관, 그들의 정서와 흙냄새가 묻어나는 마을어로 기록하는 방식 등 이를 실현하기 위해서는 마을주민이 직접 집필에 참여하거나 마을주민의 이야기를 충실히 담을 수 있도록 연구자, 기록자, 조사자의 신분을 내려놓고 마을주민의 위치까지 내려오는 수밖에 없다. 마을지 만들기 사업은 내 고장에 대한 긍정적 자기인식과 함께 주민자치의 기반을 더 단단하게 다질 수 있다는 점에서 새로운 가능성을 보여준다. 이제는 과거 행정기관 중심의 시군지 형식으로는 담아낼 수 없었던, 주민 스스로의 경험과 기억을 담아내는 기록작업을 통해서 보다 다양한 지역의 역사를 보여줄 필요가 있다. 이와 같은 문제의식에서 시작된 이천의 마을기록사업은 지역민이 주체적으로 참여해 마을의 역사와 마을의 생활을 기록하는 사업이다. 집필방식이 연구자 중심에서 주민 중심으로 변화되었다는 점에서 기존의 민속지 성격의 마을지와 분명한 차별성을 두고 있으며, 이제 서서히 지역사의 주체가 외부자에서 내부자로, 전문가에서 지역 주민으로 이행하고 있음을 보여주는 사례이기도 하다.

마을기록사업에서 구술채록 활동은 시민기록자(civil archivist)가 담당한다. 이천시민기록자는 이천에 오랫동안 살아온 시민으로서 외부전문가에 비해 마을주민의 애환에 더 깊이 공감할 수 있을 뿐만 아니라 주민이 놓인 고유한 맥락(context)을 더 잘 이해하고 자료를 생산하고 관리할 수 있다는 장점이 있다. 마을기록사업의 준비과정에서 가장 핵심이 되는 부분은 두 개의 '탐구과정'(Discovering & Inquiring Process)이다. 하나는 마을주민이 그들의 삶과 경험을 어떤 방식으로 드러내고 기록할지 그 방법을 주민 스스로 선택하고 찾아가는 과정이고, 다른 하나는 주민이 시민기록자들에게 마을의 역사와 마을의 장소를 하나하나 소개하면서 그동안 묻혀있던 마을의 자원을 재발견하고 그들 자신을 마을의 주체로 자각하게 되는 과정이다. 시민기록자에게는 마을주민의 삶에 배어있는 마을의 전통지식과 생활기술, 힘든 시기를 이겨온 삶의 지혜를 발견하고 배우는 시간이기도 하다.

마을기록사업은 현재 정부 부처별로 시행하고 있는 수많은 마을만들기 관련 사업들과 어떻게 관계 정립을 해야 할까? 지난 20년간 정부가 추진해온 마을만들기 관련 사업에는 마을공동체지원사업, 도시재생사업, 도시활력증진개발사업, 새뜰마을사업, 마을기업육성사업, 그리고 문화체육관광부가 주관하는 관광두레사업, 생활문화공동체만들기사업 등 그 종류도 다양하다. 이런 사업들은 대부분 소규모 마을 단위로 생활환경을 개선해나간다는 기본적인 방향성을 가지고 있으며, 주민참여와 주민자치를 그 기반으로 하고 있다. 그러나 1990년대 지역활동가 중심으로 시작한 마을만들기 운동이 2000년대부터 정부 주도의 사업으로 전환되면서 관성화된 주민참여와 실천조직의 부재 등으로 초기의 활력을 회복하기가 어려운 상황이다.

물론 이들 사업에도 주민들의 사업수행역량을 높이기 위한 교육프로그램과 사업의 순조로운 추진을 지원할 수 있는 지원조직[25]을 두고 있다. 그러나 근본적으로 이들 사업이 탄력을 받기 위해서는 마을 내부적으로 마을의 변화에 대한 주민들의 욕구와 실행력 있는 주민자치조직이 먼저 갖춰져 있어야 한다. 이런 주민들의 욕구와 실행력은 결코 위에서 아래로 내려오는 성격의 정책이나 사업으로는 풀 수 없는 부분이다. 이는 마을기록사업에서도 마찬가지로 적용되는데 주민들이 마을기록의 필요성을 스스로 느끼지 않는 한 주민이 주체적으로 참여하는 마을지는 불가능하다. 그렇다면 마을지와 민속지, 행정백서의 차이는 무엇일까? 외부 전문가의 관점에서 조사·연구되면 그것은 마을민속지나 구술조사보고서가 될 것이다. 그리고 관에서 시행하는 사업의 일환으로 책자가 만들어지는 경우 그것은 마을사업보고서나 마을행정백서가 될 것이다. 어떤 결과물을 위해서 마을이 동원되거나 주민이 대상화되는 경우 우리는 그것을 마을지라 부르지 않는다. 마을지는 주민이 주인공이어야 하고 주민을 위해 만들어진 것이어야 하기 때문이다.

최근 마을기록사업이나 마을지발간사업이 확대되고 이를 지원하는 기관·단체가 많아지면서 그에 따른 문제점도 하나둘씩 드러나고 있다. 가장 큰 문제점은 기록관리나 연구분야의 전문성을 강조하며 마을주민의 참여를 배제하는 일부 전문가집단의 의식이다. 이와 함께 주민기록단, 마을기록학교, 기억수집가과정 등의 이름으로 마을기록활동을 수행할 아키비스트 양성 과정도 늘어나고 있는데, 이 경우에도 이들 역시 마을에 들어가 활동하면서 또 다른 전문가 역할을 하고 있어서 주민의 주체적인 참여를 끌어내기보다는 여전히 주민을 대상화시키는 수준에 머물고 있는 형편이다. 마을기록사업은 주민들이 마을의 위기상황을 인식하고 어떻게 마을의 활로를 새롭게 모색할 수 있을지, 그리고 과거 마을이 이어온 전통과 문화적 자원은 무엇인지, 주민 스스로 문제의식을 갖고 찾아가는 과정이 되어야 한다.

이를 위해서는 마을기록활동을 시작하기 전에 먼저 마을주민과 시민기록자가 함께 모여서 필요한 정보를 공유하고 서로 해야 할 역할을 분담하며 전체 일정을 수립하는 등 마을기록활동을 위한 추진기구를 설치하는 일이 중요하다. 이천문화원은 이와 같은 성격의 추진기구를 설치하는데 있어서 어디까지나 마을주민이 중심이 되어야 하고 시민기록자가 함부로 일정을 주도하거나 과거 농촌운동처럼 주민을 계몽하는 위치에 서려는 자세를 내려놓는 일이 무엇보다 중요하다는 사실을 인식하게 되었다.

시민기록자는 마을기록사업에 참여하면서 기록을 넘어 마을살이를 같이 함으로써 먼저 주민과 공감하는 눈높이에 도달해야 한다. 이천문화원은 이렇게 마을기록활동을 총괄하고 참여자에 대한 교육과 의견수렴, 일정 수립 등의 과정을 진행하는 주민활동기구를 '마을기록학교'[26]라고 명명했다.

<표 9> 마을 안에서 이루어지는 주민중심 '마을기록학교'

추진단계		진행 과정	세부 사항	비 고
1단계 (교육·협력)	주민공지	마을기록사업 소개	장소성이 있는 이야기	이장, 노인회장 역할
	거점공간 (아지트)	마을지 내용 정하기	담고싶은 내용, 이유, 의견 청취	'마을실록청' 현판식
		마을인문학 공감교육	마을인문학 초청강연	다른 지역 마을지 사례
2단계 (공감·적응)	마을개관	마을 한바퀴	장소와 지명유래, 위치 확인	비디오 촬영
		마을지도 그리기	지도제작, 위치 표시하기	마을의 의미있는 장소탐구
	라포만들기	우리동네 앨범전시회	주민 각자 자기집 앨범 전시	앨범 → 사연듣기
3단계 (조사·활동)	단초찾기 (사람· 사물· 사건)	마을장인, 생활속달인 찾기	노래, 그림, 글, 쟁기질, 음식 등	마을주민 주도 진행
		우리집 진품명품	오래된 물건, 생활 명품 사연 소개	MC, 감정사 필요
		마을에 있었던 사건	주제별 개별적으로 채록	서로 다른 기억들 존중
	심층조사	가가호호 복거북이 방문	복을 빌어주며 마을주민 소개	거북놀이 형식 차용
		마을유숙 하기	시민기록자, 마을 에서 재워주기	주민과의 깊은 인터뷰
4단계 (정리·마감)	중심주체	사초 주민검토	마을지원고 주민검토	당상(외부 전문가) 초빙
	마무리	마을지발간 마을잔치	시장님 증정식, 이농주민 초청	마을지 발간 이장모임 교류

마을회관에서 열리는 마을기록학교는 <표9>와 같이 마을주민과 시민기록자가 모여 전체적인 계획과 필요한 교육을 진행한다. 마을기록학교는 마을주민들이 어떤 방식으로 자신들의 일상을 기록하고 싶은지 의견을 모으고, 끝으로 시민기록자들과 그 절차와 일정을 협의하고 결정하는, 마을기록센터의 성격을 갖고 있다. 마을기록활동은 마을주민의 일상적 삶의 내용이 생애사가 되고 생애사가 모여 마을사가 되고 마을사가 모여 지역의 역사가 되는, 마을주민 자신의 역사 인식의 과정이다. 마을지는 그동안 이어져왔던 관찬 중심의 역사이해에서 벗어나 평범한 개인의 삶의 내용을 지역의 역사로 만드는 작업이기도 하다. 그런 의미에서 마을지 만들기는 주민자치, 문화자치 시대에 걸맞는 우리지역 기록하기 사업으로 마을주민의 의식을 깨우고 지역을 변화시킬 수 있는 마을자치운동의 작용점이 되었다고 할 수 있다. 마을은 이제 주민들이 주인공인 역동적인 생활공간으로 변해가고 있다. 과거 지배권력의 수탈의 공간에서 민속학자의 연구와 조사의 공간으로 주저앉아 있던 마을이 이제 마을기록사업을 통해서 주민 자신의 일상공간으로 원래의 모습을 되찾아가고 있다.

① 지석리 마을지 사례 – 문화자원 활용방안을 담아낸 최초의 마을지

이천 신둔면에 있는 지석리는 이천시에서도 오지라고 할 만큼 골짜기 마을이다. 마을 이름에서 알 수 있듯이, 선사시대 괸돌과 산제사 전통이 남아있는 마을이다. 이러한 역사적 자원이 풍부한 지석리 마을지가 2017년에 만들어졌다. 그동안 우리나라에서 만들어진 마을지는 대부분 전문

기관이나 조사자들이 마을과 마을주민을 대상으로 조사발굴하고 인터뷰한 내용을 책으로 펴내는 것이 전부였다.

하지만 지석리의 사례는 좀 다르다. 지석리 주민들이 먼저 마을지를 만들어야 한다는 생각을 가졌다. "마을에 새로운 변화가 필요하다", "우리가 원하는 건 이러이러한 부분이다"- 이렇게 주민들의 생각과 바램을 담고 싶다고 집요하게 요구했다. 지석리 주민들이 직접 원고 집필을 하지는 않았지만, 어르신들은 조사자들에게 마을의 구석구석을 보여주었고 금기시된 산신제를 참관할 수 있게 해주었다. 소당산 산신제는 이천지역에 남아있는 몇 안 되는 산제사이다. 제관을 선정하고 일주일 전부터 마을 어귀에 금줄을 치고 음력 2월 초이튿날 엄동설한 새벽 4시부터 산에 올라가 소를 잡고 밤 11시가 다 되어서야 제사가 끝난다. 그동안의 금기를 주민들이 깬 것이다.

<그림 12> 2017년 지석리 마을지

지석리 마을지에서 가장 눈에 띄는 구성은 지석리의 다양한 문화적 자원을 기술한 부분이다. 대부분의 마을지들이 마을의 개관, 마을에 전해지는 민속과 전통 등 과거적 삶을 기록하고 나열하는데 그치고 있는 반면, 지석리 마을지에서는 마을이 현재 보유하고 있는 다양한 문화적 소재들을 미래의 자원으로 바라보는 시각을 채택했다. 지석리 마을의 수목과 생태자원, 소당산 산신제를 비롯한 민속자원, 토박이 주민들의 기억 속에 남아있는 이야기자원, 그리고 이들 자원의 활용방안 등 마을을 바라보는 관점을 바꾸고 나니 마을에 굴러다니는 돌 하나까지 모두 소중한 문화콘텐츠가 될 수 있다는 생각을 하게 되었다. 서기 2050년 지석리 돌의 축제가 열리면서 마을이 어떻게 달라져있을지 주민들과 함께 미래 청사진을 가상으로 그려보는 부분은 가히 이 마을지의 압권으로 다가온다.

② 관리 마을지 사례 - 100년전 만세운동 참여주민들을 밝혀낸 마을지

<그림 13> 2018년 관리 마을지

이천 마장면에 있는 관리는 특전사가 이 지역에 들어오면서 급격한 마을환경의 변화를 겪고 있는 마을이다. 양각산 산제사, 이점신도비, 삼괴정 등 마을에 내려오는 전통문화를 지키고 이어갈 사람도 많지 않아 장차 마을이 어떻게 될지 시름도 깊다. 마장면 주민자치위원회에 마을기록사업을 하기에 적합한 마을을 선정해 달라고 요청했을 때 그 선정기준으로 제시된 것이 다음 세 가지였다. 첫째, 이장 등 마을지도자가 마을기록사업에 적극적이어야 함. 둘째, 마을환경의 급격한 변화 등으로 마을기록사업이 시급히 필요한 마을, 셋째, 마을주민들이 마을의 변화와 새로운 활력을 바라는 욕구가 큰 지역. 이런 기준을 고려하여 위원회가 선정한 마을이 바로 관2리와 3리였다.

관리 마을기록사업의 특징은 집필진을 모두 이천시민기록자로 구성했다는 점이다. 물론 아직 마을기록사업을 주도적으로 해나갈 만한 충분한 경험과 방법론에 대한 전문성이 확보된 것은 아니지만 외부전문가에 비해 이들의 지역에 대한 이해와 열정, 그리고 누구보다도 지역 주민과의 친화력은 이들의 강점이 아닐 수 없다. 시민기록자들이 마을에 들어가 주민들을 만나고 이야기를 듣고 기록하는 활동을 통해 풍부한 현장 경험을 쌓게 된 것은 문화원으로서는 큰 수확이었다.

이와 함께 주민이 마을기록사업에 적극적으로 참여하고 기록과정에도 주체적인 역할을 할 수 있도록 문화원에서는 '마을기록학교'를 운영하고자 했다. 이 과정을 통해 마을주민과 더 깊이 공감하고 소통하면서 마을주민이 무엇을 원하는지, 어떤 마을을 꿈꾸는지 주민들 스스로 의견을 모아가는 과정을 밟아보려는 것이다. 결과물로서의 마을지 발간에만 치중하지 않고 마을기록사업의 과정을 중시하기 때문이다. 이런 과정을 밟다 보니 일제 강점기때 마을에서 자체적으로 설립해 운영하던 사립학교인 관동학교를 다시 조명하게 되고, 100년전 3.1운동 당시 마장면 오천장터 만세운동에 참여했던 마을주민들을 새로이 밝혀내어 국가서훈을 받는 등 마을에 대한 자부심이 고취된 점도 특기할 만하다.

③ 조읍리 마을지 사례 – 왕골자리매기 전통을 복원해낸 마을지

<그림 14> 2019년 지석리 마을지

조읍리는 이천 백사면에 있는 작은 시골마을이다. 대부분의 농촌마을이 인구감소와 고령화로 마을공동체가 붕괴하고 있는데 조읍리는 이런 농촌 현실에서도 어떻게 활기찬 움직임이 가능한지 보여주는 마을이다. 마을에 변화가 시작된 것은 마을의 전통문화인 왕골 자리매기를 복원하

면서부터였다. 원래 조읍2리는 온양정씨 집성촌으로 고려 말부터 조읍2리에 터를 잡고 살았다. 하지만 갈수록 농촌 현실이 어려워지고 많은 사람들이 마을을 떠나면서, 마을을 살리기 위해서는 과감한 변화가 필요다는 사실을 깨닫게 되었다. 마을의 정태희 이장은 왕골재리매기 복원에 이어서 온양정씨가 아니어도 마을공동체에 속할 수 있도록 과감하게 종친회를 향우회로 바꾸었다.

조읍리 마을지인 『왕골 자릿골』은 마을지 만드는 과정을 통해 마을공동체가 더 단단해지고 마을지 사업을 계기로 후속사업이 줄줄이 이어지게 된 대표적인 사례이기도 하다. 조읍리에 모인 젊은 청년들은 마을에 홉을 심어 조읍리 수제 맥주를 만들었고, 맥주 판매로 발생한 수익금은 왕골 자리매기 복원에 사용하고 있다. 또한 농림축산식품부가 주관하는 농촌축제에 공모를 해서 2020년에는 외부관광객을 위한 축제가 아닌, 마을주민이 즐거운 축제를 개최하기도 했다. 마을지를 만들면서 수집·촬영한 사진을 활용해 마을의 달력을 만들고, 왕골로 만든 소품전시회 및 경연대회를 개최하는 한편, 마을을 소개하는 영상도 제작했다. 이렇게 마을에 일고있는, 조금은 낯설고 신기한 변화에 마을주민들은 "우리집 장독대가 책에 나오더라구", "향우회가 생겨서 옛날 동네사람 다 만나니까 좋지", "마을에 젊은 사람들이 많이 오니까 분위기가 밝아"라며 긍정적인 모습을 보였다.

④ 산내리 마을지 사례 – 오직 주민의 힘만으로 만든 마을지

산내리는 2016년부터 마을지를 만들기 위한 활동을 하고 있었다. 이천 모가면에 있는 산내리는 마국산 안쪽에 있는 마을이기에 산안마을, 산내리라 불렀다. 특이한 점은 산 아래 첫마을이라 할 만큼 외진 마을에 토박이 주민과 차도남 분위기의 외지인이 너무도 잘 어울려 살고 있다는 사실이었다. 마을회관에 모이신 20여 명의 마을주민 모두 열의가 가득했다. 그렇게 마을지 편찬을 위한 주민 조직이 만들어지고 3년이 흘렀다.

<그림 15> 2020년 산내리 마을지

산내리 마을지를 만들었던 과정을 돌이켜보니 몇 가지 아주 특별한 의미와 가치가 담겨있음을 깨닫게 된다. 하나는 마을주민의 힘으로만 예산을 마련하여 마을지를 만들었다는 사실이다. 2017년 신둔면 지석리에서 마을지가 처음 나왔다. 하지만 산내리는 2016년부터 이미 마을지 사업을 하고 있었다. 처음부터 외부자금을 끌어들여 시작하기보다는 마을사람들

이 십시일반으로, 우리 마을 일을 하는 것이니 우리 내부에서 먼저 자금을 마련하자는 쪽으로 의견이 모아졌다. 주민자치라는 관점에서 보면 아마도 우리나라에서 처음 있는 마을지 사례가 아닐까 싶다.

또 하나는 집필진이 마을주민들로 구성되었다는 사실이다. 그동안 우리나라에서 만들어진 대부분의 시군지나 마을지는 외부 전문가가 들어와 마을을 조사하고 집필한 것이다. 전문성은 확보될지 모르겠으나 주민들의 삶의 내용을 있는 그대로 담아내기에는 한계가 있었다. 전문가의 눈으로 마을과 주민을 대상화하기 때문이다. 중요한 것은 타인의 시각이 아닌, 우리 자신의 시각으로 마을을 바라보고 기록하는 것이다. 산내리는 마을지 편찬위원회를 구성하고 손수 마을조사와 인터뷰, 집필작업을 해왔다. 산내리의 어제와 오늘을 내일로 전하려는 고민과 흔적이 묻어나는 마을지. 우리의 이야기, 우리의 바램을 담아낸 마을지. 이런 마을지를 꿈꾸며 달려왔던 산내리의 활동은 마을자치가 가야 할 방향을 보여준다.

⑤ 대대리 마을지 사례 - 근현대 마을 자치의 역사를 담아낸 마을지

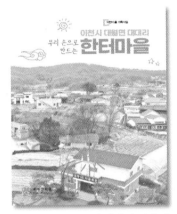

<그림 16> 2020년 대대리 마을지

대대리는 약 600년간 흥해 최씨 집성촌으로 이루어진 마을로 그 어느 마을보다 주민자치가 모범적으로 실현되어온 마을이라고 할 수 있다. 대대리에서 시작된 새마을금고는 주민들이 스스로 운영하여 마을과 주민을 살리는 밑거름이 되었다. 또한 대대리 주민들은 한국 YMCA 양곡은행 사업을 받아들여 운영한 결과, 지금은 대대리 자체 양곡은행을 운영하면서 지속적으로 마을 발전을 위한 기금을 마련하는 등 마을자치 사업을 모범적으로 이어가고 있다.

이 마을은 마을지 사업을 시작하기 전부터 주민들이 직접 마을의 자치 활동과 역사를 기록하고 자료를 보관하고 있었다. 『우리 손으로 만드는 한터마을』은 마을 주민과 시민기록자가 함께 만든 마을지로 마을주민이 적극적으로 마을의 역사와 근현대 사건들을 기록하고 집필에 참여했다.

특히 마을주민의 가계부채를 줄여나가기 위해 양곡은행을 운영하는가 하면, 아이들은 마을이 키운다는 취지로 공부방을 운영하는 등 마을자치를 실천해온 주민운동의 모습을 생생하게 기록하고 있다. 1985년에는 마을에 공영버스가 들어오게 하기 위하여 초지리에서 대대리까지 주민들의 손으로 시멘트로 도로를 놓은 이야기도 감동적이다.

대대리 마을지 작업의 가장 큰 특징은 다른 어떤 마을지보다 기록내용에 대해 주민들의 자문과 고증, 수정작업을 수없이 되풀이했다는 점이다. 전체적인 마을지의 내용이 균형적이지 않다는 매서운 질타도 받았다. 마을의 원주민과 이주민의 삶을 균형있는 시각으로 기록하지 못했다는 지적이었다. 주민들이 원하는 것은 그들의 입맛대로 써달라는 것도 아니고 마을에 대한 냉정한 관찰과 기록은 제삼자의 위치에서 이루어져야 하겠기에 어느 한 주민의 목소리도 소외되거나 배제되지 않도록 충실히 담아달라는 주문이었다. 그래야만 제대로 된 마을지라는 것이다. 마을주민(문윤규, 76세)의 이런 관점은 마을기록사업에 참여하는 아키비스트라면 마음에 깊이 새겨야 할 가치가 아닐까 생각된다.

⑥ 아미리 마을지 사례 - 20년간의 마을의 변화상을 담은 마을지

<그림 17> 2020년 아미리 마을지

    시대의 흐름에 따라 마을도 변화한다. '10년이면 강산도 변한다'는 말이 있듯이 급격한 사회변화에 따라 우리의 농촌과 마을이 어떻게 달라졌는지 그 흐름을 쫓아가보면 우리나라 농촌마을의 변화에 대해 어떤 중요한 의미를 찾을 수 있지 않을까. 아미리는 지난 2001년 발간된 『이천시지』 제6권인 '개인생활과 마을'에 수록되었던 마을이다. 20년 전 전형적인 농촌마을이었던 아미리는 70년대에 두 번씩이나 자립마을로 선정되었을 만큼 마을발전을 위한 주민들의 단합이 강했던 새마을운동의 선구적인 마을이었다. 그런데 인근에 SK하이닉스와 관련 기업들이 들어오면서 외지인들이 대거 유입되었고, 최근에는 경강선 전철역이 개통되는 등 큰 변화를 겪었다. 이 과정에서 아미리를 이루고 있는 2개의 전통마을은 축소되었고, SK하이닉스 관련 마을은 6개로 행정구역이 늘어나 현재는

총 8개 마을을 이루고 있다.

이 마을이 지난 20년간 어떻게 달라졌는지 그동안 겪은 마을의 변화를 추적하고 비교해 보는 것이 마을지를 구상하게 된 취지였다. 1999년 당시 서울대 강사로 처음 이 마을에 들어가 구술채록을 진행했던 김영미 교수(국민대 한국역사학과)가 20년 만에 다시 주민들을 만나 그동안 마을이 어떻게 변했는지 그들의 목소리를 담아보려 했다. 원래 취지는 산업화로 인한 농촌마을과 공동체의 변화였지만, 이러한 변화의 과정을 삶의 현장에서 확인하는 일은 그리 희망적이지 않다. 원주민들에게는 이 과정이 고향마을을 상실해가는 과정과 오버랩되기 때문이다. 아미리 마을지에서 우리는 그동안 마을에 일어난 변화와 그런 급격한 변화의 과정들을 지켜보며 한 마을에 원주민과 외지인, 전통마을과 아파트단지, 첨단산업지구와 낙후된 농촌지대가 병존하는 현상에 대해 서로 입장이 다른 주민들의 목소리를 들을 수 있을 뿐만 아니라 변화를 바라보는 다양한 관점들도 확인할 수 있다.

이천문화원은 몇 년 전부터 마을지사업의 주요 추진분야로, 과거에 민속조사가 이루어진 마을을 대상으로 거시적 시간 변화 속에 달라진 마을의 변화를 비교해보는 마을지 사업을 기획하고 있었다. 지난 2001년 아미리와 함께 마을공동체 연구를 한 바 있던 신둔면 수광리, 장호원읍 나래리를 포함하여 1930년대 농촌조사 기록이 남아있던 율면 고당리의 지난 80년간의 변화를 추적해보는 것도 그 과제 중의 하나였다. 이천 출신의 저명한 농학자인 유달영 선생이 1936년 농학과 졸업논문으로 조사연구를 했던 율면 고당리를 다시 들어가 조사하면서, 그간의 변화상을 추적해보고자 한 것이다. 그런데 이 주제에 대해서 2021년 초 경기문화재단이 동일한 관심을 가지고 자료협조를 요청해온 프로젝트가 있었다. 이천문화원은 내부적 협의를 거쳐서 이들의 연구활동을 적극적으로 지원하기로 했다. 이 과제를 수행하는 민속조사팀에게 필요한 자료적 도움 등을 지원하기로 한 것이다.

스토리텔링과 공연콘텐츠

지역이 배움터요 살아있는 교과서라는 생각이 현실이 되었다. 2018년 혁신교육지구사업이 이천에도 시행되면서 이제는 지역을 물리적 공간이나 지리적 범위, 행정적 구역으로만 보기보다는 교육의 자원으로 인식하는 시민층도 늘어나고 있다. 무엇이든 손에 닿기만 하면 황금으로 변했다는 프리기아의 왕 미다스의 이야기처럼, 예술가의 시선이 닿으면 모든 것은 예술로 변하고, 지역을 바라보는 우리의 관점이 달라지면 지역에 있는 모든 것이 문화적 자원이요 배움의 자원이 될 수 있다. 아카이브의 콘텐츠적 활용이라는 측면에서 보면 중요한 것은 우리가 보유하고 있는 자료가 아니라 그 자료를 바라보는 우리의 시각이다. 아카이브를 바라보고 활용하는 우리의 관점에 따라 문화원의 아카이브는 얼마든지 창작의 원천과 자원이 될 수 있고 또 새로운 가치가 부여될 수 있다. 만일 문화원에 있는 자료가 그저 주어진 것일 뿐 그 자료에 대한 우리의 시선과 생각이 아직도 가 닿지 못했다면 그 자료는 또다시 이전의 먼지 가득한 '잡다'로 되돌아가고 말 것이다.

<표 10> 지역의 전설, 설화를 활용한 콘텐츠 개발 방안

진행 과정		주요 포인트	협력관계
1단계	이야기 선정	장소성이 있는 이야기	원구술자의 확보
	장소 확인	지명유래담, 인근 연계장소	마을어르신과의 산책
	집필 및 감수	시민참여자 중심	성장가능성, 팀웍 중요
2단계	활동별 시나리오	오디오북, e야기 개발	후속활동으로 연계
	참여기관 선정	마을도서관, 동화모임	학교, 어린이집과 협력
	이야기답사코스 개발	지도위치 표시	마을이야기꾼 배치
	답사프로그램	세부적인 기획 필요	교육기관과 협력

2015년 이천인문학의 주제였던 '이천을 스토리텔링하다'는 이천이 가진 새로운 문화콘텐츠의 가능성과 풍부한 이야기 자원들을 발견하는 계기가 되었다. 신화, 전설, 민담 등의 형태로 전해져 오는 이야기는 채록이 되면 이야기(story)로 그쳐 버리지만, 이 땅을 살아온 사람들을 통해서 입에서 입으로 전해지면서(telling) 그 생명력을 얻게 된다. 이천의 이야기는 이천지역에 오래전부터 전해져 내려온 이야기, 이천사람들이 겪은 사건과 경험을 담아낸 이야기를 말한다. 이천의 이야기에는 그 지역사람들이 어떻게 살아왔는지, 무엇을 보고 느끼고 생각하고 경험했는지 알 수 있는 내용들이 들어있다. '이천의 어린이에게 이천의 이야기를' 들려주자는 운동은 2003년 발간된 '두근두근 이천고을동화'가 그 효시였다. 우리는 모두 옛날 할아버지, 할머니들이 들려주셨던 구수한 이야기를 듣고 자랐다. 그 이야기에는 고향의 산과 강, 계곡과 실개천, 들판과 바람에 얽힌 이야

기도 있고 이 땅을 살아간 사람들의 애환과 재미난 사연들도 고스란히 녹아들어 있다. 그래서 지역의 이야기를 동화로 만드는 일은 이 땅의 이야기, 이 땅의 정서를 다음세대 어린이에게 이어주는 일이 될 것이다.

<그림 18> '이천의 어린이에게 이천의 동화를'
- 2018년부터 시작된 '이천 이야기보따리' 시리즈

이천문화원은 이전에 읍면별로 조사된 민속자료 중에서 구전설화와 그에 관련된 지명유래 등 1차 이야기 자료에 주목했다. 이야기 속에 들어있는 장소성은 그 이야기가 이천의 주민들에게 어떤 방식으로 이해되었는지, 주민들의 삶에 얼마나 생생하게 현실화되고 있는지, 그리고 그 마을의 장소 하나하나에 어떤 연유가 스며들어있는지 보여주는 단서들이기 때문이다. 이천문화원은 그동안 채록된 이천의 이야기 가운데 어린이들이 읽을만한 소재의 이야기를 골라 동화책으로 만드는 프로젝트를 시작했다. '이천 이야기보따리' 시리즈는 이천의 유래와 이천의 역사를 알수 있는 이야기, 이천의 고유하고 독특한 풍습을 보여주는 이야기, 그리고 마을의 소소한 주민 이야기를 담아낸다는 계획을 세우고 현재 3권까지 발간해 보급했다. 이 책에서 문화원이 가장 신경을 쓴 부분은 각 동화마다 이야기의 배경이 된 장소를 설명하는 '이야기샘' 코너다. 이야기에 나오는 장소는 그 이야기를 더 현실감 있게 만들어주며 이야기 속에 숨어있는 비밀의 통로 같은 역할을 하기도 한다. 이야기의 장소성을 기반으로 마을이야기꾼이 마을을 소개하거나 체험학습의 일환으로 이야기 답사프로그램을 실행해볼 수도 있다. 장소성에 기반한 이야기 콘텐츠화 작업은 더 나아가 웹툰, 애니메이션, 영상 등 뉴미디어를 활용한 픽션의 영역까지 진화해갈 수도 있을 것이다.

이천문화원은 2014년 시민풍물단 소슬패, 단월초등학교 4학년 어린이들과 합동으로 창작풍물극 '복하의 노래'를 발표했다. '복하의 노래'는 이천의 풍요를 상징하는 복하천과 구만리뜰, 수여선, 설봉산성 등 이천의 대표적인 자연경관과 문화재를 배경으로 창작한 풍물극이다. 어린이들이 한 달간의 고된 연습과정을 잘 버텨낼 수 있을까 우려의 목소리도 있었지만, 이날 공연은 마을주민과 학부모들로부터 열광적인 박수를 받았다. 어린이들이 이천에 대한 자부심과 성취감을 갖게 된 것도 큰 성과였다. 2015년에는 이천의 대표인물인 서희를 소재로 한 창작음악극 '서희, 영토를 다시 그리다'를 양정여자고등학교에서 선보였다. 지역을 소재로 한 문화콘텐츠의 가능성을 보여준 이 음악극은 공연 당시 교장선생님이 거란 임금을 맡았고 3학년 학생들이 깃발 퍼포먼스로 출연하여 관객과 함께 소통하는 열정적인 무대를 연출했다.

<그림 19> 지역 소재의 창작공연
왼쪽부터 2014년 '복하의 노래, 2015년 '서희, 영토를 다시 그리다',
2017년 '서희하세요'

이천문화원은 2017년에도 서희를 소재로 한 공연 콘텐츠 '서희하세요'를 만들었다. 서희 스토리를 과거의 유산으로 끝내지 않고 대중적인 창작 공연물로 만들어 서희역사관, 서희테마공원, 서희문화제 등 관련 시설이나 행사에서 공연할 수 있게 하자는 취지였다. '서희하세요'는 서희 이야기를 국악과 택견·비보이 등을 크로스오버해 현대적으로 해석한 창작극이다. 고려 초기 거란의 침입시 외교담판으로 국난을 극복한 서희선생의 가치를 재해석하는 작업과 서희설화에 담긴 지혜문학적 요소를 현대적 퍼포먼스로 만들어가는 작업은 이천의 정체성을 찾아가는 과정이기도 했다. 이 공연 콘텐츠는 2017년 초연 이후 지역사회에서 여러 차례 요청이 들어와 공연한 바 있으며, 이천시민에게 서희의 대중적 가치를 확산시키고 지역 정체성을 새롭게 인식시키는데 큰 일조를 했다.

아카이브 전시

'여주두지'는 여주사람들의 삶을 표현하는 전시작업이자 전시공간이다. 이 전시관은 여주 한글시장 중간쯤에 있는데 일상적인 생활공간 안에서 이런 멋진 전시를 만나게 될 줄은 꿈에도 생각하지 못했다. 이곳에 전시된 내용들은 여주사람들의 일상과 밀접하게 관련된 물건이나 거기에 배어있는 이야기들이다. 프로젝트로 모인 8명의 예술가들이 2016년부터 2년간 여주의 14개 마을을 떠돌며 듣고 채집한 것들이 전시되어 있다. 일상적으로 썼던 물건이지만 자세히 들여다보니 거기엔 주민들이 살아온 손때와 사연들이 스며있고 세월의 지층에 쌓여있는 기억들을 풀어보니 여주의 살아있는 역사와 만나는 현장이 되기도 한다. 여주두지는 주민들의 일상적 삶을 생활문화 전시라는 형태로 보여주는 성공적인 사례라고 할 수 있다.

수원 행궁동의 '골목박물관'은 사찰로 쓰던 고옥을 마을 기록전시공간으로 개조해 2018년 전시를 시작했다. 수원 구도심 주민들의 정서와 이야기들을 담아온 골목잡지 '사이다'에서 그동안 수집하고 취재한 자료와 옛 물품들을 한자리에 모아 재현해낸 기억의 전시공간이다. 행궁동 사람들의 인생을 시각화한 '토박이 5인방' 이야기, 동네 사람들의 다큐영상 15편을 보여주는 '행궁동 인생극장', 도심의 100년 역사를 간직한 학교의 기증물품들을 전시한 '신풍초등학교', 그리고 국민동요 '오빠 생각'의 주인공인 최영주와 최순애 남매의 일대기를 추적한 '오빠 생각' 등 때절은 개인의 추억들을 공동체의 기억으로 소환한다.

2020년에 개관한 '증평기록관'은 행정기록은 물론 민간기록까지 함께 보존하는 복합아카이브 문화공간이다. 이 기록관의 특징은 과거 자료의 '보존' 기능도 중요하지만, 마을기록 전시회, 마을기록 영화제작, 마을

기록 허브센터 등 과거 기록들을 현재로 끌고 나와 되살리는 '전시' 기능과 현재의 삶을 기록하는 '생산' 기능에 많은 공을 들이고 있다는 점이다. 개관 기념전시인 '증평, 첫 번째 기억'은 증평의 평범한 군민 15팀을 영상 인터뷰하고 그와 관련된 기록물 122점을 전시하고 있는데, 여기서 만나는 소소한 개인 기록물과 물건들은 각자의 자리에서 살아온 보통사람들의 삶의 이야기를 풀어가는 실마리들이다.

<그림 20> '미래유물전' 리플렛

왼쪽 위부터 이천미래유물전, 여주두지, 수원골목박물관, 증평기록관

2015년 경기도문화원연합회가 기획한 '미래유물전'은 당시 문화예술계에 신선한 충격을 던져준 전시프로젝트였다. '유물은 과거의 잔해물일 뿐인데 이 유물이 어떻게 미래와 연결이 될 수 있다는 거지?' 이런 의문은 우리와 우리 지역의 정체성에 대한 고민으로 이어졌고 당연한 것을 당연하지 않게 바라보는 사유의 힘이 우리에게 필요하다는 자각을 하게 만들었다. '미래유물전'은 지금 현재를 살아가는 일상생활의 물건들이 미래의 어떤 시점에는 과거의 기억을 다시 불러올 수 있는 유물이 될 것이라는 관점에서 기획되었다. 2015년 이천문화원에서 처음 시작된 미래유물전은 2016년 평택문화원, 2017년 의정부문화원, 2018년 부천문화원, 그리고 2019년에는 안산문화원으로 이어졌다.

과거 민속에 대한 전시가 아닌, 현재의 일상적 삶을 기록한다는 생소함과 이를 전시로 시각화해야 한다는 압박은 전시를 준비하는 과정에서 줄곧 불편한 감정으로 출몰하곤 했지만, '미래유물전'이 문화원의 생활문화 전시에 대한 의식을 끌어올린 것만은 분명하다. 그 불편함은 문화원이 과거에 붙들리지 않고 미래의 아직 일어나지 않은 신비로 향해가고 있다는 반증이기 때문이다. 또한, 주민들의 일상적 삶을 표현하는 전시는 오랜 기간 축적된 지역 아카이브에 기반해야 한다는 점이다. 소수의 전시기획가, 예술가에 의존하는 전시는 전시가 끝나면 모든 것이 신기루처럼 사라져버린다. 아카이빙에 대한 주체적 참여와 고민이 있어야 전시를 구성하는 콘텐츠와 아카이브, 주민의 삶이 맺고 있던 관계들도 유지될 수 있다. 지역 아카이브 전시의 목적은 우리가 재구성하는 기억이 곧 현재가 되고, 우리가 선택하는 현재가 곧 미래가 될 것임을 보여주어야 한다.

지역학: 지역에 대한 통합적 연구

향토사에서 지역학으로

문화원은 지난 60년간 지역의 문화적 구심체 역할을 해왔다고 자부하고 있다. 그리고 이제, 지역문화의 거점으로서 문화원의 위상을 설정하려 하고 있다. 여기서 스스로에게 거듭 물어보지 않을 수 없는 질문이 있다. 문화원은 지역문화를 향토문화의 또다른 이름으로 생각해왔던 것은 아닐까? 사실 그동안 문화원이 해온 활동들은 향토문화연구와 향토문화사업, 그리고 향토문화행사 등으로 구분할 만큼 향토문화는 문화원을 표상하는 대표 이미지라고 해도 과언이 아니다. 향토라는 말은 향토사, 향토문화, 향토문학, 향토음식에 이르기까지 그동안 별 저항 없이 우리가 순순히 받아들이고 사용해온 말이다. 하지만 그 연원을 추적해보면 이 말은 일제 강점기에 애향심을 애국심과 결합시키는 이념으로 변질되곤 했고 해방 이후에도 지배체제에 늘 협조적 역할을 맡아온 개념이었다.

물론 향토사 연구는 지역의 정체성을 살리고 지역 고유의 문화를 살리는 일로 기록의 주체가 행정관료에서 향토사학자 중심으로 전환이 되고, 연구의 범위도 이제는 읍면과 마을까지 미시단위로 확대되었으며, 지명연구(地名研究)가 활성화되는 등의 변화도 있었다. 그러나 이제 향토사에 대한 비판에 대해서도 귀를 기울일 필요가 있다. 그 주된 비판들은 첫째, 향토사는 여전히 인물, 가문 위주의 기록에 편중되어 있으며, 둘째, 그 고장 출신에 의한 연구나 과다한 애향심으로 인해 전체를 통합적으로 보는 시각이 부족하고, 셋째, 중앙사와 행정 권력에 종속된 공생관계로 지역의 변화를 능동적으로 이끌어내지 못했다는 점이다.

그렇다면 향토사가 그런 능동적인 추진력을 내부에서 만들어내지 못하는 이유는 무엇일까? 그것은 향토사가 과거 중심의 연구에서 빠져나오지 못하기 때문이다. 더 큰 이유는 향토사에서 지역의 주민은 여전히 대상화되고 있으며 현재를 살아가는 주민의 일상적 삶을 담아내기에는 한계가 있다는 점이다. 최근에는 향토사에서도 주민 인터뷰와 구술채록 방법이 동원되기는 하지만 여전히 민속조사 방식의 접근에 머물러있다. 향토사 연구에 구술사 방법론이 도입된 것은 향토사 연구자들이 스스로 그 필요성을 느껴서라기보다는 국사편찬위원회 같은 국책기관의 인식확장에서 비롯된 성격이 더 크다. 80년대부터 한국사학계에는 중앙사, 지배층 연구 중심에서 향촌사, 기층민 중심의 생활사 등으로 연구주제가 확대되면서 민간기록물의 중요성이 대두되었기 때문이다.

국사편찬위원회는 1982년부터 전국에 지방사료조사위원을 위촉해 운영하였는데, 이를 통해 지방에서 미발굴 사료의 조사·수집·정리 사업이 적극적으로 추진되었다. 하지만 국사편찬위원회의 지역에 대한 접근방식은 여전히 자료 제공처로서의 역할을 강조하는 수준에 머물고 있다. 물론 일부 연구공모사업을 통해, 그리고 역량 있는 사료조사위원을 연구사업에 참여시키는 방식으로 개선이 되기는 하였지만, 국사편찬위원회의 기본적인 시각은 문화원과 개인이 소장하고 있는 수많은 민간기록물이 학계와 전문가에게 제공되어 그들의 연구자료로 활용될 때 비로소 가치 있는 사료가 될 수 있다고 보는 것이다.

이런 시각은 한국학중앙연구원도 별로 다를 바가 없다. 한국향토문화전자대전은 향토문화에 대한 총체적인 자료를 디지털화함으로써 향토사료를 보존하고 계승한다는 취지를 표방했지만, 여전히 지역은 수동적으로 자료를 제공하는 형태로 제한되었고 주체적으로 참여하는 통로는 막혀있었다. 지방은 중앙이 필요로 하는 자료만 제공하면 되니 연구와 검토, 집필은 전문가에게 믿고 맡겨달라는 것이다. 이런 방식으로 향토문화전자대전에 올려진 대부분의 집필 내용은 학계와 전문가들의 전유물이 될 수밖에 없었다. 향토문화전자대전 사업은 지역에서 주체적인 역사 탐구와 연구 활동을 활성화시키는 쪽에는 별로 관심이 없고, 자료의 디지털화와 집중화, 그리고 이를 통한 사료의 활용도 제고에 주로 관심이 쏠려있었다.

이러한 이유로 이제 '지역'이 스스로 깨어나야 한다. 지역은 인간존재의 현전성을 끊임없이 되묻게 하는 공간적 토대요, 인간으로서 함께 살아감의 공동체성을 어떻게 형성해갈 것인지에 대한 끊임없는 질문들이 놓여있는 장소로 새롭게 의미를 부여받아야 한다. 그렇다면 이런 의미에서 '지역'의 주체로서 우리는 누구인가? 더이상 타자가 아니라 이 장소의 '주체'요, 여기, 지금 일어나고 있는 이 일들과 이 사건의 '당사자'이기에 우리는 더이상 '밖에서 방관하는 타자'일 수 없다. 지역을 새롭게 발견하려는 인문학적 시선은 외부 권력에 의해 규정되고 일방적으로 부여받은 지역 정체성을 극복하고 스스로 자신의 지역을 인식할 수 있는 성찰적 힘을 가질 수 있게 한다. 그리고 지역에서 스스로를 공동체의 주체로 인식함으로써, 지역을 이미 규정된 공간이 아니라 끊임없이 해체되고 재구성되는 역동적인 삶의 공간으로 바꾸어가려는 힘을 제공한다.

이제 향토사가 가야 할 길은 무엇인가? 향토사가 새로운 변화로 나아가기 위해서 극복해야 할 가장 큰 문제는 무엇인가? 향토사가 놓여있는 현재의 좌표를 제대로, 분명히 읽어내는 것이야말로 향토사의 변화를 위한 시작점이 될 것이다. 지역에 관한 연구가 전부가 아닌, 지역으로부터 그 시작점을 찾는 자기성찰, 과거에 관한 연구가 아닌, 과거로부터 새로운 가능성의 실마리를 찾는 탐구가 이 시대에 요구되고 있기 때문이다. 향토사는 공동체의 자각과 공동체 내의 자기인식을 지향해야 한다. 무엇이 지역민들을 외부자에서 내부자로, 객체화된 대상에서 자각적인 주체로 전환시키는 것일까? 무엇이 계기가 되어 주민이 스스로를 역사의 장에 나서게 만드는 것일까?

중앙사, 국가사가 없으면 지방사도 없다는 생각은 권력이 오랫동안 지역에 강요해온 관점이다. 하지만 그렇게 행정적 하위조직으로서의 지방사가 아니라 주체적 자치 단위로서의 지역의 역사가 모여 국가의 역사가 형성된다는 새로운 역사 인식의 틀이 형성되고 있다. 그런 의미에서 지역은 근현대 시기의 역사를 담아낼 수 있는 새로운 방법들을 도입해야 하고 기층 지역민의 생활현장과 그들의 역사적 경험에 대한 증언, 그들의 이야기를 들을 준비가 되어있어야 한다. 지역은 그런 자기성찰의 근원이 되어

야 한다. 향토사가 이런 관점에서 지역의 역사를 재구성하고 새로운 공동
체적 자각을 지역사회에 불러올 수 있다면 향토사는 지역의 희망이 될 수
있다. 하지만 여전히 과거의 연구에 그치고 지역의 변화를 모색하는데 주
민의 공감을 얻지 못한다면 지역은 그런 향토사에 더이상 희망을 걸 수
없을 것이다. 문화원이 바라보는 지역은 지역민이 새로운 희망을 걸 수
있는 곳이다.

<그림 21> 왼쪽부터 이천학도입 토론회(2014), 이천학 학술세미나(2019, 2020)
자료집

지역 아카이브는 지역학의 플랫폼

앞에서 수차례 언급했듯, 지역은 그동안 지역민 스스로의 기록을 갖지
못하고 살아왔다. 오랫동안 기록작업은 왕조나 권력자 중심의 실록편찬
으로 이어져왔고 이런 관점에서는 국가의 역사가 가장 우선적이고 지방
의 역사는 부차적이며 그저 변두리의 역사에 불과했다. 지역은 늘 중앙권
력에 의해 대상화되어왔기에 스스로 대상화되는 것을 당연한 것으로 여
기고 살아왔다. 그래서 우리 자신의 기록이 아닌, 외부자의 기록에 의존

하여 지역의 모습을 복원하려 했고 이를 재현하는 것이 최선인 줄 알았다. 그리고 우리는 그것을 우리 자신의 모습으로 받아들였다. 최근까지도 지역에서 이루어지고 있는 대부분의 향토사 연구는 이런 실록편찬의 방식을 재생산하면서 중앙사와의 연관성을 찾거나 문중인물 연구에 주력해온 것이 사실이다.

그동안 지역에서는 행정권력이 넘겨주는 기록물을 그저 보관, 보존하는 역할이 최선인 줄 알았다. 그런데 근현대 시기를 거치면서 수많은 기록 가운데 어떤 기록을 남겨야 하는지 선별하는 일이 기록을 생산하는 일 못지않게 중요하다는 것을 깨닫게 되었다. 주어진 기록만으로는 사건의 전말을 다 파악할 수 없으며 기껏해야 사건을 추측하고 재현해보는 실마리를 찾을 수 있을 뿐이다. 만일 우리가 그들의 기록에만 의존하고 그 외의 다른 민간기록을 방치하거나 찾아보려는 노력을 하지 않는 경우 그 사회의 역사기술은 편향될 수밖에 없다. 지역을 거쳐간 외부자들의 압력에 대한 우리들의 반응은 어떠했으며, 어떻게 대항하거나 순응했는지, 우리의 삶과 현재의 모습은 어떻게 달라졌는지, 심지어 지역 주민의 정서와 느낌까지도 중요하게 다루어질 필요가 있다.[27] 구술채록의 가치가 드러나는 대목이기도 하다.

'지역학'은 지역연구(Regional Studies, Area Studies, Local Studies)를 가리키는 말이다. 지역연구는 서구 제국주의의 식민지 지배에서 보는 것처럼 철저하게 외부자의 시선에서 접근하고 연구해온 것이 기원이지만, 이제는 지역연구가 내부자의 시선에서 지역에 살고있는 주민들에게 지역의 정체성과 문화적 공동체성을 인식하게 함으로써 주민이 주체적으로 지역의 발전과 지역에서의 삶을 창의적으로 도모해가는 실용적인 연구 분야로 정립되어가고 있다. 현재 서울학, 충북학, 경기학, 강원학, 부산학 등 광역 지역학은 주로 광역 지자체의 정책 연구기관을 중심으로 전개되고 있는 반면, 안동학, 전주학, 경주학, 원주학, 용인학, 성남학 등 기초지자체 단위의 지역학은 문화원이나 향토문화연구소를 중심으로 확대되고 있다. 기초지자체에서 이루어지는 지역학 연구는 광역 지역학 연구가 주로 전문연구자 중심으로 수행되는데 비해, 지역 주민의 삶에 기여하고자 하는 실용적 성격이 더 강하다.

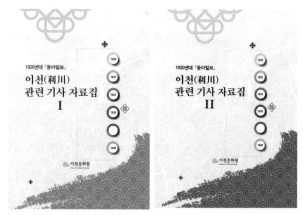

<그림 22> 근현대기 신문에 실린 이천 관련 신문기사 자료집(2020)

지역학은 한마디로 그 지역의 역사, 문화, 사회와 인문환경을 아우르는 지역에 관한 총체적인 연구라고 할 수 있다. 그리고 지역에 대한 총체적이고 체계적인 이해를 통해 현재를 살아가는 지역민의 삶을 진단하고 미

래적 방향을 찾아가게 한다는 점에서 미래학이자 실천학으로서의 성격을 지닌다. 우리나라에서 지역에 대한 관심이 본격화된 것은 지방자치가 본격적으로 시행된 1990년대 후반부터다. 그동안 우리나라의 역사를 중앙사 중심으로 바라보는 관점에서는 지역의 역사는 보이지 않고 오직 전국사의 구성단위로서 '지방사', 또는 중앙사의 부차적인 사료로 중앙에서 밀려난 열등감의 표출로서 '향토사'라는 용어가 자리를 차지하고 있었다.[28] 이와 같은 차원에서 '지역'의 의미를 더이상 국가와 중앙에 의해 주변화되고 소외된 공간으로 보지 않고 그 지역의 주민들이 주체적으로 그들의 문화를 만들면서 살아가는 장소로, 그리고 각자의 독특한 고유성을 가지고 있는 공간으로[29] 이해하기 시작했다는 것은 커다란 인식의 변화를 보여주는 것이다.

역사학에서도 지방을 폄훼하는 의미로, 종속적이거나 주변적인 의미로 여겨질 수 있다는 점을 경계해 '지방사' 대신 '지역사'라는 용어를 쓰는 경향을 보이고있다. 국가 주도의 한국사 관점에서 역사를 기술하는 '지방사'나 '향토사' 대신 지역이 주체적으로 국가나 세계와 관계를 맺으며 지역이 가진 역동성과 새로운 가능성을 발견할 수 있게 해준다는 의미에서 '지역사'에 대한 개념이 정립되어가는 것으로 이해된다. 지역사는 중앙사의 일부에 불과한, 변방의 역사가 아니다. 지역에 살아온 민초들이 그 지역 역사의 주인공들이요, 지역을 발전시켜온 주체들이다. 지역사, 지역문화, 지역학이란 말들은 '지방'이란 용어에 대한 의식적인 저항이나 극복, 대안의 의미를 함축하고 있다. 문화원 차원에서는 그 지역의 문화자원들에 대한 심도 있는 연구와 체계적인 정리를 뜻하는 것으로 통용되고 있다.

지역학은 앞서 언급한 바와 같이 정책연구기관 중심으로 연구를 수행해온 광역 지역학이 먼저 활성화되어온 것이 사실이다. 광역 지역학에서는 그 하위단위인 기초지자체의 지역학 연구를 서로 연계하고 그 성과를 공유하는 작업도 추진하고 있다. 경기도의 경우 2014년 시·군 지자체에서 이미 활성화되고 있는 지역학을 네트워킹하는 경기지역학협의체를 구성하였는데, 이를 통해 경기도의 역사와 문화를 전체 차원에서 조망하고 각 시·군의 지역학 연구 성과를 공유하고 활용할 수 있도록 하자는 취지와 함께, 과거 역사 중심의 지역 향토사(전통문화) 연구에만 머물지 말고 문화자원의 활용과 미래 전망까지 그 범위를 확장할 필요가 있다는 공동의 인식을 발표하기도 했다. 지역학의 활성화를 위해서는 지역 내에 있는 대학이나 학술·교육기관 등과 협력하여 보다 체계적으로 정착시킬 필요가 있다. 이를 위해서 관련 기관들이 함께 모여서 지역학을 위한 기반조성, 지역학 활동을 통한 다양한 콘텐츠 생산과 활용, 그리고 지역학의 미래 발전 방향에 대해 서로 논의하고 협력하는 작업이 필요하다.

과거 향토사료에 기반한 향토사 연구에서 지역 아카이브에 기반한 지역학 활동으로 방향을 전환하는 것도 당면한 과제 가운데 하나다. 현재 전국의 많은 문화원에는 향토문화연구소가 설치되어 있다. 이 향토문화연구소가 지역학연구소로 전환하고 있지만, 여전히 향토사 연구 활동에 머물러 있는 경우도 허다하다. 과거 향토사 연구가 단순히 지역의 향토사료와 문화재를 대상으로 단편적인 연구의 나열에 머물렀다면 지역학은 지역인들을 주체로 하는 문화사, 생활사를 토대로 그 지역의 고유한 특성을 찾아내는 작업이다. 따라서 보존·발굴·기록하고 정리·연구해야 할 대상은 지역사의 사료와 문화재뿐만이 아니라 지역의 특성을 보여주는 독특한 관습이나 민속, 전승, 구전설화와 마을사, 개인의 구술생애사 등으로 확대되어야 한다. 지역 아카이브는 이러한 다양한 분야의 자료들이 지역에서 지속적으로 축적되고 네트워크화되면서 누구나 접근할 수 있고 활용할 수 있는 개방적 공유 아카이브를 만들어가는 것이 목표가 되어야 한다.

평생학습에서 지역학습으로

'지역학습'(Local Learning 또는 Local Community Learning)은 지역학의 전개 과정에서 만나게 되는 개념이다. 이 말은 '지역사회에서 이루어지는 학습'이나 '지역공동체 평생학습' 또는 '지역의 평생학습공동체'와는 개념적으로 다르다. 또 단순히 지리적 공간으로서의 지역에 대해서 배우는 지리학습으로서의 지역학습도 아니다. 지리학에서는 이런 의미로 지역학습을 사용하며 특히 지리교사들이 효과적으로 지역의 지리정보와 지식을 전달하고자 할 때 지리교육의 한 분야로서 이 용어를 사용하는 경우가 있다. 또 미국이나 영국 등 서구에서는 그 지역의 전통문화를 다음세대에게 전수하고 이해시키기 위해 필요한 정보를 제공하거나 다양한 프로그램을 실시하는 지역학습센터(Local Learning Center)를 운영하고 있다. 여기서 정의하고자 하는 지역학습은 무엇보다도 지역을 기반으로 해서, 지역을 탐구하는 활동이다. 지역을 알아가는 주체로서의 공동체적 자아를 인식하고, 지역의 과거의 삶과 현재의 삶을 이해하며 지역을 학습의 대상이자 자원으로 발견함으로써 미래의 공동체적 삶을 스스로 찾아가는 학습의 과정이다.

지역학이 지역에 관한 총체적인 연구이자 활용과 실천의 영역으로 확장되기 위해서는 지역 주민이 주체가 되고 주민의 참여와 소통이 기본이 되어야 하기에 지역학습과의 연결이 필수적이다. 지역학습은 지역 주민이 지역사회를 기반으로 자발적이고 주도적으로 지역을 탐구하고 학습한다는 뜻이다. 지역학습은 그 지역의 주민들이 지역을 체계적으로 알아갈 수 있는 학습과정이다. 그리고 지역을 알아가는 것은 그 지역 주민으로서의 정체성을 찾아가는 과정이기도 하다. 지역에 기반하지 않은 평생학습은 지역사회와 밀접한 관계성이나 지역사회가 안고있는 현실, 지역이 필요로 하는 인적 자원의 요구에 대응할 수 없으며 지역사회의 발전과 개선에 기여할 수 없다. 지역학습은 지역을 학습의 자원으로 재발견할 수 있게 하는 지역학습 프로그램으로 개발되어야 한다. 지역학습을 통해서 지역 주민은 스스로를 지역의 주체로 인식하고 지역사회의 일원으로서 자신의 역할과 사명을 자각하게 되며, 지역사회는 급격한 직업구조의 변화에 대응해 지역에 필요한 인력을 공급받을 수 있다는 실용적 목적을 성취할 수 있다.

지역학습 프로그램을 개발하는 과정에서 직면하게 되는 가장 큰 과제는 지역학습을 평생학습의 지역적 실현으로 이해하고 평생학습을 지역학습 개념으로 확장해가는 일이다. 이는 주민자치의 시대에 평생학습의 진화와 질적 개선을 위해 나아가야 할 방향이기도 하다. 그러나 우리나라의 평생학습은 양적 확대는 이루었으나(2021년 3월 기준 175개 평생학습도시) 아직 이와 같은 문제의식까지는 이르지 못하고 있다. 그동안 평생학습은 프로그램이 지역 현실에 대한 깊은 이해를 바탕으로 설계되지도 않았고 지역과의 연계성도 떨어져서 가진 자를 위한 여가활동이나 직업능력 개발을 위한 구직활동 프로그램으로 인식되어온 것이 사실이다. 지역마다 처한 현실과 여건에 대한 고려 없이 행정 전달체계를 통해 시행된 평생학습도시의 급격한 확산은 지역마다 별 차이가 없는 프로그램을 양산했고, 평생학습을 지역의 필요에 대응하지 못하는 정책 분야로 전락하게 만들었다.

<그림 23> 2014년 이천학습프로그램

이천문화원은 2013년 이천문화발전 중장기계획을 수립하면서 '지역학습'을 이천의 문화도시 실현을 위한 핵심 전략으로 선택했다. 창의성을 바탕으로(based upon Creativity) 새로운 지역문화 가치를 창출하고, 이천학습을 통해(thru Local Learning) 지역의 정체성과 공동체문화를 형성해가며, 문화적 전망을 가지고(with Cultural Perspective & Network) 지역사회 전반에 이천의 문화적 가치를 확산해나간다는 전략이었다. 지역은 학습하는 공간이자 생활하는 공간으로 생활권과 학습권이 일치하는 지역학습공동체를 지향해나갈 때 실질적인 지역사회의 변화와 개선이 가능하다. 이천문화원은 지역사회 자체가 학습자원으로서의 가치를 지닌다는 기본적인 관점에서 주민들로 하여금 일상 생활공간인 지역사회와 마을공동체에서 스스로 학습자원을 발견할 수 있는 역량을 키우는데 중점을 두고 두 개 분야의 프로그램을 구성했다. 하나는 시민의 이해수준에 맞는 이천알기 교양강좌 프로그램으로 '이천학 아카데미'를 개설하였고,[30] 다른 하나는 교육과정을 학습공간만이 아닌, 현장과 일상생활공간으로 확장해서 직접 견학하고 체험할 수 있는 '이천학습투어' 프로그램을 개발했다. 이천학습투어는 권역별 문화자원을 연계한 프로그램, 음식·힐링·교육 등 테마별 체험 프로그램, 그리고 골목·전통시장·산업시설 등 분야별 학습투어 프로그램 등으로 구성되어 진행되었다.

최근 평생학습은 교육혁신지구사업, 사회적경제지원사업, 도시재생사업 등 다양한 정책사업들과 연계를 도모하고 있고, 국가평생교육진흥원에서는 평생학습과 주민자치 개념의 결합(협업)을 제시하고 있지만 여전히 행정적 접근에 머물러있고 도시재생적 접근에 기대고 있는듯하다. 현

상황에서 지역에 있는 여러 평생학습기관의 강좌들을 모두 지역학습으로 전환하기도 어려울 것이다. 중요한 것은 관점의 전환이다. 지역 주민들의 다양한 학습욕구를 어떻게 지역학습이라는 관점에서 재배치하고 묶어내고 연계성을 높여나가느냐가 성공의 관건이다. 평생학습은 이제 지역을 기반으로 한 지역학습으로 질적 성숙을 이루어야 한다. 지역이 학습의 주체요, 대상이요 목적이다. 지역학습은 평생학습 2.0 시대를 예고한다. 지역학습을 통해 지역 주민이 지역에 대한 정체성을 갖게 하고 지역의 과거와 현재를 이해하게 하며 지역의 주체로서 주민 삶의 질과 문화적 성숙을 이루어가는 것, 그것이 '지역학습'이 우리에게 필요한 이유다.

<그림24> 이천학습의 시민교육 프로그램으로 시행된 이천학 아카데미
자료집(2015~2018)

이 글의 시작 부분에서 제기했던 문제로 다시 돌아가고자 한다. 코로나 19 팬데믹으로 우리의 일상 풍경이 생소하게 달라진 지금, 우리는 기후변화로 인한 대한파(The Great Cold Waves), 대기근(The Great Famine), 대화재(The Great Fire), 대역병(The Great Plague), 대폭염(Extreme Heatwave), 대홍수(The Great Flood), 미세먼지(Fine Dust Disaster), 그리고 대정전(Blackout) 사태에 이르기까지 앞으로 닥칠지도 모를 재난사회에 대비한 우리 사회의 '회복탄력성'(resilience)을 고민해야 하는 시점에 와있다. 이미 우리의 일상 속으로 들어와 버린 팬데믹 사태를 우리가 어떻게 겪어 내고 통과했는지, 일자리를 잃거나 낙오된 이들을 지역사회가 어떻게 보듬고 대응했는지, 다양한 시선으로 지역민의 경험을 기록할 필요가 있다. 일본에서 후쿠시마 사태가 일어났을 때 공공기록만으로는 피해지역 주민들의 삶과 고통, 그리고 이로 인한 일본 사회의 변화를 제대로 파악할 길이 없었다. 피해지역의 민간활동단체나 수많은 시민영역의 아카이브들은 피해지역의 동향과 지역민의 생각을 다양한 방식으로 기록하는 작업을 해왔다. 이와 마찬가지로 지금 우리 사회가 겪고 있는 이 초유의 상황과 지역주민들의 경험, 지역 특유의 뉴노멀을 만들어가는 일도 우리가 기록해야 할 중요한 과제가 아닐까?

지역을 기록하는 일은 우리 자신의 정체성을 찾아가는 과정이다. 지역민과 그 지역민의 삶에 영향을 끼쳤던 역사적 사건들, 그리고 지역민이 살아온 삶의 흔적과 기억들을 기록함으로써 그 지역에서 살아온 지역민들의 역사적·문화적 정체성을 찾을 수 있기 때문이다. 지역 아카이브는 이렇게 지역에서 살아온 사람들과 지역민이 살아온 삶의 방식, 그리고 지역의 문화를 더 잘 이해할 수 있게 해 준다. 그렇다면 이 작업은 민속학자나 역사학자 같은 외부전문가에게 맡길 일이 아니다. 시·군 같은 지방행정이나 전문적인 아키비스트를 고용해서 될 일도 아니다. 우리 자신이 우리 삶의 아키비스트다. 지역의 주민이 주체가 되어야 하고 그들 스스로의 힘으로 아카이브를 시작해야 한다. 지역에는 문화원 이외에도 지역을 아카이빙하는 다양한 주체들이 있다. 이들이 지역을 바라보는 다양한 관점이 지역 아카이브를 풍성하게 하는 자산이 된다. 그러므로 지역 아카이브에서 가장 중요한 과제는 먼저 지역에서 다양한 아카이브들이 만들어질 수 있도록 기반을 조성하는 일이다.

자크 데리다(Jacques Derrida)가 얘기했듯이 아카이브에는 권력을 유지하기 위해 기억을 지배하고 통제하려는 욕망이 숨겨져 있다. 마치 제우스가 거인족과의 힘겨운 싸움에서 승리한 후 자신의 업적을 영구히 기억하게 하려는 의도에서 기억의 여신 므네모시네를 찾아가 그녀와의 사이에서 9명의 딸들인 무사이(Musai)들을 얻은 것처럼, 이들은 박물관을 뜻하는 뮤지엄(Museum)에서 전시되는 유물을 통해 여전히 과거의 권력을 우리의 기억 속에 강요하고 이어가려고 하는 것이다. 지역에도 과거의 질서와 권력을 유지하려는 아카이브에 대한 욕망이 존재한다. 아카이브의 잠재된 욕구를 따라가다 보면 우리는 어느덧 지역에 관한 모든 기록을 한

곳에 모으고 통합하려는 욕구와 만나게 된다.[31] 이런 통합에의 욕구는 물론 아카이브의 원초적 속성을 드러내는 것이지만, 지역 아카이브를 만들어가는 과정에서 어느 한 기관이 지역의 모든 기록물을 일방적·행정적으로 집중시키고 통합시키는 방식보다는, 지역의 각 기관들이 지역 아카이브에 대한 상호이해와 협력을 기반으로 원출처에서 잘 보존·관리되는 것을 우선으로 하는 원칙을 세우는 것이 중요하다. 문화원의 역할은 지역에 있는 민간 아카이브들의 활성화를 지원하고 협력할 수 있는 플랫폼을 만드는 일이지 지역의 민간자원과 아카이브의 성과를 성급히 통합하는 일이 아니다.

문화원이 해야 할 지역 아카이브의 과제는 앞에서 설명한 바와 같이, 문화원 소장자료를 넘어서 다양한 전통문화자료를 조사하고 목록화하는 작업, 지역민의 생활을 보여주는 일상문화자료를 수집·기록하는 작업, 그리고 이렇게 확보된 자료에 대한 메타데이터 작업 등으로 요약할 수 있다. 그러나 두세 명의 인원으로 열악한 조건에서 지역 아카이브의 과제를 수행하기란 어쩌면 불가능한 일일지 모른다. 긴 전망으로 지역 아카이브를 추진해가려면 여기, 지금(hic et nunc) 이 자리에서 아주 작은 일부터 시작하는 것이 중요하다. 문화원의 자료실 공간구성을 보관 중심에서 생산과 활용 중심으로 바꾸어가는 일도 그 일들 가운데 하나다. 디지털 아카이브는 관리자 중심이 아닌, 이용자와 주민 중심으로 바꾸어 이들이 쉽게 접근하고 이용할 수 있는 서비스를 제공해야 한다. 서비스 범위도 문화원 발간물부터 시작해 점차 넓혀가는 것이 필요하다. 중요한 것은 그 지역의 현실에 맞는, 그 지역이 필요로 하는 아카이브를 만드는 일이다.

<그림 25> 2017년 이천시민기록자 인문학과정 참여자

　문화원이 그동안 해왔던 마을기록사업은 마을 아카이브로 전환해가야 할 과제를 안고 있다. 마을에서 시도되는 다양한 주민활동과 마을주민들의 삶을 지속적으로 담아내기 위해서는 마을 아카이브가 필요하기 때문이다. 마을지는 주민들이 주민 자신의 안목으로 마을을 바라보고 주민 스스로 마을의 활로를 모색해간다는 점에서 그 의미가 있었지만, 마을지 이후 마을의 자원을 기반으로 미래지향적 삶의 대안으로 마을기업이나 로컬푸드 같은 주민활동으로 이어질 수 있다는 측면에서도 큰 장점이 있다. 이런 이유로 마을 아카이브는 마을지를 만든 경험과 마을지사업에 적극적으로 참여했던 주민조직이 근간이 되어 시작할 수 있다. 마을의 빈집이나 낡은 공간을 이용해 주민들의 마을 아카이브 활동과 마을 아카이브 전시공간을 시도해 보는 것도 좋을 것이다. 마을 아카이브는 마을의 과거만을 기록으로 담아내는 전통적인 방식의 아카이브가 아닌, 다양하고 창의

적인 접근방법을 필요로 한다. 다양한 환경과 다양한 주체들이 참여해 기록이 만들어지고 공유되고 보존되기 때문이다.

　마을 아카이브의 장기적인 보존대책을 마련하는 일도 과제로 남는다. '기록주권', '기록자치'라는 말을 굳이 언급하지 않더라도 기록의 원천성을 고려한다면 마을 아카이브는 원출처인 지역에서 보존하는 것이 바람직하다. 그러나 마을 아카이브를 전시·보존할 수 있는 마을기록관 같은 시설의 설치는 마을에 적용하기가 현실적으로 쉽지 않다. 마을 아카이브의 활성화를 위해서는 마을 단위로 개별적으로 진행해온 마을기록사업을 서로 연계하고 그 성과들을 공유하며 주민간 인적교류 등 자발적인 발전방안을 논의하는 과정에서 아카이브의 장기적인 보존·활용 대책을 마련할 필요가 있다. 마을 아카이브는 마을에 있을 때 그 마을다움을 가장잘 보여준다. 지역의 자료들은 서로 맥락적으로 보완 관계에 있기 때문에 기본적으로 지역에서 관리되고 서비스되어야 한다. 그 기록이 만들어진 독특한 방식, 그 기록이 담고 있는 고유한 개인의 삶은 마을에 있을 때 가장 잘 존중받을 수 있다. 분산보존이 필요한 이유다. 문화원이 이러한 사항을 유념하면서 기록자치와 마을 아카이브를 위한 매뉴얼을 만들고 기록전문가를 양성하는 등 필요한 역할을 해나간다면 지역 아카이브가 보다 단단하게 지역에 자리를 잡고 활성화되지 않을까 생각한다.

참고자료

아카이브 사이트

이천문화아카이브, cc2000.or.kr/archive_index/main.php

지역아카이브 블로그 '지역의 우물에서', https://blog.naver.com/
uncledung

경기도사이버도서관 아카이브 '경기도메모리', https://memory.
library.kr

온라인 자료

정선포럼 2020/08/21, Helena Norberg-Hodge https://www.
youtube.com/watch?v=9d5qMzIb7FM

Local Futures 2020/09/03, https://www.localfutures.org/
covid-19-an-opportunity-for-localisation/

Terry Cook, https://www.tandfonline.com/doi/abs/10.1080
/0037981042000199106?journalCode=cjsa20

보고서, 자료집

경기도사이버도서관(2014), 「경기도 문화자원아카이브 심포지엄 자료집」

경기도사이버도서관(2014), 「경기도 문화자원아카이브 연계 문화원자료
디지털화 방안 연구」

국가기록원(2020), 「기록자치와 지방기록원; 지방기록원 설치,확산을 위
한 기록관리 학술세미나 자료집」

㈜바이람, ㈜엘케이엠앤씨(2015), 「향토자료관리 중장기방안 수립 용역
결과보고서」, 한국문화원연합회

아카이브랩(2017), 「경기도메모리 정명천년 기록콘텐츠 개발 최종보고
서」, 경기도사이버도서관

자치분권위원회(2019), 「사회혁신과 지역공동체 활성화를 위한 평생학습

+주민자치」, 자치분권위원회

한국문화관광연구원(2017), 「지방문화원 원천콘텐츠 발굴·활용을 위한
　　정보화전략계획」, 한국문화원연합회

한국문화관광연구원(2017), 「지방문화원 원천콘텐츠 발굴·활용을 위한
　　종합계획」, 한국문화원연합회

한국문화원연합회·한국문화관광연구원(2017), 「전국 지방문화원 소장
　　자료 목록화사업 매뉴얼」, 한국문화원연합회

한국문화관광연구원(2019), 「지방문화원 지원·육성에 관한 기본계획 수
　　립 연구」, 한국문화원연합회

한국문화관광연구원(2019), 「제2차 지역문화진흥기본계획 수립 및 평가
　　연구」, 한국문화원연합회

단행본

Derrida, Jacques, 1996, Archive Fever: a Freudian impression,
　　University of Chicago Press

경기도사이버도서관(2018), 『경기아카이브총서1 지역기록자를 위한 아
　　카이빙 길잡이: 관리편』

경기도사이버도서관(2019), 『경기아카이브총서2 지역기록자를 위한 아
　　카이빙 길잡이: 수집편』

김덕묵(2016), 『민속기록학과 지역공동체 아카이브』, 민속원

박형준(2018), 『로컬리티라는 환영』. 두두

부산대 한국민족문학연구소(2017), 『마을연구와 로컬리티』, 소명출판

예술공간 돈키호테(2015), 『우리는 어떻게 지역연구에 접근하고 잇는
　　가』, 경기문화재단

이동준 외(2018), 『이천인문학총서6 이천의 소소한 일상을 기록하다』,
　　이천문화원

헬레나 노르베리 호지(2018), 『로컬의 미래』, 남해의봄날

한국문화원연합회(1992), 『전국문화원총람』. 한국문화원연합회

미주

1 아카이브가 기존 질서와 권위를 그대로 받아들이기를 강요하는 방식이라면, 아카이빙은 기존 질서와 방식을 꼬치꼬치 캐묻고 그대로 답습하기를 거부하며 자신의 방식과 생각으로 재구성해 보려는 갈망을 표출한다.

2 이천문화원의 지역 아카이브 사례는 성공적인 사례이기보다는 반면교사로 삼을 내용이 더 많은, 수없이 시행착오를 겪으며 진화해온 사례라고 설명하는 것이 더 나을 것이다.

3 과거에 문화는 문화예술 행사나 문화재 보호가 전부여서 '문화'하면 공연과 전시, 문화행사 같은 것들이 쉽게 떠오르고, 특권층과 전문가만이 누릴 수 있는 영역으로 받아들여지곤 했다.

4 유네스코 문화다양성 선언(2001)에 따르면 문화란 '사회와 사회 구성원의 특유한 정신적 · 물질적 · 지적 · 감성적 특성의 총체로 간주해야 하며, 예술 및 문학 형식뿐 아니라 생활양식, 함께 사는 방식, 가치 체계, 전통과 신념을 포함한다.'

5 문화재(文化財)란 용어는 일제시기에 수입된 용어로 독일의 바이마르공화국 시기에 문화를 국가의 재산으로 바라보는 관점에서 국가의 이익에 기여해야 한다는 논리에서 사용했던 'Kulturgut'을 직역한 개념이다. 우리나라에서 2004년 문화재청이 기관의 영문 공식명칭을 'Cultural Property Admin.'에서 'Cultural Heritage Admin.'으로 변경한 이면에는 그동안 별로 심사숙고하지 않고 사용해 왔던 문화재 개념을 사실상 폐기하고 유네스코에서 제시한 문화유산 개념을 수용하고 있음을 보여준다.

6 분권'Decentralization'의 반대 개념인 집권'Centralization'이란 말은 권력을 중앙으로 모은다, 집중한다는 뜻이다.

7 벌린(Isaiah Berlin)은 자유의 개념을 '소극적 자유'(negative liberty)와 '적극적 자유'(positive liberty)로 구분하는데 소극적 자유는 간섭과 방해를 받지 않는 자유를 뜻하며 적극적 자유는 자율적으로 자신의 목표를 추구하는 자유를 뜻한다.

8 '키위타스'(civĭtas),는 영어의 '시티(city)'의 어원이 되는 말이고, '꼬뮌'(Commune)은 프랑스에서 지리적으로 반나절 동안 돌아다니며 만날 수 있는 거리 범위의 지역공동체를 일컫는 말이다.

9 2017년 10월부터 진행된 두 개의 프로젝트로, 하나는 이천의 마을마다 있는 오래된 나무를 찾아 기록하는 '이천의 노거수' 프로젝트이고, 다른 하나는 이천시지 대중서 편찬시 하나의 챕터로 들어가게 된 '시민이 직접 발로 뛰며 쓴 우리고장 답사기' 프로젝트다.

10 아카이브랩(2017), 〈경기도메모리 정명천년 기록콘텐츠 개발 최종보고서〉, 경기도사이버 도서관, 39쪽. – 이 용역보고서는 경기도메모리의 기존 수집자료인 경기도 문화원의 자료에 대해서 '지적인 분석 작업으로서의 선별평가 과정을 거쳐서 영구보존기록으로 선별된 것이 아니라 그냥 모든 것을 망라한 잡다한 기록이자 자료'로 규정한다.

11 정부는 1995년 영세한 향토문화시설들을 제도권으로 끌어들이기 위하여 박물관및미술관진흥법 시행령 개정을 통해 소장자료와 시설규모에 따라서 박물관 유형을 1종과 2종으로 구분하여 등록할 수 있게 했다.

12 지방문화원진흥법 일부개정법률안 검토보고서, 2011. 국회문화체육관광방송통신위원회 수석전문위원 류환민, 5쪽

13 ㈜바이람, ㈜엘케이엠앤씨(2015), 〈향토자료관리 중장기방안 수립 용역 결과보고서〉, 한국문화원연합회

14 한국학중앙연구원의 한국향토문화전자대전 서비스나 국사편찬위원회의 지방사 관련 자료조사·수집사업, 그리고 민속학 관련 기관들의 조사·연구 활동에서 지역과 문화원은 자료와 정보를 제공하는 것은 물론, 이들이 필요로 하는 인적 자원을 사료조사위원 등의 형태로 보조하는 위치에 머물러있었다.

15 한국문화원연합회·한국문화관광연구원(2017), 〈전국 지방문화원 소장자료 목록화사업 매뉴얼〉

16 한국문화원연합회(2017), 〈지방문화원 원천콘텐츠 발굴·활용을 위한 종합계획〉 190쪽

17 경기도메모리는 경기도 내 관련 기관들과 '경기도문화자원 아카이브'를 구축해가는 과정에서 다음과 같은 기본적인 추진방향을 정립했다. 첫 번째는 지역사회에 관한 기록을 생산하는 기관과의 유기적인 협력을 통해 지역사회와 연계할 것. 두 번째는 구축한 자료의 활용범위를 확대하기 위해 기록자료의 확장가능성을 염두에 둘 것. 세 번째는 기록의 세대 간 공감과 미래세대로의 전승을 통해 지속가능한 아카이브를 지향할 것 등이다.

18 한국문화관광연구원(2019), 〈지방문화원 지원·육성에 관한 기본계획 수립 연구〉, 한국문화원연합회, 155쪽

19 한국문화관광연구원(2019), 〈제2차 지역문화진흥기본계획 수립 및 평가 연구〉, 143~144쪽

20 생활사, 미시사의 관점에서 지역의 역사와 지역민의 삶을 보여주려는 새로운 흐름이 역사학계에서 일어나면서 이제는 향토사에서도 주민생활사와 구술사의 중요성을 인식하고 이를 적극적으로 활용하고 있다.

21 주민들이 보고들은 이야기, 그들이 겪었던 역사적인 사건에 대한 기억과 증언들, 소송이

나 재판기록들, 이들이 보존해온 옛 사진앨범, 들과 논밭에서 일하면서 불렀던 노래, 일기, 가계부, 업무일지, 봉급명세서 같은 것들이 이에 속한다. 이를 기록한 녹취기록들, 그림이나 스케치, 그리고 그들이 재현해 놓은 음식이나 춤사위, 손으로 만든 물건들도 그 시대를 자세히 파악할 수 있는 소중한 자료들이라고 할 수 있다.

22 사진은 마을주민이 경험한 과거의 시간을 되살리고 그에 관한 추억과 사연, 역사적 기억들을 구술채록하기 위해서 가장 중요한 역할을 하는 매개물이다.

23 예를 들어 경기도 아카이브와 경기도에 속하는 31개 시·군 아카이브 간의 연계방식에 대한 고민이다. 행정영역에서 상위단위와 하위단위의 연계문제는 이천시와 그 아래 읍·면과의 사이에서도, 그리고 읍·면과 마을과의 사이에서도 일어날 수 있다. 이때 전통적인 행정절차로

24 대항기억은 미셸 푸코로부터 나온 개념인데, 우리의 기억은 주류권력에 의한 공식적 집단기억이라 부를 수 있는 '역사'와 그 역사의 기록에서 밀려난 사회적 약자들의 인식되지 못한 '기억' 사이의 갈등과 투쟁 속에서 끊임없이 변형되고 선별되고 재구성된다. 여기서 역사는 국가권력에 의해 주도되는 지배기억(dominant-memory)으로, 그 지배기억으로부터 배제된 약자들의 기억은 역사에 반하는 대항기억(counter-memory)으로 이해할 수 있다.

25 도시재생지원센터, 마을공동체지원센터, 마을만들기지원센터와 같은 지원센터가 중간지원조직으로 활동하고 있다.

26 여기서 말하는 마을기록학교는 아키비스트를 양성하는 교육프로그램이 아니라, 마을현장에서 마을주민과 시민기록자가 모여서 마을만들기를 위한 계획, 일정, 기초교육, 의견수렴, 의사결정 등을 하는 기록본부, 또는 마을실록청의 성격을 띤다.

27 테리 쿡(Terry Cook)은 이 부분과 관련하여 향후 기록관리의 패러다임이 어떻게 변화할지 논의하는 글('What is Past is Prologue: A History of Archival ideas Since 1898, and the Future Paradigm Shift.', 1997)에서 아카이빙의 대상이 유형적인 것(matter)에서 무형적인 것(mind)으로 옮겨갈 것을 예견하고 있다. 예를 들어 세월호 사건에 대한 아카이빙 사례에서도 사건에 대한 공식적 자료와 증거물에만 국한하지 않고 피해자와 관계자들이 받게 된 인간적인 감정, 사회적 정서 등에 대해서도 기록의 범위에 포함해야 한다는 점에 주목할 필요가 있다.

28 방언도 마찬가지 차원에서 이해할 수 있다. 중앙언어에 대비되는 지방언어란 뜻의 방언은 교육수준이 낮고 사용하기 부끄러운 말로 인식되었다. 그러나 방언은 특정 지역에 기반을 두고 그 지역에서 사용되는 언어로 그 고유의 가치를 인정받아야 하는 문화유산으로 보

고 있다.

29 김동철, 문재원, 차윤정, 하세봉, '한국학에서 지역연구의 방법론과 과제', 동북아문화연구 제20집, 2009, pp.227~249

30 '이천학아카데미'는 2015년부터 시행해왔는데 이천문화원은 커리큘럼 구성과 교재개발 을, 이천시(평생학습과)는 프로그램 운영을 담당했다.

31 이와 같은 아카이브의 통합에의 욕구는 아카이브의 통합보존이 더 안전하다는 측면과 통 합관리의 효율성을 내세우는 측면이 있는데 이런 목적에서 아카이브의 표준화와 통합관 리체계가 다음 단계로 추진되곤 한다.

5장

내가 만난 기억,
내가 엮은 마을 이야기

_ 배은희

기억을 수집하는 일

'기록하고 책 만드는 빨간집'은 기록활동가들로 구성된 부산의 소규모 기업이다. 주로 마을 구술사 사업에 참여하고 있고, 마을공동체와 함께하는 기록교육프로그램, 글쓰기를 통해 동시대를 기록해 책을 만드는 프로젝트를 하고 있다. 구술사 사업을 할 때는 팀을 꾸려 활동하고 있다. 나름대로 지역에서 기록문화 운동을 한다고 생각하고 활동하고 있다. 기록자들은 이미 존재하고 있었는데, 기록관리학 전공자라는 타이틀을 가지고 뒤늦게 결합한 주제에 어느새 전문가로 불리고 있는 게 민망할 정도지만 기록을 궁금해하는 이들을 만날 때는 무척이나 반갑다.

빨간집이 기록의 방식으로 가장 많이 활용하고 있는 것이 구술사이다. 이전에 잡지 만드는 일을 했었고, 매체 특성상 인터뷰가 많았기 때문에 잡지를 만들 때의 방식으로 하면 될 줄만 알고 시작하게 되었다. 하지만 직접 현장에서 활동해보니 잡지 인터뷰와는 접근 취지와 방법이 다르고 많은 공부가 필요하다는 걸 깨달았다.

기록을 남길 기회가 없던 시민의 기억을 모으는 일은 문헌에서는 발견할 수 없었던 경험을 들을 수 있어 매력적이면서도 의미 있는 기록 형태라고 생각한다. 우리는 주로 마을을 대상으로 하는 사업을 맡아 하고 있다. 아무래도 도시재생사업이 늘어나면서 마을기록에 관한 관심이 늘어난 것이 하나의 요인이라고 생각한다. 마을에서 오래 사신 분들을 만나 인터뷰하고, 과거의 사진을 수집하고, 현재의 모습을 담아내어 책자를 만드는 작업까지 하고 있다. 구술사 사업을 시작할때만 해도 정식으로 구술사 방법론을 배운 적이 없었다. 대신 여러 논문과 관련 이론서를 공부하면서 현장의 경험을 쌓았다. 기회가 되면 관련 학회나 구술사 교육프로그램에 참여해 계속 배우려고 하고 있다. 하지만 경험이 쌓일수록 현장에서 배우는 것이 더 많았고, 우리만의 방식이 생기기도 했다.

이 글에서는 부산의 구술사 사업을 간략히 소개하고, 빨간집의 경험을 나누며 사업에서 놓치지 말아야 할 것, 고민해봐야 할 점에 관해 이야기해보고자 한다. 사례의 경우 주로 마을을 대상으로 했기 때문에 마을 구술사 사업을 중심으로 서술함을 이해 바란다.

구술사 사업의 전성기[1]

  부산에서는 부산민주항쟁기념사업회가 부마민주항쟁 관련자 구술사
사업을 2002년부터 2018년까지 꾸준히 진행했다.[2] 부산구술사연구회
는 2009년에서 2010년 사이 서구 아미동을 기록하는 사업에 구술사 방
법론을 활용했다.[3] 이어 부산국립국악원에서 예술가 구술을 수집해 책자
를 발간했으며, 부산시사편찬위원회가 2010년부터 마을 단위로 '부산근
현대 구술자료 수집사업'을 현재까지 진행하고 있다. 임시수도기념관은
2013년부터 사회역사적 의미가 담긴 장소에 대해 문헌자료와 구술 내용
으로 학술총서를 발간하고 있고, 이외에도 여러 연구기관에서 구술사 방
법론을 활용하여 지역학 연구를 진행하고 있다.

  2011년경부터 연구자가 아닌 마을활동가, 예술가, 인문학모임 등 다양
한 주체가 공모사업을 활용해 사람들의 기억과 말을 수집했고, 뒤이어 기
초자치단체 및 구별 문화원 중심으로 마을주민 인터뷰집을 제작하는 구
술사 사업이 활발히 진행되고 있다. 이외에도 신발공장, 해녀, 원양어업,
피란수도, 부마항쟁 등 부산의 역사문화적 특성을 기록하기 위한 구술사
사업이 꾸준히 등장하고 있으며, 최근에는 한 지역 언론사가 형제복지원
사건 관련 피해자 인터뷰를 영상 형태의 시리즈 기사로 만들어 제작, 배
포하고 있다. 사료수집 또는 문화콘텐츠로서의 구술사 사업이 지속적으
로 이어지고 있는데, 대상으로는 마을이 큰 비중을 차지하고 있고, 주로
책자 형태로 발간되고 있다.

<그림 1> 부산시사편찬위원회의 '부산근현대 구술자료 수집사업' 결과물(상단)과
임시수도기념관의 학술총서(하단)

기억수집가의 구술기록 수집 이야기

이러한 흐름 속에서 빨간집은 2016년부터 여러 구술사 사업에 참여하기 시작했다. 앞서 언급한 것처럼 이 장에서는 우리가 활동했던 경험을 공유하고, 구술사 사업에서 놓치지 말아야 할 것, 고민해봐야 할 점에 관해 이야기해보고자 한다.

그들만이 서술할 수 있는 유일한 이야기

<그림 2> 『청사포에 해녀가 산다』(2017, 빨간집)

청사포는 부산의 유명 관광지인 해운대에서 달맞이고개를 넘으면 닿을 수 있는 작은 어촌마을이다. 또 다른 방향의 고개를 넘으면 고층 아파트가 열을 지은 해운대 신도시가 나오지만, 그 사이를 잇는 대중교통은 마을버스 하나가 전부인 도심 속 어촌마을이다. 지금은 부산시 관광 홍보

소재 중 하나로 해녀가 등장하지만, 이 작업을 했던 2016년만 해도 부산 해안가에 해녀가 있다는 사실은 부산시민도 잘 몰랐다. 겨우 영도에 제주 출신의 해녀들이 있다는 정도만 알려져 있었다.

청사포 해녀들은 부산 토박이 해녀다. 물론 전복, 멍게, 소라 등을 채취하는 일은 제주 출신 해녀의 물질 도구를 어깨너머로 보고 똑같이 만들며 시작하게 되었지만, 해녀들은 그들의 어머니도 해녀였다고 이야기했다. 당시에는 깍줌바리, 도박, 우뭇가사리(천초) 등의 해초를 채취해 식용으로 팔기도 했지만, 건축재료로 팔기도 했다고 한다. 청사포를 비롯한 부산 해녀의 기원이 언제부터인지 알 수 없지만, 부산 토박이 해녀가 있었다는 사실을 알게 된 인터뷰였다. 또한, 다릿돌이라고 부르는 다섯 개의 바위 섬은 해녀들의 물질에 아주 중요한 장소인데, '다릿돌'이라는 명칭은 블로그에 실린 글에서 여러 번 검색되긴 했지만, 바위 섬 각각의 이름은 부산의 한 시인이 신문에 쓴 글 외에는 찾을 수가 없었고, 해녀들이 부르는 이름과도 달랐다. 하지만 해녀들의 말을 통해 그 바위들이 '안돌, 넙덕돌, 거뭇돌, 상좌, 석우돌'이라는 이름을 가지고 있으며, 할머니의 할머니 대부터 내려오는 이름이었다는 것을 알 수 있었다.

바위 이름 하나가 뭐가 중요할까 싶지만, 그 지역을 살아온 사람들의 역사라고 생각한다. 마을의 지명, 장소, 사건 등 언론에는 나오지 않지만, 그 지역의 사람들이 공유하는 역사이다. 오직 지역 주민들만이 이야기할 수 있는 유일한 것이며, 대를 이어 전해져 오는 '사실'이다. 이것이 그 지역민들만 아는 이야기라는 이유로 하찮게 여길 수는 없는 일이다. 작은 마을에도 하나의 세계가 계속 이어지고 있다고 생각한다.

<그림 3> 다릿돌과 명칭. 왼쪽부터 안돌, 넙덕돌, 거뭇돌, 상좌, 석우돌
출처: 『청사포에 해녀가 산다』(2019, 빨간집)

청사포 해녀를 만나기 위해 4~5개월간 매주 1회 마을을 방문했다. 인터뷰한 내용으로 책자를 만들어야 했기 때문에, 청사포에 자주 들러 주민들과 안면을 쌓은 경험이 있고, 사진 촬영이 취미인 한 목사님과 동행했다. 해녀들은 아침 일찍 바다의 상황을 살피고 당일 물질을 나갈 것인지, 몇 시에 나갈 것인지를 판단했다. 해녀들이 물질을 나가버리면 조사나 인터뷰를 할 수 없었다. 그래서 마을에 일찍 도착해 물질을 준비하는 과정과 4시간 정도를 기다려 돌아온 해녀들이 분주히 장사하는 모습을 관찰하기만 했다. 마을에 도착했는데 해녀들이 이미 물질을 나가고 없거나, 물질을 나가지 않기로 하고 미루었던 볼일을 보기 위해 모두 시내로 나가버려 허탕 친 날도 여러 날이었다.

운이 좋을 때는 해녀 휴게실에서 쉬고 있는 해녀들을 만났다. 물질을 나가지 않는 날에는 해녀 휴게실에서 TV를 보거나 이야기를 나누었다. 처음에는 휴게실에 함께 있는 것이 무척 어색했다. 그들의 대화에 끼어들 수가 없었고, 마을에 관한 질문에는 단답형의 대답만 돌아왔다. 한동안은 그들이 나누는 이야기를 듣고만 있었다. 그들이 나누는 이야기 중 해녀들의 생활이 반영된 대화는 조금씩 수첩에 기록해 놓기도 했다. 그러다가 밥을 얻어먹게 되었고, 인터뷰와 사진 촬영에 거부감을 느끼는 분이 화를 낼 때는 다른 해녀들이 오히려 위로해주는 관계가 되었다. 그리고 어느 순간 해녀들을 다릿돌까지 실어 나르는 선장님의 배려로 물질하러 나가는 배에 함께 오르기도 했다. 이 과정이 오래 걸리기도 했고, 마음이 조급해져 불편한 때도 있었지만, 좋게 말하면 인터뷰를 위한 관찰 단계였고 라포를 형성하는 시간이었다. 그러한 만남이 쌓여 해녀들이 적극적으로 참여해 인터뷰가 진행되었고, 책자 발간 이후에도 자주는 아니더라도 안부를 묻는 관계가 되었다.

책을 낸 이후에 한 해녀는 "우리는 사진 찍는 사람이 있으면 다 쫓아내고, 신문에 나오는 것도 너무 싫었는데, 어쩌다가 이렇게 인터뷰까지 하게 되었는지 모르겠다."라고 말했다. 처음에 만났을 때 해녀들은 나이가 들어서도 자식들에게 손 안 벌리고, 스스로 벌어 쓴다며 자랑했다. 하지만 지금과 같은 검정 고무 잠수복이 나오지 않았을 때 '버지기'[4]라고 멸시당했던 이야기, 반지, 목걸이를 하고 장사하는 모습을 손님이 신기하게 바라보자 화를 냈던 이야기, 결혼해서 외지로 나갔다가 남편의 벌이가 시원찮아 먹고 살기 위해 다시 고향으로 돌아왔다는 이야기 등에서 자신이

하는 일에 관한 생각과 사진 찍히기를 싫어할 수밖에 없는 이유를 알 수 있었다.

<그림 4> 뒤로는 고층 아파트가 들어서 있는 달맞이 고개이고, 해안가가 청사포이다. 도심속 어촌과 해녀들의 모습을 상징적으로 보여주는 사진이다.
출처:『청사포에 해녀가 산다』(2017, 빨간집)

관계를 맺고, 인터뷰하고, 책을 만드는 과정에서 해녀들은 조금의 위로를 얻었을까? 책을 내고 해녀들을 초청해 출판기념회까지 한 후 마을을 찾아갔을 때, 늘 사진을 찍으면 불만스러운 표정을 짓고, '천한' 일을 왜 알리냐고 했던 해녀 한 분이 아주 반갑게 맞이해 주셨다. 천하다고만 생각했던 일과 고달팠던 삶에 관심 가지고, 가치 있는 일이라고 이야기하는 이들에게 조금은 마음이 풀어지신 듯했다. 청사포 해녀 구술사 사업은 단순히 청사포 마을의 역사, 부산 해녀의 역사를 찾기 위한 것만은 아니었다. 자신의 삶에 대해 누군가에게 이야기해본 적 없었던 해녀들에게 인터뷰는 위로의 과정이 되었다고 생각한다.

이 사업은 해운대구의 지원사업으로 진행이 되어 한정된 예산으로 책자 150권만 만들게 되었다. 하지만 묻히기 아까운 이야기여서 정식 출간을 했다. 처음 구술기록을 공부하며 진행했던 사업이라 출간 과정에도 어설픈 점이 많았는데, 한 예로 책자에 인터뷰 내용을 실을 때, 분량은 조정하되 가능한 말한 그대로를 싣기로 했다. 그러나 말과 글은 다르다. 특히 지역말(사투리)은 표준표기법이 없다. 그래서 부산 토박이들도 쉽게 읽기 힘들었다는 이야기를 들었다. 출판 작업은 가독성을 중요한 기준으로 잡고 많이 다듬어야 한다는 교훈을 얻었다.

라포는 언제 생기나? – 주민들과 관계 만들기[5]

라포(rapport)는 의사소통에서 상대방과 형성되는 친밀감 또는 신뢰관계를 말하는 심리학 용어이다.[6] 구술사 사업에서 라포는 중요하다. 마을의 경우 공동체와 면담자와의 관계부터 중요하다. 이 관계는 사전 조사와 구술 대상자 섭외에 영향을 미친다. 신분이 불확실하고 처음 보는 사람에게 공동체 또는 개인의 이야기를 자연스럽게 들려주는 사람은 드물다. 자신이 본 것, 들은 것을 단시간에 이야기하기는 쉬우나 자신의 삶 또는 주변인들과의 관계와 연관되어있는 이야기를 하기란 쉽지 않으며, 자칫 면담자를 경계해 입을 닫을 수도 있다. 이러한 상황이 생기지 않게 면담자와 공동체 또는 구술자가 신뢰 관계를 잘 맺는 과정이 라포 형성 과정이다.

신뢰를 주는 관계 형성에 중요한 몇 가지가 있는데, 우선 사업의 주최 기관이 어디이며 어떤 사업인지 충분히 설명하는 것이다. 구술사 사업에서 면담자는 연구자, 작가 또는 마을주민이 될 수 있다. 이들 면담자는 주최 기관의 의뢰로 사업에 참여하게 되는데, 개인으로 접근하면 주민이 사업을 인지하기 어렵다. 따라서 면담자들은 00문화원 구술사업단, 00구청 마을조사단 등으로 주최 기관과 사업을 인지할 수 있도록 소개 문구를 정리하는 것이 좋다. 그리고 사업의 목적을 먼저 설명해야 한다. 아마 여러 번 해야 할 수도 있다. 본인이 이야기의 주체가 되어야 하는 구술 과정이 사람들에게는 낯선 일이다. 따라서 주최하는 기관과 사업의 목적을 필요하면 반복적으로 설명하여 구술자의 인터뷰 내용이 중요한 역사적 기록이 될 수 있음을 알려야 한다. 이런 과정에서 구술자도 자신의 이야기가 중요함을 인지하고 더 적극적으로 인터뷰에 참여하게 된다.

라포 형성에서 다음으로 중요한 것은 구술자와 자주 만나는 것이다. 인터뷰는 실제로 1~2시간 만에 끝날 수 있다. 그러나 구술자가 충분히 자기의 이야기를 꺼내기 위해서는 익숙한 관계가 되는 것이 중요하다. 사업의 지리적 범위와도 연관되어있다. 사업 범위가 넓지 않으면 마을에 대한 사전 조사 과정, 구술자를 물색하는 과정 등에서 주민들과 여러 번 마주치게 된다. 작은 마을에서는 낯선 이를 금방 알아보기 때문에 여러 번 반복해서 마주친다면 구술사 사업을 하는 사람이라는 인지를 더 쉽게 할 수 있다. 또는 마을주민이 모이는 행사, 모임, 장소에 자주 참여한다면 예비 구술자와 조금 더 친밀한 관계가 될 수 있다.

<그림 5> 『흰여울문화마을 주민대백과-마을을 기억하다』
(2016, 영도구·영도문화원)

부산 영도구는 하나의 섬이지만 동서남북으로 마을의 형성 배경이 다르고 역사가 다르다. 일제강점기부터 조선소를 만들어 근대 산업기지로서의 이미지가 강한 동삼동, 남항동, 대평동이 영도의 상징적 공간이라면, 조금 옆으로 비켜 섬의 뒤편으로 돌아가면 피란민들이 만든 이송도 마을을 만날 수 있다. 이송도 마을은 절벽 위에 형성된 마을이다. 영화 〈변호인〉 촬영장소를 비롯해 바다와 묘박지(배들이 정박하는 장소) 풍경으로 많은 관광객이 찾기 시작했는데, 현재는 흰여울문화마을이라는 이름으로 널리 알려져 있다.

마을에는 공동체모임이 있다. 동네 사람들끼리 집에 있는 김치와 반찬을 가지고 나와 국밥 한 그릇 나눠 먹자는 취지로 만들었던 '국밥데이'로

모임이 시작되었다. 영도문화원 사업으로 빈집에 예술인들이 들어오고 주민을 위한 문화프로그램이 진행되었다. 도시재생사업과 맞물려 마을공동체는 협동조합을 설립하고, 갑자기 늘어난 관광객들을 위한 민박을 만드는 등 활발히 활동을 이어갔다. 이러한 과정에 우리는 영도문화원 문화프로그램 결과자료집 제작을 도와주면서 처음 주민들과 인연을 맺게 되었고, 다음 해인 2015년에 부산의 청년들을 모집해 마을기록단 활동을 하고 작은 기억집을 제작했다.

2015년 마을기록단 활동이 좋은 평가를 받아 2016년에는 본격적으로 주민 인터뷰 책자 제작을 목적으로 구술사 사업이 진행되었는데, 사업 기간이 무척 짧았다. 책자 제작까지 3개월이 주어졌는데, 나중에는 1개월을 더 연장해야 했다. 이러한 시간적 한계가 있었지만, 사업은 비교적 원활히 진행되었다. 구술사업 이전부터 마을공동체 주민들과 관계를 만든 것이 도움이 되었다. 영도문화원 사무국과 영선2동 15통 통장, 공동체 사무국장이 마을기록 활동에 적극적으로 도움을 주었다. 문화원과 통장님이 의논하여 1차 예비 구술자를 추천해 연락처를 주셨는데, 모든 분이 다 응해주시지는 않았지만 마을을 자주 오가며 얼굴이 익숙해진 덕분에 주민들이 잘 협조해 주셨다. 라포 형성, 관계 기관과 주민의 적극적인 협조, 지리적 범위가 넓지 않았던 점의 삼박자가 잘 맞아떨어진 결과라고 볼 수 있다.

인터뷰는 총 20명의 주민과 진행했다. 보통 공공기관에서 제안하는 구술사 사업은 예산에 한계가 있어 10여 명 정도에서 그치는 경우가 많은

데 이때는 공공기관과 처음으로 해보는 사업이라 의욕이 많았다. 하지만 이후 사업들을 진행해보니 10여 명 정도의 인원으로는 그 마을의 다양한 이야기를 수집할 수 없고, 주민들의 기억과 경험을 취합해 도출할 수 있는 의미 있는 정보를 알기 어렵다고 생각한다.

이송도 마을에 관해 처음 궁금했던 것은 주민들이 어떤 계기로 마을로 들어와 정착하게 되었고, 현재의 주민들은 어떻게 구성되어 있는가였다. 한국전쟁으로 전국에서 온 피란민들이 처음 마을에 정착했는데, 영화 〈국제시장〉의 주인공처럼 함경남도에서 배를 타고 내려와 거제도를 거쳐 부산으로 온 주민들이 다수 있었다. 이후에는 산업화가 본격화될 때 농촌에서 도시로 일자리를 찾아온 사람들이 많이 정착해 있었다. 현재는 이들의 2세들이 부모 세대들의 생활력과 관계, 삶을 이어받아 마을의 토박이로 살아오고 있다. 물론 다른 다양한 이유로 마을에 정착한 주민도 있었지만, 주민들의 주요 정착 계기를 발견할 수 있었다. 20여 명의 인터뷰를 통해서 마을의 기원과 변화, 세대별로 다른 경험에 대해서도 들을 수 있었다.

이곳은 작은 마을임에도 불구하고 작은 도로를 사이에 두고 해안 쪽 주택지와 봉래산 방향에 있는 42개 동의 미니아파트에 거주하는 주민들의 경험이 각각 다르다. 처음에는 해안 쪽 마을을 중심으로 대상자를 정했으나, 아파트가 생기기 전 그 터가 공동묘지였던 시절에 대한 주민들의 기억이 있었고, 아파트가 생긴 후 정서적인 이질감이 만들어진 경험 또한 마을 역사의 부분이기 때문에 몇몇 아파트 거주자도 인터뷰 대상으로 포함했다.

그리고 구술자 중에는 생각지도 못한 이력을 가진 주민이 계셨는데, 바로 김옥례 할머니이다. 한 주민이 인터뷰 약속을 잊고 마을 밖으로 나가버려 난감한 상황이었는데, 우연히 인근 골목길에서 한 할머니를 만나게 되었다. 그 자리에서 인터뷰를 제안했는데 수락해주셨다. 자택을 방문하고 보니, 그분은 우리나라 최초 여성 영화 편집 기사인 김영희 선생님이었다. 인터뷰 후 자료를 찾아보니 이미 한국영상자료원에서 구술 채록을 했었고, 임순례 감독의 영화에도 조명되었던 분이었다. 인터뷰하면서 원로 영화인 최은희 배우와 명동으로 나들이했던 이야기와 〈춘향전〉,〈열녀문〉,〈동백아가씨〉 등의 영화를 편집했던 이야기 등 귀중한 이야기를 들을 수 있었다. 이 인터뷰를 하기 전에는 마을 사람들도 이분에 대해 전혀 알지 못했다고 한다. 마을의 역사와 변화와는 맥락이 다른 구술내용이었지만, 작은 마을에 귀중한 분이 주민으로 함께 살아가고 있음을 발견한 경험이었다.

<그림 6> 김영희 선생님 인터뷰 장면(출처: 빨간집)

<그림 7> 김영희 선생님의 자택에 있는 상패(출처: 빨간집)

2017년에는 마을 사진집을 만들기로 했다. 사진집이지만 주민들의 말을 함께 기록한 사진에세이에 가까운 책이었다. 이 시기에는 마을에 갈등이 생기기 시작한 때였다. 관광형 도시재생사업으로 사람이 사는 마을에 관광객이 늘자 사생활 공간이 침범당했다. 마을의 80%가 무허가 건물임에도 카페가 늘고 집값이 올랐다. 도시재생사업은 사람들의 마음속 욕망을 건드렸다. 그에 따라 공동체도 고민해야 할 것이 많아졌다. 이때 옛집들을 활용해 한 집은 예배당, 다른 한 집은 사무실과 교육실, 또 다른 한 집은 식당 등으로 특색있게 운영하던 교회가 7층 건물을 증축하기로 했다. 그런데 이송도 마을의 집들은 바위로 된 절벽에 지어져 기반이 튼튼하지 못하다. 서로의 벽을 지지대로 삼고 있는 집들도 있어 큰 공사에 영향을 받을 수 있는 상황이었다. 이에 주민들이 공사를 반대했지만, 구청은 별다른 조처를 취하지 않았다. 마을의 주택 80%가 무허가 건물인 상

황에서 교회 건립이 허용된다는 것은 주민들에게 굉장히 큰 의미를 주는 것이었다. 이는 도시재생사업과 맞물려 마을의 무분별한 개발을 예고하는 일이었다. 마을이 알려지는 것이 좋기만 한 것인지 주민들 내부에서도 의견이 분분해졌다. 만약 이때 구술사 사업을 했더라면 우리는 마을의 옛이야기만 수집하고 말았어야 했을까 하는 고민이 들었다.

<그림 8> 사진 에세이에는 싣지 못했던 마을 내 갈등 현장(출처: 빨간집)

몇 해 전 국립민속박물관이 세종특별시가 생기면서 사라질 마을들을 기록한 전시를 했었다. 그 전시에는 사라질 마을의 모습뿐 아니라 마을 개발을 반대하는 시위 기록까지 전시되어 있었다. 하지만 우리가 한 사업은 구청으로서는 마을을 외부로 알리고자 하는 하나의 콘텐츠 개발사업이었다. 그래서 내용을 싣는 데 한계가 있을 수밖에 없었다. 마을의 변화

와 갈등에 관한 내용은 결국 책자에 은유적으로 표현해 실었다. 마을을 기록하려고 하는 자치단체나 지역 문화원에서도 고민해야 할 지점이다. 구술사 사업은 과거의 이야기만을 발굴하고 박제화하려는 것이 아니라 과거가 현재와 어떻게 이어져 어떤 미래로 가야 할지 모색하는 단서를 찾는 사업이기 때문에 현재에 대한 기록도 가감 없이 수록되어야 한다고 생각한다.

구술사 사업의 지리적 범위 정하기

구술사 사업의 내용과 목적에 따라 다르겠지만 마을을 대상으로 한다면 지리적 범위를 너무 넓게 잡지 않는 것이 좋다. 지역에 따라 공동체 형성 과정과 역사, 성격 등이 다를 수 있다. 대략 면담자가 걸어서 다닐 수 있는 정도의 범위가 좋다고 생각한다. 역사적 사건이나 특정 장소와 관련된 구술사 사업이라면 지리적 범위를 넓게 잡을 수도 있겠지만, 마을공동체가 형성되는 범위에 따라서 주민들은 비슷한 경험과 기억을 공유하게 되기 때문이다.

조력자가 꼭 필요하다!

인터뷰 대상을 찾기 위해서는 마을에 거주하거나 마을과 관련된 일을 하는 조력자가 필요하다. 조력자는 마을의 상황을 잘 파악하고 있고, 주민들과 신뢰 관계가 있어야 한다. 낯선 사람들이 무턱대고 마을에서 구술자를 찾을 수는 없는 일이다. 마을에서 오래 사신 분, 마을의 역사, 장소, 사건 등과 관련된 경험을 하신 분을 소개해줄 수 있는 이가 필요하다. 같은 마을 관계자가 연결해줄 때 구술자는 면담자에게 거부감을 조금 덜 느낄 수 있기 때문이다.

우선은 동 단위의 행정기관에 사업을 설명하고 협조를 요청하는 것이 좋다. 실질적으로는 주민자치위원장, 통장, 마을공동체 대표 또는 실무자 등 마을 자치활동에 관여하는 분들의 협조가 필요하다. 이들은 마을 운영 대부분에 관여하고 주민들과 밀접하게 관계하고 있기에 인터뷰하려는 내용에 적합한 대상을 추천할 수 있다. 이후에는 스노우볼 방식(눈덩이 방식: 구술자가 또 다른 구술자를 소개하는 방식)으로 소개를 받을 수 있지만, 첫 단계에서는 마을 구성원과 마을의 사정을 잘 아는 사람과 관계를 잘 형성해 놓는 것이 중요하다.

인터뷰를 요청할 때[7]

구술자에게 인터뷰를 요청할 때 처음 돌아오는 대답이 한결같다.

"내가 뭘 아노, 나는 아무것도 모른다."

이는 인터뷰를 거부한다는 의미는 아니다. 대부분 인터뷰를 처음 경험하는 일반인이다. 인터뷰를 지식 전달 행위로 인식하기 때문에 대단한 이야기를 해야 하나보다 하고 부담을 느끼기 쉽다. 이때 쉽게 물러서면 안 된다. 이렇게 말하는 분 중에 이야기를 시작하면 맛깔난 이야기꾼이 되는 분들이 있다. 이야기꾼까지는 아니더라도 대부분 자신의 경험에 관해 물어보는 것이니 귀중한 이야기가 나오기도 한다. 하지만 여러 번 거절하는 분에게 억지로 권유할 필요는 없다. 인터뷰에 응하더라도 적극적으로 임하지 않는 경우가 있기에 대상자의 의사를 최대한 존중해 주는 것이 좋다.

<그림 9> 당신을 기억하는 감성 기록 프로젝트 『당감』(2018, 부산진구)

당감동은 서면이라고 하는 부산 중심가에서 멀지 않은 마을이다. 당감동 중에서도 당감시장 인근 지역으로 범위를 잡고 사업을 진행했다. 이곳은 해방 후 귀환 동포들이 먼저 자리 잡았던 곳이었고, 이후 함경도와 황해도 출신의 피란민이 정착해 구 시장을 형성했으며 이북식 냉면 가게가 아직도 남아 있는 곳이다. 그리고 부산이 한때 신발 산업 중심도시였을 때 인근 진양화학, 동양고무에 일하기 위해 전국에서, 특히 전라도에서 왔다가 정착한 분들이 많은 곳이기도 하다. 그렇게 인구가 급격히 늘었을 때 당감시장이 번창했다고 한다. 이 지역은 아주 많은 이야기를 품고 있는 곳이라 청사포나 이송도 마을보다 사전 조사에 쓸만한 자료들이 좀 있

었다. 하지만 기존 자료에도 잘못 기재된 것, 또는 주관적 의견이 가끔 발견되니 계속 살피고, 확인하며 진행해야 했다. 그래서 다른 사업보다 자문회의를 더 꼼꼼하게 했던 사업이다.

당감행복한마을 주민협의회 회장이 예비 구술자들을 소개해주셨는데, 처음에는 구의원 출신이거나 현재 통장 일을 보는 대상자만 소개해주었다. 그러다가 우리의 활동 모습에 마음이 움직였는지 이후에는 신발공장, 한국전쟁 등의 경험을 가진 분 등을 적극적으로 소개해주셨다. 그러다가 꽃분 할머니를 만나게 되었다. 본명과 얼굴이 노출되는 게 싫다고 하셔서 예명을 꽃분이로 지어드렸다. 구술사 사업은 개인의 사적인 부분이 드러나는 일이기에 구술자의 개인정보를 잘 관리하고 구술내용의 공개와 비공개 부분을 구술자의 요구에 따라 잘 구분하는 것이 중요하다. 구술자와 면담자의 신뢰에 대한 일이며, 구술자를 정보원으로만 보지 않겠다는 윤리의 문제이기도 하다.[8]

1937년생인 꽃분 할머니의 고향은 황해도 사리원이었고, 아버지는 철도 공무원이었다고 한다. 아버지의 직업 덕분에 아버지 동료의 가족들과 '기차대가리'와 '방통(화물칸)' 하나에 몸을 싣고 피란을 왔다고 했다. 아버지는 다른 것보다 요강, 벽시계, 모기장, 공구들을 먼저 챙겼다고 한다. 컴컴하고 화장실이 없는 방통 안에서 벽시계와 요강은 아주 유용하게 쓰였고, 부산역에서 노숙해야 할 때도 모기장 덕에 이슬을 맞지 않았다고 했다. 꽃분 할머니는 인터뷰를 미리 준비라도 한 듯이 피란 시절 아버지에 대한 기억을 또박또박 말씀해 주셨는데 그 요강을 아직도 가지고 있다고 했다. 다락에 있는데 꺼내 놓을 테니 다음에 오라고 하기를 몇 번, 결국엔 우리가 다락에서 꺼내어 사진으로 남겼고 그 사진이 책자의 표지 사진이 되었다. 별거 아니라 여기던 요강을 그렇게 찾아대니, 할머니는 뭔가 중요한 물건인가 싶어 요강을 줄 테니 기초생활보장 대상자로 등록을 좀 해 달라고 하셨다. 구청의 사업이니 우리가 공무원인 줄 아시고 이런 부탁을 하실 땐 퍽 난감하다. 이 요강을 우리가 보존을 할 수 있는 상황은 아니었지만, 그럼에도 받아놓지 않은 것은 지금도 아쉽다.

인터뷰할 때 구술 내용을 증명해줄 만한 사진이나 기타 자료가 있으면 꼭 해상도를 높게 해서 스캔을 하거나 사진을 찍는다. 이런 자료들은 주민의 구술과 결합하여 기록적 가치를 가지게 된다. 이때는 이후 활용을 위해 해상도를 높게 설정해야 한다. 우리는 이렇게 수집한 사진들을 책자 제작과 출간 기념회 전시에 활용했다.

<그림 10> 꽃분 할머니의 아버지가 피란 시절 챙기셨다는 요강
출처: 『당감』(2018, 부산진구)

마을에서 구술 대상자를 소개해주는 분이 있더라도 직접 섭외해야 할 때가 생기기도 하는데 쉽지가 않다. 이 사업에서는 주민들의 자발적인 참여를 유도하기 위해 가족사진을 찍어주고 이야기를 받는 이벤트를 진행했다. 주로 당감시장 상인들에게 홍보했는데, 세 가족과 노부부 한 쌍이 참여했다. 이런 형식은 주민들이 자발적으로 참여한다는 점에서는 좋으나 구술내용을 사전에 선별할 수 없고, 사전질문 준비 없이 첫 만남에서 이야기를 나누어야 하니 면담자의 순발력으로 진행할 수밖에 없다는 단점이 있었다. 이벤트 홍보 기간이 짧았고, 이송도 마을처럼 주민들과 얼굴을 익힐 계기가 없었던 점 때문에 더욱 그랬던 것 같다. 마을에 거점을 두고 오랜 기간 홍보하고 주민들이 사업을 충분히 인지할 수 있도록 준비한다면 한 번 더 시도해볼 만한 이벤트라고 생각한다. 이렇게 해서 총 17명의 인터뷰를 피란민, 이북식 냉면, 신발공장, 당감시장이라는 키워드로 구분하여 책자에 담았다.

구술자의 이야기가 담긴 음성·영상 자료와 같은 1차 사료와 이외 녹취문, 구술자·면담자 신상정보, 구술활용동의서 등의 2차 사료 등을 구술자료, 구술 사료 등으로 부르는데 이 글에서는 '구술기록'[9]이라는 용어로 사용하도록 하겠다. 보통 자치단체나 문화원은 구술기록의 수집보다는 결과물에 중점을 두어 책자만 만들면 되는 사업으로 의뢰한다. 그러다 보니 사업 과정에서 생겨난 음성·영상 파일이나 개인정보 동의서, 구술활용동의서, 면담일지 등의 구술기록은 결과물 제출목록에 포함되지 않아 연구자가 개인적으로 소장하거나 관리되지 않고 사라지는 때도 있다. 구술기록은 이후에 누군가가 연구나 창작 등에 활용하고자 할 때, 구술내용의 전후 맥락을 알 수 있게 하고, 구술자의 개인정보와 저작권 등의 법적 권리를 보호하는 역할을 하므로 꼭 남기고 관리해야 한다.[10]

<그림 11> 가족사진 촬영 이벤트와 촬영 후 면담

출처: 『당감』(2018, 부산진구)

[참고]

구술자료 활용 및 공개동의서[11]

사업명 : 당감행복한마을 주민인터뷰집 책자 발간

[구술 자료 활용 및 공개 동의서]

 본인은 부산진구청의 구술 자료 수집 사업의 취지를 이해하고 아래의 내용에 동의합니다.

 1. 구술자료를 각종 콘텐츠(도서, 자료집 등)로 만든다.

 (녹음 파일, 녹취문, 관련 사진, 영상, 기타 기증자료 등을 '구술자료'로 통칭한다)

 2. 부산진구청에게 구술 자료의 보존·관리, 연구·출판·교육·동영상 서비스·아카이브 구축 등의 목적을 위해 이를 활용·공개할 권한을 부여한다.

 3. 특기 사항 :

                                년   월   일

 구술자 성 명   (인)

※ 구술자 요구사항은 기본 위임내용 외에 일부 제한을 두는 경우, 해당 내용
   의 번호에 표시한다.

그리고 무엇보다 음성·영상파일은 원자료로 사료적 가치를 가진다. 책자에 나오는 인터뷰 지문은 구술자가 이야기한 것을 책자의 분량에 맞게 줄이고, 가독성을 높이기 위해 말을 다듬어 윤문한 것이기 때문에 면담자 또는 편집자의 주관성이 개입될 가능성이 있다. 최대한 노력은 하지만 말을 글로 완벽하게 재현하는 것은 불가능하므로[12] 사료적 가치가 있는 구술내용이 필요한 경우는 음성·영상 파일을 꼭 확인하는 것이 필요하다.

당시 이 사업의 담당 공무원은 책자 제작 사업이 아니라 구술기록까지 수집하는 사업으로 과업지시를 주었다. 담당자도 이런 사업은 처음이었기 때문에 어떤 사업유형으로 과업을 주어야 할지 몰라 자료들을 찾다가 다른 기관의 연구사업을 참고했다고 한다. 덕분에 우리는 음성·영상 파일 원본과 각종 서류, 사진, 결과보고서 등의 결과물을 제출할 수 있었다. 물론 이렇게 제출한 자료들이 어떻게 관리·보존되고 있는지는 알 수 없지만, 이러한 관행으로 중요한 자료들을 보존하고 이후에 활용할 수 있게 만드는 계기가 되었으면 한다. 그리고 영상 제작을 위한 촬영을 처음 시도했는데, 음성으로만 녹음하는 것보다, 더 생생히 구술자의 표정과 분위기를 알 수 있었고, 추후 활용할 수 있는 원본 영상을 확보할 수 있었다.

<그림 12> 인터뷰 장면 출처: 빨간집

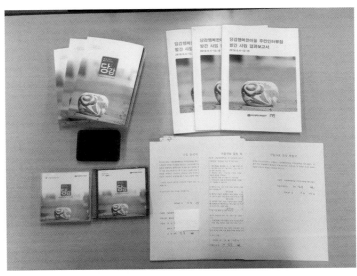

<그림 13> 구술사업 결과물 출처: 빨간집

아는 만큼 보이고, 아는 만큼 질문할 수 있다

구술사 사업의 첫 시작은 자료조사이다. 예전에 한 인터뷰 작가의 이야기를 들은 적이 있다. 그 작가는 유명 음악가, 소설가, 정치인 등을 인터뷰하기 전 자료조사에 한 달을 꼬박 보내고 평균 400개의 질문을 준비한다고 했다. 우리가 주로 만나는 인터뷰 대상에 그대로 적용할 수는 없다. 유명인들은 이미 출간한 책, 활동, 언론 보도, 인터뷰 기사 등이 있어서 질문을 뽑아내기가 쉽다. 하지만 일반인의 사전정보를 그만큼 얻어내기란 쉽지 않다. 그래서 정식 인터뷰 전에 잠시 인사드리는 시간을 가지려고 노력한다. 그렇지 않으면 소개해준 분에게 출생연도, 거주지에서 생활한 기간, 직업, 가족관계 등 기본 정보라도 얻으려고 한다. 그리고 예비 구술자의 연령대가 경험했을 만한 시대적 사건, 마을의 변화, 중요한 장소 등에 대해서 질문을 만든다. 마을에 대한 사전 조사를 어느 정도 했을 때 예비 구술자에게 맞는 질문을 금방 마련할 수 있다.

자료조사는 고지도, 최근 지도, 향토 조사 자료, 옛 사진, 신문 기사, 통계자료 등을 활용한다. 마을기록의 경우에는 개인 생애사에 집중하기보다는 마을에 대한 기억과 마을과 개인과의 관계에 집중하게 되기 때문에 시대 배경, 공간의 변화와 환경에 대한 정보를 미리 습득하는 것이 좋다. 그리고 사전에 조사한 자료, 특히 옛 사진을 가지고 이야기를 하면 구술자가 기억을 더 쉽게 꺼낼 수 있다. 그러기 위해선 옛 사진에 대한 해석도 미리 해놓는 것이 좋다. 문제는 옛 사진을 미리 구하기가 쉽지 않다는 것이다. 우리가 활동한 한 마을에서는 옛 사진을 쉽게 구할 수 있었는데, 구청과 동사무소에서 마을의 전경을 담은 옛 사진 몇 장을 잘 보관하고 있었고, 이 자료를 바탕으로 몇 해 전 주민자치위원회가 작은 마을박물관을 만들어 놓았기 때문이다. 한 주민은 옛날 사진을 보며 과수원이 어느 위치에 있었고, 도로가 어떻게 만들어졌는지 상세하게 설명해 주기도 했다.

그러나 산업·경제·문화의 거점이었던 원도심 지역이 아니고서는 옛 사진을 미리 구하기가 쉽지 않다. 기초자치단체에 문의할 때마다 사진이 있긴 할 텐데 어디에 있는지 알 수 없다는 답변만 여러 차례 들었다. 그리고 몇 해 전부터 옛 사진을 수집하는 사업이 곳곳에서 있었는데, 이 사업도 수집한 직후 전시에 잠시 활용했을 뿐이고 그 이후에는 원본 또는 스캔한 파일을 누가 어떻게 보관하고 있는지 알 길이 없다. 그래서 혹자는 공공기관에서 하는 기록물 수집 사업은 '기록을 없애는 사업'이라고 평가하기도 한다. 기록은 모으는 일뿐만 아니라 보존하고 관리하는 것이 더 중요한 일이다.

사전 조사를 통해 얻은 자료로 마을의 역사와 주요 사건, 장소, 특징 등에 대해서 먼저 숙지한다면 400개까지는 아니더라도 꽤 많은 질문을 만들 수 있다. 보통 20~30개의 질문을 준비하는데, 구술자가 답변하는 과정에서 새로운 질문을 발굴하기도 한다. 구술자 수가 늘어갈수록 새로운 이야기가 나타나기 마련이다. 이러한 이야기를 발굴하기 위해서 구술사 사업을 하는 것이기도 하다. 새로운 이야기는 다른 여러 구술자에게도 물어보고 교차확인을 하며 마을의 역사가 된다.

질문지 예시
: 당감동 거주 이북 출신 피란민 2세이며 현재 통장인 주민에 관한 질문

1. 인적 사항

　– 출생지
　– 가족관계
　– 직업 등

2. 피란민 2세로서의 기억

　– 부모님의 고향은 어디이며, 이 마을에 어떻게 정착하게 되었습니까?
　– 피란 후 부모님들은 어떤 경제활동을 했습니까?
　– 부모님의 고향과 피란 시절의 이야기를 부모님에게서 들었던 기억이 있습니까?
　– 부모님의 삶에 고향에서의 문화가 깃든 것이 있습니까? (예: 음식, 제사, 교육철학 등)
　– 피란민 출신의 주민들 간의 교류가 있습니까?
　– 현재 피란민 마을의 특징이 남아있는 곳이 있습니까? (예: 냉면 가게, 구 시장 등)

3. 어린 시절의 기억

　– 마을의 모습은 어떠했으며 거주지의 구조는 어떠했습니까?
　– 어린 시절 교육환경과 또래 친구들과의 관계는 어땠습니까?
　– 친구들과 주로 어디에서 무엇을 하며 놀았습니까?
　– 아직도 교류하는 어린 시절 또래나 마을주민들이 있습니까?

4. 성인이 된 이후의 경험

　– 직장 경험이 있다면 어떤 일을 했으며, 또래 친구들은 어떤 직장들을 구했습니까?
　– 결혼은 어떻게 하게 되었습니까?
　– 자녀들의 교육환경은 어땠습니까?

5. 마을의 변화

- 마을은 그동안 어떻게 변화했습니까? (예: 당감천 복개, 철도역사, 고가도로 설치, 주요 도로와 길, 대중교통, 삼익아파트 건설, 신발공장의 이전, 시장의 형성 등)
- 마을의 변화가 개인이나 가정에 미친 영향이 있었습니까?
- 마을에 부업거리 등 여성들의 경제활동이 있었습니까?
- 주민들이 교류하고 모이는 장소나 행사가 있었습니까?
- 정부나 구에서 주거 문제에 대한 정책을 편 적이 있나요?
- 마을의 오래된 건물 또는 장소에 관해서 이야기 바랍니다.

6. 마을과의 관계

- 마을의 자치활동이나 행사에 참여하십니까?
- 통장은 어떻게 하게 되었고, 주요 업무는 무엇입니까?
- 통장으로서 느끼는 주민들의 현황과 변화는 어떠한 것이 있습니까?
- 다른 통장들과의 관계는 어떠합니까?
- 마을공동체 활동에서 주민들의 참여도는 어떠합니까?
- 통장 이외에 마을에서 맡은 역할이 있습니까?

7. 마을의 미래에 관한 생각

- 태어나서 지금까지 마을을 떠나지 않은 이유가 무엇입니까?
- 현재 마을의 장단점은 무엇입니까?
- 마을이 어떻게 변화했으면 합니까?

8. 기타 자료 수집

- 마을과 관련된 사진이나 자료가 있습니까?

책자로 만들 때 고려할 점

기록은 미래에 참고하거나 활용하기 위해 생산·수집하고 관리한다.[13] 구술기록도 마찬가지이다. 기록하는 행위에서 끝나는 것이 아니라 이 기록은 과거의 모습을 현재에 재현하거나, 미래의 어느 시점에서 과거의 기억과 증거를 끌어내기 위해, 또는 재해석하기 위해 활용된다. 이를 위해 구술기록은 잘 보존되어야 한다.

활용에는 전시, 영상 제작, 교육자료 활용 등 여러 유형이 있는데, 우리는 대부분 책자 제작으로 활용했다. 단행본 형태로 나온 책자는 엄연히 말해 구술기록이 아니다. 책자를 제작하기 위해서 원자료인 구술을 글로 바꾸고, 책자를 만들기 위해 분량을 조정한다. 그리고 가독성을 고려해 구어체를 문어체로 바꾸고, 내용을 이해하기 쉽게 글을 다듬는다. 이 과정에서 면담자 또는 편집자의 주관이 개입되기도 하고, 해석이 들어가기도 한다. 그래서 만들어진 책자들은 구술을 활용한 결과물이지 구술기록은 아니라는 것이다. 그럼에도 책자 작업은 인터뷰 목적과 구술내용을 쉽게 이해할 수 있게 하므로 의미 있는 작업일 수 있다고 생각한다.

책자에 인터뷰 내용만 들어간다면 전체적인 맥락을 이해하기 어렵고 구술자 이야기에 대한 해석이 어렵다. 그래서 먼저 지명과 행정구역의 변화과정, 인구수 변화, 지리적 위치, 마을의 이력 등 기본 현황을 먼저 보여주면서 구술내용의 맥락을 알 수 있도록 한다. 그리고 인터뷰의 세부 내용을 이해하기 쉽게 인터뷰에서 주민들이 자주 언급했던 장소, 사건, 지명 등을 'OO마을 사전' 또는 '키워드'라는 이름으로 짧게 요약해 보여준다. 마을 지도를 활용하기도 한다. 그리고 본문의 이해를 돕기 위해 각주를 넣기도 한다. 구술자 연령대별 또는 주제별로 구분해서 목차를 구성한다. 이러한 과정을 통해서 구술의 핵심적인 내용이 드러나기도 하고, 마을주민들이 공통으로 이야기하는 특정한 기억이 강조되기도 한다.

기획단계에서부터 책자를 만드는 것을 목적으로 한다면 책자에 활용하기에 적합한 내용과 해상도를 위해 전문 사진가와 동행해서 인터뷰를 진행하는 것이 좋다. 대신 인터뷰를 하는 도중에 촬영하는 것은 삼가는 것이 좋은데, 음성 또는 영상에 카메라 셔터 소리가 삽입되면 자칫 구술의 중요한 내용을 제대로 남기지 못할 수도 있기 때문이다.[14] 또는 구술자가 카메라를 의식해 구술에 집중하지 못할 수도 있다. 그래서 사진 촬영은 인터뷰를 시작하기 전이나 끝난 후 면담자와 구술자가 근황을 나누거나 일상에 관한 이야기를 나눌 때 자연스러운 모습을 포착하는 것이 좋다. 인터뷰할 때 사진가가 참가해야 하는 이유는 구술내용을 알고 촬영을 하느냐 안 하느냐가 결과물에 영향을 미치기 때문이다. 구술내용의 맥락에 맞게 구술자의 표정과 감정을 포착할 수 있고, 구술자의 집에서 인터뷰한다면 구술내용과 관련된 물건 또는 장면을 적절하게 촬영할 수 있다. 그리고 구술자는 면담자와 동행하는 사람으로 더 자연스럽게 사진가를 대할 수 있다. 혹시라도 사진가의 일정이 맞지 않아 추후 별도로 촬영해야 할 때도 면담자가 꼭 동행해서 구술자가 낯선 환경에서 촬영에 참여하는 상황을 만들지 않도록 해야 한다.

　책자는 대중에게 읽히는 것을 목적으로 하기에 책자에 맞게 고친 원고와 참고 사진을 인쇄 전에 구술자에게 확인받는 것이 좋다.[15] 자칫 공개하고 싶지 않은 이야기나 잘못된 정보가 담긴 책이 인쇄되어 이를 구술자가 문제 제기한다면 큰 낭패이다. 실제로 이런 경우가 많다. 앞서 이야기한 것처럼 구술자를 단순히 정보원으로 보지 않고 지역의 역사적 기록을 기증한 구술자를 예우하겠다는 태도의 문제라는 점에서 더 중요하다.

　책자를 제작하는 데 있어 한 가지 아쉬운 점은 예산의 문제로 소량으로 제작하는 경우가 많다는 것이다. 분명히 더 많은 사람이 볼 수 있게 책자로 제작하는 것인데 볼 수 있는 사람은 한정적이다. 그나마 지역의 도서관에 비치할 경우 찾아서 보는 시민이나 연구자가 있다. 그러나 마을 이야기임에도 마을주민들이 이 책을 볼 수 있는 확률은 낮다. 그리고 도시재생사업으로 제작된 경우 기초자치단체장의 성과물로만 취급되는 경우도 본 적이 있다.

<그림 14> 자료조사와 주민의 구술을 토대로 만든
『깡깡이 마을 100년의 울림』시리즈(2017-2018, 호밀밭)

　부산 영도구의 '깡깡이예술마을 프로젝트'에서 만들어진 책자들은 출판사를 통해 서점에서 판매를 할 수 있도록 만들었다. 기초자치단체에서는 보통 판매용으로 제작되기를 원하지 않는다. 공적 자금으로 만들어진 결과물로 수익이 발생하면 공공기관의 관례상 처리하는 데 어려움이 있기 때문이다. 하지만 공공기관이 좀 더 유연하게 판단했으면 한다. 공공기관의 성과물을 시민들과 함께 공유할 수 있는 방향으로 말이다.

　한 예로 서울시에서는 '서울책방'이라는 것을 운영하고 있다. 온라인으로도 운영하고 시민청에 실제로 책방을 마련해 놓고 있다. 이 책방은 서울시와 산하 공공기관에서 만든 간행물을 일반 도서와 비교해 저렴한 가격으로 판매하고 있다. 대신 시립미술관이나 시립박물관에서 만든 책들은 그 기관이 판매하는 가격대로 판매한다. 공공기관에서 제작한 의미 있고, 시민이 알고 싶어 하는 정보를 담은 간행물을 시민들이 쉽게 얻을 수 있도록 한 아주 좋은 방식이라고 생각한다.

<그림 15> 서울책방 온라인 스토어(https://store.seoul.go.kr)

<그림 16> 시민청 서울책방

출처: 책방산책 서울 네이버 포스트 http://naver.me/Fn659GzZ

앞으로의 마을 구술사 사업

요즘 구술사 사업의 양상이 주체와 내용에서 달라지고 있다고 느낀다. 이러한 변화에서 앞으로 마을 구술사 사업을 계획하는 데 고민해야 할 몇 가지 이야기로 이 글을 마무리하고자 한다.

우선, 전문가들의 역할이 필요하다. 주민이 역사서술의 주체가 되는 방식이 자신의 경험과 기억을 구술하는 것에서 직접 기록하는 것으로 변하고 있다. 마을기록단 양성사업이 전국 곳곳에서 생겨나고 있으며, 마을기록의 주요 방법으로 구술사 방법론이 활용되고 있다. 마을의 이야기를 제일 잘 알고 있는 이는 바로 마을 주민이기에 외부인이 아닌 주민이 구술사 사업의 주체가 되었을 때의 장점이 있을 것이다. 하지만 자료조사를 하고, 질문을 만들고, 인터뷰를 하는 세세한 방식에 대해 문의를 하는 분들이 아직 많다. 이에 역사나 기록 분야 등 전문가들의 역할이 필요하리라고 본다. 가치 있는 구술기록이 생산될 수 있도록 교육프로그램을 개발하고 돕는 것이 필요하다.

<그림 17> 전국에서 진행되는 마을기록화와 구술사업

지역의 구술사 사업 전문 기관은 수집정책을 마련해야 한다. 마을은 점점 빨리 변화하고 있다. 마을의 기억과 유산이 사라지는 속도가 그만큼 빨라지고 있다는 의미이다. 기관에서는 어떤 마을을 먼저 기록해야 하는지 조사하고 우선순위를 정하는 것이 필요하다. 우선순위의 기준을 정하는 것이 수집정책이다. 구술사 사업 전문 기관은 수집정책을 만들어 타 기관과 사업대상지가 겹치는 것을 최소화하고, 사라지는 마을의 기록이 우선 남겨질 수 있도록 했으면 한다. 구술사 사업 전문 기관이 아니더라도 지역 문화원들이 협력하여 진행할 수 있다고 본다. 지속적으로 지역의 옛 기록을 남기고, 새로운 기록도 생산하는 노력이 협력으로 이루어지면 어떨까 하는 상상을 해본다.

　다음으로, 구술사 사업의 대상이 다양해졌으면 한다. 노후화된 주택가가 주로 기록의 대상이 된다. 도시재생사업이 그런 지역을 대상으로 해서 그럴 것이다. 그리고 마을에 오래 거주한 주민이 많고, 공동체 문화가 남아 있는 마을일수록 구술사 대상이 될 가능성이 많다. 하지만 우리나라에 아파트가 본격적으로 보급된 것이 벌써 40년이 넘어가고 재건축이 결정된 곳도 많다. 공동주택 자체가 우리 사회의 변화를 크게 보여주는 하나의 건축양식이므로 지금이라면 일부 공동주택 지역도 구술사 사업의 대상이 될 수 있지 않을까 한다. 이미 몇몇 재건축 대상 주공아파트에서 여러 마을기록화가 이루어지기도 했다. 거기에 더해 마을의 역사를 여성, 노인, 교육환경, 공동체 등의 주제로 더 세세하게 접근할 수도 있다. 마을의 역사를 다양한 관점에서 접근해보는 것이 필요하다.

마지막으로 구술사 사업을 설계할 때 활용에 대해서도 함께 고민했으면 한다. 주로 책자나 영상 제작으로 마무리되는 사업이 많은데, 책자 외에도 연구자료, 전시, 학교 교육자료 등으로 활용되거나 작품으로 창작될 수 있도록 학교나 다양한 장르의 예술가와 협력도 가능하다. 구술사업을 기획하는 기관에서는 그에 대한 예산도 고려해야 할 것이다.

개인의 이야기가 구술사 사업을 통해서 공적인 기록이 되고, 활용을 통해서 더 많은 이들과 공유할 수 있는 콘텐츠가 된다. 문화콘텐츠에 관심을 많이 기울이는 시대에, 살아있는 이야기가 진정성 있는 문화콘텐츠가 될 수 있다고 믿고 있다.

그동안 기록되지 못했던 개인의 생활사가 구술을 통해 남겨지고 있다. 국가와 수도 중심으로 서술되었던 역사는 개인과 지역공동체의 기억에서 시작되어 새롭게 해석될 것이다. 이미 진행되고 있는 변화에 문화원과 같은 기관이 창의적인 정책과 관점을 가지고 접근하고, 지원했으면 한다.

참고문헌

논문 및 자료

배은희(2018). 지역 구술기록의 생산과 관리 현황 및 개선방안:부산지역
    을 중심으로. 한국기록관리학회지 18(2), 85-108.

손동유, 권용찬(2013). 체계적인 구술기록 생산을 위한 제언. 한국기록
    관리학회지. 13(1), 135-158

정혜경(2015). 구술사 : 기록에서 역사로. 한일민족문제연구. 28,
    229~262

「3단계 현대한국구술사연구사업 결과물 표준화 및 이관 지침 안내」.
    2016. 한국학중앙연구원 현대한국구술자료관

도서

『기록학용어사전』, 2008. 한국기록학회. 서울:역사비평사

『부마민주항쟁 구술자료 상세목록집: 1979 부마의 기억과 기록』. 2019.
    부마민주항쟁기념재단.

『상담학 사전』. 2016. 김춘경 외. 서울: 학지사.

『이향과 경계의 땅 부산의 아미동 아미동 사람들』. 2011. 부산구술사연
    구회. 부산: 부산대 한국민족문화연구소

『역사와 기록 연구를 위한 구술사 연구방법론』. 2019. 윤택림. 서울: 아
    르케

『구술사 : 아카이브 구축 길라잡이 1 : 기획과 수집』. 2014. 한국구술사
    연구회. 서울: 선인

인터넷 자료

서울책방 온라인 스토어 https://store.seoul.go.kr/

책방산책 서울 네이버 포스트 http://naver.me/Fn659GzZ

미주

1   배은희(2018). 지역 구술기록의 생산과 관리 현황 및 개선방안:부산지역을 중심으로. 한국
    기록관리학회지 18(2), 85-108.

2   『부마민주항쟁 구술자료 상세목록집: 1979 부마의 기억과 기록』. 2019. 부마민주항쟁기념
    재단.

3   이는 책자로 발간되었다. 『이향과 경계의 땅 부산의 아미동 아미동 사람들』. 2011. 부산구
    술사연구회. 부산: 부산대 한국민족문화연구소

4   몸을 제대로 가리지 않고 물질을 한다고 동네 사람들이 그렇게 불렀다고 하는데, 영도에
    있는 제주 해녀들은 잘 모르는 말이었다.

5   이 부분은 『역사와 기록 연구를 위한 구술사 연구방법론』(2019. 윤택림. 서울: 아르케) 제5
    장의 '현지조사와 라포 형성' 부분을 참고했으며, 빨간집에서의 경험과 결합해 작성했다.

6   『상담학 사전』. 2016. 김춘경 외. 서울: 학지사네이버 사전 https://terms.naver.com/entry.
    nhn?docld=5677363&cid=62841&categoryld=62841

7   이 부분은 『구술사 : 아카이브 구축 길라잡이 1 : 기획과 수집』(2014. 한국구술사연구회. 서
    울: 선인) 제2부의 2-(2) 구술자의 동의 획득 : 구술자의 확정' 부분을 참고했으며, 빨간집
    에서의 경험과 결합해 작성했다.

8   『구술사 : 아카이브 구축 길라잡이 1 : 기획과 수집』(2014. 한국구술사연구회. 서울: 선인)의
    116쪽부터 면담자의 자기성찰 내용 중 하나로 약탈적·공격적 수집을 하지 말 것에 대한
    이야기가 있다. 면담자가 필요한 부분에 대해 '구술자가 더 많이 기억하도록' 집요하게 구
    술자에게 요구하는 행위는 구술자를 하나의 정보제공자로만 바라보는 관점이 녹아 있다
    고 생각한다.

9   기록학용어사전에서는 구술기록(oral history)을 "면담을 통해 개인의 기억 속에 남아 있
    는 과거나 역사적 사건을 재구성하는 작업을 통해 만들어지는 기록. 구술기록은 면담자와
    구술자의 공동 작업을 통해 생산되며, 주관성과 개인성을 띠게 된다는 특성을 갖는다. 구
    술기록에는 녹음이나 녹화 자료, 녹취록, 면담과 관련하여 입수한 기타 자료 등이 포함된
    다."라고 서술하고 있다.(『기록학용어사전』. 2008. 한국기록학회. 서울:역사비평사)

10 손동유. 권용찬(2013). 체계적인 구술기록 생산을 위한 제언. 한국기록관리학회지. 제13권
    제1호. pp.152-153.

11 이 서식은 당시 한국학중앙연구원 현대한국구술자료관의 『3단계 현대한국구술사연구사

업 결과물 표준화 및 이관 지침 안내』(2016)를 참조하여 작성했다.

12 정혜경(2015). 구술사 : 기록에서 역사로. 한일민족문제연구. 28, 247-248

13 한국기록학회(2008). 『기록학용어사전』. 서울: 역사비평사. 네이버 지식백과 https://terms.
    naver.com/entry.nhn?docId=440863&cid=42081&categoryId=42081

14 이 부분은 당감동에서 구술기록 수집사업을 할 때 처음 영상 촬영을 시도했는데, 이 과정
    에서 시행착오를 겪으며 깨닫게 된 내용이다.

15 『구술사 : 아카이브 구축 길라잡이 1 : 기획과 수집』(2014, 한국구술사연구회, 서울: 선인)
    120쪽에는 구술자에게 상세목록을 제공해야 한다고 되어 있다. 이 내용에 녹취문을 제공
    하는 경우에 구술자가 대폭적인 삭제를 하거나 거부감을 느낄 수도 있다고 서술하고 있
    는데, 우리의 경우가 그랬다. 그래서 앞으로 녹취록의 경우는 상세목록과 책자 원고의 경
    우 최종 다듬어진 원고로 검독을 하는 과정을 거치려고 한다.

6장

성북학 더하기 아카이빙, 성북마을아카이브

_ 강성봉

지역학과 지방문화원, 그리고 마을 아카이브

'지역학'은 지역의 인문·사회·경제·문화 등 여러 분야를 종합적으로 분석·고찰하여 지역의 특성과 정체성을 발굴하며 나아가 지역을 더 나은 삶의 공간으로 만들어 나가는데 기여하는 학문이다.[1] 그렇다면 지역학은 이 시대에 왜 필요한 것일까? 그동안 중앙에 집중되어 상대적으로 쇠퇴하였던 지역의 문화정체성과 자산 등이 소멸될 위기에 처해있는 상황을 개선할 대안이 바로 지역학이기 때문이다.

지역의 회복과 재생을 위해서라도 역사적으로 축적되어 형성되어 온 지역의 생활문화양식, 문화자산 및 경관을 기록·보전하고 전승해야 한다. 유·무형의 지역문화자산은 지역을 회복하거나 새롭게 재창출해내는 중요한 요소이자 동력이기 때문이다.

지역학을 보다 체계적으로 정립시키고 발전시킬 수 있는 기관은 어디일까? 다름 아닌 지방문화원²이다. 지방문화원은 특정 목적 등으로 설립된 관 주도형 기관이 아니라 지역 주민들의 자발적인 문화적 요구와 필요에 의해 설립된 기관으로 그 뿌리가 지역과 지역민에 있다. 그렇기에 행정 중심의 기록이 아닌 생활문화와 관련된 실제 삶을 보여주는 기록의 생산과 수집이 가능하다. 더나아가 이러한 자료를 활용하여 지역 주민들이 직접 참여하는 지역문화 예술을 발전시킬 수 있는 역량을 갖추고 있다.

지방문화원의 자료들은 현재 활용하는 것에 그치는 것이 아니라 미래 세대에게 전해주기 위해 잘 관리·보존하여야 한다. 법률적으로도 이를 명시하고 있다.³ 그러나 전국의 지방문화원은 예산과 인력 등 다양한 환경적 요소들로 인하여 제대로 된 지역문화의 계발·보존·활용, 나아가 데이터베이스를 구축하고 유지·관리 할 수 있는 여건을 조성하기 쉽지가 않다. 따라서 이 글을 쓰는 목적은 이러한 상황을 고려하여 지방문화원이 지역의 자료를 아카이빙·활용하여 지역문화 발전에 기여할 수 있는 방법을 함께 나누는 데 있다.

지방문화원은 과거부터 현재까지 향토 및 고유문화에 대한 연구를 진행해 왔다. 그 일환인 발굴·조사 작업을 통해 축적해 온 소장 자료는 지역발전을 위한 활용가치도 높다.⁴ 따라서 이를 보존하는 것에서 나아가 가치 있는 기록물을 선별하여 아카이브를 구축하고 이를 콘텐츠로 제작해 활용하는 시대적 요구에 부응해야 한다.⁵

그렇다면 지역의 아카이브는 어떠한 형태로 만들어가야 할까? 당연히

'마을 아카이브'이다. 개인주의와 만물주의가 확산되어 경쟁과 갈등 그리고 소외감을 느끼는 사회 속에서 공동체적 삶을 추구할 수 있는 '마을공동체'가 필요하다. 지역의 골목골목마다 시민들의 삶을 느끼고 체험할 수 있는 마을기록아카이브가 중요하다.

마을공동체는 특정한 지역적 공간에 기반한 공동체로서 지역성(locality), 사회적 상호작용(social interaction), 공동의 유대(common tie) 등의 공통적인 속성을 지닌다고 할 수 있다. 현대사회에서 공동체는 고착·정형화되어 있는 것이 아니라 다양한 관계 속에서 유기적으로 형성되어 있다. 공동체는 사람들이 스스로 만들어 나가는 것이다. 행정의 정책과 지원에 의해서 형성되는 것이 아니라 주민들이 힘을 합쳐 스스로 만들어 나가는 것이 진정한 공동체라 할 수 있다. 행정의 역할은 이러한 과정을 지원하는 것이 아닐까 생각한다.

이 시대의 마을공동체는 위계적이고 비민주적인 요소를 가진 전통적 촌락공동체가 아니라, 새로운 방법과 내용의 대안적인 공동체이어야 한다. 따라서 물리적 환경개선도 중요하지만, 주민스스로 지속 가능한 지역 공동체(커뮤니티)를 만들어 내는 것이 더 중요하다.

이러한 측면에서 마을 아카이브는 마을 공동체의 기초가 될 수 있다. 마을의 기록을 모으고 이를 활용하여 마을 주민이 참여하는 다양한 마을의 문화 예술 프로그램을 진행하는 활동은 마을 공동체를 더욱 유기적으로 만들 것이다. 자료의 축적을 통해 지역민의 삶은 역사화되고, 이웃과 함께 참여하는 문화 예술 활동을 통해 성취감과 공동체성을 인식하게 될 것이다.

성북문화원은 성북이라는 지역의 정체성을 확립시키고, 성북의 문화 특성을 대표하는 기관으로 성장하기 위해, 성북이라는 공간성을 바탕으로 공동체성을 지향하면서, 지역에 대한 자긍심을 바탕으로 자료들을 수집하고 가공하여 다양한 콘텐츠로 재생산했다. 특색 있는 성북문화를 창조하면서 세계적 가치를 창출시키는 이른바 '글로컬'[6]의 대표 지역을 만들 꿈을 갖고 있다. 이를 위한 방법론의 한 축은 바로 '성북마을아카이브'이다. 성북학 토대 구축을 위하여 시민과 쌍방향 소통을 통해 '성북마을아카이브'를 확립시켜왔다.

이 글에서는 그동안 성북문화원이 진행하고 구축해온 성북학 및 아카이빙 구축 작업을 전국의 지방문화원 가족들과 함께 공유하고자 한다. 이를 통해 전국의 시·군·도·전국 연합회까지 합한 247개 문화원이 함께 토론하고, 함께 정책을 기획하며 지역문화의 발전을 모색하는 뜻깊은 시간이 많아지기를 희망한다.

지역학 조사·방법론

역사문화자원조사 방법

역사문화자원은 지역 정체성의 기반

전국 231개 시·군·구 지역에 설립되어 있는 지방문화원에게는 그 지역의 역사적·문화적 정체성을 유지, 보존해 나가는 선도적 역할이 주어져 있다. 이를 위해 각 지방문화원은 각자의 역량을 최대한 발휘하여 지역 고유문화의 계발·보급·전승·선양이라는 기본적 역할을 지속해 나가야 한다. 동시에 향토사의 조사·연구 및 지역문화행사의 개최, 전통문화의 국내외 교류 사업 등을 통해 지역문화의 수호자로서의 임무를 충실히 수행해야 한다. 이로써 지역문화의 구심점이자 문화 허브로서의 지방문화원의 위상을 적극 강화해 나가야 한다.

지역의 역사문화자원의 발굴·수집·연구는 지역문화사업과 고유 문화 콘텐츠 생산을 위한 가장 기초적인 단계에 속한다. 이를 위해 각 지방문화원은 향토사 자료의 연구·편찬 사업을 비롯하여 이를 지역문화사업에 활용하는 데 열정적인 노력을 기울이고 있다. 이 가운데 향토사 연구를 위한 전문인력을 보유한 곳은 수월하게 이 과정을 진행하고 있지만, 그렇지 않은 곳은 관내의 대학 혹은 전문가들에게 위탁해서 수행하고 있기도 하다. 하지만 역사문화자원의 발굴이나 수집은 결코 고도의 전문성이 요구되는 어려운 일이 아니다. 요즘은 막대한 기록과 정보들이 인터넷 사이트를 통해 공유되고 있으므로 지역의 역사문화자원 또한 어느 정도는 인터넷을 통해 누구나 쉽게 접근, 활용할 수 있게 되었다.

지역에 대한 관심이 역사문화자원 발굴의 시작

같은 사물이라도 자신과의 관련성을 생각하면서 보느냐 그냥 보느냐에 따라 다르게 보인다. 지역의 역사문화자원도 마찬가지이다. 지역에 대한 관심과 애정이 없다면 지척에 있는 귀중한 역사문화자원이라 할지라도 그 가치를 모른 채 지나가고 만다. 2012년 개봉된 영화 『건축학 개론』의 도입부에 등장하는 다음과 같은 대사는 지역 역사문화자원의 발굴은 우리 생활의 주변 즉, 지역에 대한 단순한 관심과 호기심에서 시작함을 말해준다. 영화에서 대학의 '건축학 개론' 강의를 담당하는 교수는 강의 첫 시간에 건축학에 대해 다음과 같이 정리하고 있다.

> "다음 주까지 숙제가 있습니다.
> 리포트, 지금 자기가 사는 동네를 여행을 해보는 거야.
> 평소에 그냥 무심코 지나치던 동네 골목들, 길들, 건물들,
> 이런 걸 한번 자세히 관찰하면서 사진으로 기록을 남겨보세요.
> 자기가 살고 있는 곳에 대해 애정을 가지고 이해를 시작하는 거,
> 이게 바로 건축학개론의 시작입니다."
>
> — 영화 〈건축학개론〉 (2012) 중

<그림 1> 영화 〈건축학개론〉(2012)

제작: 명필름, 출처: 네이버영화

자신이 사는 도시 혹은 마을에 대해 관심을 가지고 이해하려고 노력하는 것이 건축학개론의 시작이라는 표현은 바로 우리 지방문화원이 지역을 어떻게 이해하고 노력해야 하는지를 알게끔 해주는 표현이라 생각된다. 지역의 역사문화자원의 발굴은 다름 아닌 지역을 바라보는 주체의 마음가짐에 달려 있는 것이다. 지역에 대한 관심과 애정이야말로 역사문화자원 수집의 첫 단추이다.

역사문화자원의 개념과 속성

역사문화자원(歷史文化資源, historical and cultural resources)은 일정한 장소나 지역에서 오랜 시간에 걸쳐 사회 구성원들의 행위에 의하여 축적된 유·무형의 문화적 산물로서, 동일한 지역에 살고 있는 주민들을 하나의 문화적 분위기로 감싸주며 공연, 관광, 출판, 디자인 등 다양한 문화 서비스 산업에 소용되는 원천 자료를 가리킨다.

이러한 역사문화자원이 갖추어야 할 속성은 크게 보아 진정성, 비대체성, 지역성, 연속성, 상대성으로 요약할 수 있다. '진정성'이란 해당 역사문화자원 스스로 그 기원이나 유래를 뒷받침하는 자료를 동반함을 말한다. 이는 사실 관계를 뒷받침해주는 신뢰할 만한 자료가 있어야 자원으로서의 가치를 가짐을 의미한다. 그리고 '비대체성'이란 일단 그것이 파손 또는 멸실되고 나면 재생이 불가능하기 때문에 다른 것으로 대체한다 하더라도 지역성과 역사성을 상실한 결과가 되어 역사문화자원으로서의 가치를 상실하게 됨을 의미한다. 아울러 모든 역사문화자원은 그것이 소재하거나 배경으로 삼고 있는 지역의 지리적, 문화적 특수성을 지니는데 이를 '지역성'으로 부를 수 있을 것이다. 또한 오랜 세월 동안 형성, 축적되어 온 것으로 그 형태나 의미의 변화에도 불구하고 각 세대 속에서 수용-활용-전승된다. 이는 역사문화자원의 '연속성'이다. 또한 시대의 변천, 공간의 성격 변화, 인적·물적 상호관계의 변동에 따라 이전에 관심 밖에 있던 것들이 새로운 역사문화자원으로 발견되는데 이는 역사문화자원의 상대성 또는 시대성이라 부를 수 있다.

역사문화자원의 분류와 실제

지역 역사문화자원은 크게 시대, 주제, 공간별로 분류 가능하다. 여기에서는 2016년 성북문화원이 조사했던 '성북동의 역사문화자원 조사·연구'에서 사용한 분류기준과 내용을 제시해 본다. 동단위의 성북동에 국한된 예이지만, 보편적인 기준에 따라 분류했으므로 이 방법을 다른 지역에도 충분히 적용시켜볼 수 있을 것이며, 각 지역마다 고유의 분류표를 만들어볼 수 있을 것이다.

〈표 1〉 서울시 성북구 성북동 역사문화자원의 분류기준과 내용

분류기준		내용
시대별 분류		역사문화자원을 생산된 시기에 따라 분류하는 방법으로 역사관 또는 한국사의 시기 구분 방법에 따라 그 내용이 달라질 수 있는데, 본 연구에서는 집권세력의 교체에 따른 시기 구분 방식을 따름
	선사~ 고려시대	조선시대 이전
	조선시대	1392년 조선왕조 개창부터 1910년 대한제국 멸망까지
	일제강점기	1910년 한일강제병합부터 1945년 8·15 해방 이전까지
	현대	8·15 해방 이후 현재까지
주제별 분류		생활 양식, 학문·예술 분야 등 목적을 갖고 객관성 있는 기준에 따라 선정한 주제에 맞추어 분류하는 방법으로 세부 항목과 그 가짓수는 분류자의 관심, 자원의 활용 목적에 따라 달라질 수 있음
	역사	성북동의 시대상과 변화상을 알려주는 자료 (공문서·편찬사료·신문·일기 등 모든 문헌 기록, 문화재, 구술자료 등)
	문학	성북동에서 태어났거나 살았던 작가 또는 그들의 문학 작품, 성북동에서 집필한 문학 작품, 성북동이 배경으로 등장하는 문학 작품
	미술	성북동에서 태어났거나 살았던 작가 또는 그들의 미술 작품, 성북동에서 만들어진 미술 작품, 성북동이 배경이나 소재로 쓰인 미술 작품
	음악	성북동에서 태어났거나 살았던 음악가 또는 연주자 또는 그들의 음악, 성북동에서 만들어진 음악, 성북동이 배경이나 소재로 쓰인 음악
	연극 영화 무용	성북동에서 태어났거나 살았던 연극·영화·무용인 또는 그들의 작품, 성북동에서 만들어진 연극·영화·무용, 성북동이 배경이나 소재로 쓰인 연극·영화·무용
	문화재	성북동에 소재한 문화재(국보, 보물, 사적, 명승, 민속문화재, 기념물 등), 서울시에서 지정한 미래유산, 그밖에 먼 과거부터 존재해오면서 성북동의 과거와 장소적 특징을 보여주는 보존 가치가 있는 사물 또는 자연환경
	건축	성북동의 오래된 건물(대체로 30년 이상), 성북동에 소재하며 건축사적 가치가 있는 건물, 중요한 기관·종교시설·사업체 등이 입주해 있는 건물

분류기준		내용
공간별 분류		성북동 및 주변 지역을 더 세부적인 공간으로 나누어 지리적 영역에 따라 분류
	통(統)별	행정 단위인 통(1~21통)을 기준으로 지역을 분할하여 역사문화자원을 배치
	마을별	선잠마을, 앵두마을, 선유마을, 북정마을 등 성북동 내 있는 작은 마을들을 기준으로 역사문화자원을 배치
	용도지역별	자연녹지지역, 제1종전용주거지역, 제1종일반주거지역, 제2종일반주거지역, 공원, 학교

역사문화자원 발굴·수집 방법

지역의 역사문화자원의 발굴과 수집은 결코 아무것도 없는 맨땅에서 시작하는 것이 아니다. 한 지역의 역사문화자원은 그동안 향토사 편찬 사업 등을 통하여 익히 발굴된 것이 많다. 『○○시사』, 『◇◇군사』, 『△△구지』 등을 비롯해 그밖에 다양한 향토사 관련 소책자들이 있다. 지자체 홈페이지에 있는 지역의 연혁이나 관광자원 소개 글도 여러 사실 가운데 고심, 선별하여 수록한 내용이기 때문에 허투루 넘겨볼 자료들은 아니다. 이와 같은 기존 자료들은 한 지역의 역사문화자원의 새로운 가치를 발견하고 나아가 전혀 새로운 자원을 발굴하기 위한 훌륭한 디딤돌이다. 기존 자료들을 다시 한 번 꼼꼼히 읽어보는 것이야말로 역사문화자원 발굴을 위해서 가장 먼저 긴 시간을 들여 할 일이다. 그렇게 자료를 살피는 중에 이제껏 별 생각 없이 봤던 지역의 역사문화자원들이 새롭게 빛을 발하는 경우가 있다. 시대가 바뀌고 유행이 바뀌고 사람들의 관심이 바뀌면서 그동안 무관심의 그늘 속에 있던 역사문화자원이 새로운 옷을 입고 다가오는 것이다. 그렇게 역사문화자원의 새로운 의미와 가치를 발견하게 될 때 그 자원에 관한 또 다른 자료를 찾고, 현장을 찾아보고 하면서 그 외연을 넓혀나가는 것이 필요하다. 그렇게 넓혀 나가는 작업은 인터넷 사이트에 공개된 자료의 검색을 통해 수행해 나갈 수 있다. 20년 전만 하더라도 지역의 역사문화자원, 특히 문헌 자료의 경우는 한학이나 역사에 조예가 깊은 전문가에게 그 발굴과 수집을 부탁하지 않으면 안되었다. 하지만 2000년 이후 인터넷의 광범위한 보급과 IT기술의 진보는 누구나 쉽게 역사기록이나 문헌 자료에 접근할 수 있는 길을 터 놓았다. 그뿐 아니라 정부의 문화콘텐츠 육성 사업의 결과 많은 지역의 역사문화자원들을 한 사이트에서 손쉽게 열람할 수 있게 되었으며 현대적인 콘텐츠 활용 방안에 대해서도 힌트를 얻을 수 있는 곳이 많아졌다. 아래에서는 역사문화자원을 열람·조사할 수 있는 사이트를 주제별로 나누어 소개하고자 한다.

현재 전국의 지자체 구획과 지명이 대부분 조선시대에 그 형태와 이름을 갖추기 시작한 것은 널리 알려진 사실이다. 그런 까닭에 조선시대의 역사 기록이나 문헌 자료는 지역의 역사와 문화적 특징을 비교적 잘 보여준다. 다음은 지역의 역사문화자원 일반을 검색할 수 있는 대표적 인터넷 사이트와 수록 내용이다. 이 사이트들은 국사편찬위원회와 문화재청, 한국고전번역원, 한국학중앙연구원 등 정부 기관에서 구축한 만큼 충분히 신뢰할 만한 자료들을 제공해 주고 있다.

〈표 2〉한국사 관련 자료 제공 인터넷 사이트

구분	내용	URL
한국사 데이터베이스	국사편찬위원회가 구축한 데이터베이스로 고대부터 현대까지 한국 역사의 주요 자료를 제공하는 웹사이트 시대별 도서, 문서, 편년 자료, 연속간행물, 연표, 지도, 사진, 연구 논저 등을 망라	db.history.go.kr
삼국사기	국사편찬위원회에서 구축한 한국사데이터베이스 사이트에서 『삼국사기』 원문 및 국역문 검색 가능	db.history.go.kr
삼국유사	국사편찬위원회에서 구축한 한국사데이터베이스 사이트에서 『삼국유사』 원문 및 국역문 검색 가능	db.history.go.kr
고려시대 사료	『고려사』, 『고려사절요』, 『고려도경』 및 고려 시대 문집류 원문 및 국역문 검색 가능	db.history.go.kr/KOREA
조선왕조실록	태조실록부터 고·순종실록 전체 원문, 국역문 검색(지명, 인명 검색 가능)	sillok.history.go.kr
승정원일기	16대 임금 인조부터 순종까지 승정원일기 원문 검색 (국역은 인조 연간, 영조연간 일부, 고종·연간만 완료)	sjw.history.go.kr
한국고전종합DB	신라말 이후 조선시대까지 우리나라의 주요 인물별 개인문집 및 관찬 자료의 원문 및 국역문(일부) 검색 가능 주요 자료 : 『고려사절요』, 『동문선』, 『신증동국여지승람』, 『각사등록』, 『연려실기술』, 『대동야승』, 『일성록』, 『성호사설』, 『다산시문집』, 『오주연문장전산고』 등 188종 801책	db.itkc.or.kr
문화재청 문화유산 정보	국내 모든 지정문화재 검색 가능(설명, 사진 제공)	cha.go.kr
국가보훈처 공훈전자사료관	독립운동 및 독립운동가와 관련된 국내외 소장 사료에 대한 통합 데이터베이스 검색과 사료의 원문 열람 가능	e-gonghun.mpva.go.kr
네이버 뉴스라이브러리	1920년대부터 1990년대까지 주요 일간지 기사 및 원문 키워드 입력 검색 가능 (동아일보, 경향신문, 한겨레, 매일경제)	newslibrary.naver.com/search/searchByKeyword.naver

구분	내용	URL
향토문화 전자대전	전국 230개 시·군·구 지역의 다양한 향토 문화 자료를 수집·연구하여 체계적으로 집 대성하고, 이를 디지털화하여 인터넷과 모바 일 등을 통하여 검색, 활용할 수 있도록 구 성되어 있음 (현재 90여 지역 구축)	grandculture.net
기타	규장각한국학연구원	kyu.snu.ac.kr
	한국학정보종합서비스	rinks.aks.ac.kr
	국가기록원	archives.go.kr
	국립중앙박물관 일제 강점기 자료 원문	museum.go.kr/ site/main/con- tent/japanese_ gov_gen_korea
	한국학 디지털 아카이브	yoksa.aks.ac.kr
	문화체육관광부 문화데이터광장	culture.go.kr/ data/main/main. do
	공공누리포털	kogl.or.kr

　　이상에서 소개한 사이트들은 대부분 편리한 검색 기능을 갖추고 시대 별·주제별로 풍부한 자료를 구축해 놓고 있어서 특정 검색어만 입력하 면 쉽게 관련 자료를 열람·수집할 수 있다. 그러나 하나의 검색어를 입력 하면 적게는 수백, 많게는 수천 개의 결과를 얻게 되고, 이 가운데 중요도 를 가려 무엇을 어떻게 취사선택할지가 어려운 문제로 다가오게 된다. 이 는 역사문화자원의 분류와 아카이빙 및 나아가 독자적인 문화콘텐츠의 생산과 개발에 관계된 일이다.

시대성: 근대 이후 역사문화자원은 무궁무진

역사를 보다 면밀히 살펴보기 위해서는 우선시 되는 작업이 있다. 바로 시대구분이다. 시대구분에 있어서는 상고시기부터 현대사에 이르기까지, 또는 고조선부터 대한민국에 이르는 왕조별(국가별) 구분에 이르기까지, 그 기준에 따라 이전의 시대와 이후의 시대를 구분할 수 있는 획기(劃期)를 정하게 된다. 이를 바탕으로 사료에 대한 면밀한 분석이 시도되고, 원천자료에 대한 분류작업들도 실행하게 된다. 내용면에 있어서는 연대기적, 주제별, 사건별, 공간별 등의 상황을 고려하면서 분류작업을 시도하기도 한다. 이렇듯 사건이나 인물, 역사적 공간들이 각 지역의 원천콘텐츠가 될 수 있는 것이다. 전근대 자료들은 한문으로 이루어진 도서, 목간(서간), 금석문, 유물, 사적 등으로 대표된다. 앞서 언급한 바와 같이 이제는 누구나 쉽게 인터넷으로 검색하고 번역된 사료들을 통해 보다 쉽게 자료를 찾아내고 분류작업을 시행할 수가 있다.

하지만 근대이후에는 산업화가 진전되고 농어촌보다는 도시에 사람들이 모여들면서 도심권에 역사문화자원이 집중되는 현상이 초래된다. 각종 신문이나 잡지, 라디오 등의 언론매체가 활성화되고 문학·미술·음악·영화 등 다양한 문화장르에 따른 활성화로 인해 원천콘텐츠가 무성하다고 할 수 있겠다. 또한 일제강점기라는 시대적 상황으로 인해 만주를 비롯한 중국과 일본, 나아가 사할린, 중앙아시아 등 다양한 곳에서 한민족 공동체의 역사문화자원도 널리 펼쳐져있다고 하겠다. 아울러 한국전쟁을 거치며 각종 서구문화들이 대한민국에 도입되고 다양한 문화자원들이 대중들의 삶속에 투영되어 삶의 일부분으로 작용하기에 이른다.

이러한 시대에 따른 역사문화자원의 편중. 즉 근현대 부분의 역사문화자원의 심층적인 분석작업 및 준비작업은 문화기획자라면 누구나 신경을 써야할 부분이라고 생각한다.

공간성: 근대와 현대에 이르는 도심권 생활문화

조선시대까지만 해도 국가발전 원동력의 핵심은 농업을 기반으로 한 노동력 중심의 산업이었다. 하지만 일제의 강압에 의해 근대화 과정을 겪으면서 토지는 물론 곡물의 수탈이 빈번히 이루어졌고, 갈 곳을 잃은 사람들이 도시로 모이면서 임금노동자로 전락하고 산업화의 희생물이 되었다. 고향을 떠나 도시로 사람들이 모이면서 도심권의 문화가 형성되기에 이른다. 역사문화자원 중에서도 생활문화의 근간이 되는 의·식·주의 형태는 많은 변화를 가져왔다. 서구식 의복들과 식문화, 그리고 일본 가옥, 양옥집 등의 건축문화들이 도심에 자리 잡았다. 특히나 전차, 버스, 자동차로 이루어지는 교통수단이 새롭게 대중들에게 이용되고, 근대식 학교교육이 실행되어 전반적인 교육시스템의 큰 변화도 적지 않았다. 이데올로기의 대립의 결과로 나타난 한국전쟁은 현대사회의 커다란 변화를 가속화시켰다. 전쟁 후 미국문화를 중심으로 한 서구식 문화가 민중의 삶속에 깊이 작용을 하였고, 군사정권과 민주시민사회로의 이행 과정은 커다란 사회변화를 일으켰다. 특히나 IT 강대국인 대한민국은 정보화 사회로의 변화를 가장 신속하게 체험하고 추동하는 당사국이 되었다고 할 수 있겠다.

현재 대한민국의 국민들은 대부분 도심권에서 살고 있다. 도심 속에 존재하는 문화자원은 기존에 있는 유산들을 보존해야하고, 새로운 자료를 발굴해야 하며, 대중들에게 쉽게 다가갈 수 있는 활용적 측면에서의 문화적 가치를 창출해야 한다고 생각한다. 도심 속에서 쉽게 보여지는 재개발, 재건축, 뉴타운 등으로 인한 환경적 변화 요인들은 그냥 방치할 대상이 아니라 생각된다. 사진과 영상, 살았던 사람들의 구술작업이 절실히 요구되는 지점이기 때문이다. 전통재래시장이나 오래된 공업단지, 오래된 상점들도 미래의 유산이기에 꾸준한 아카이빙 작업이 필요하며, 이것들 또한 역사문화자원에 핵심이 될 수 있다. 지역에 있는 노인정만 다 돌아다녀도 수많은 이야기들을 채록 할 수 있으며, 이들이 이 세상에 있는 시간이 줄어들기에 재빨리 역사문화자원으로 재생산해야 하는 의무감으로 다가온다.

역사문화자원에서 콘텐츠로의 이행과정

역사문화자원 중에서 하나의 대상을 선정하면 스토리텔링을 진행하고 이를 어떻게 활용하느냐가 문제가 된다. 전문가들의 많은 방법론들이 있지만 실재로 현장에서 사업을 수행하면서 느낀 본인의 사례를 들어 간단하게 정리해보고자 한다. '자료발굴(원천자료 수집 및 연구) → 아카이빙(자료 정리, 관리, 보존, 디지털 아카이브) → 활용(콘텐츠 개발 및 자료집, 스토리북 제작, 대중서 발간) → 지역전문가양성(시민강좌, 해설사 양성, 예술인 교육, 주민기록단 교육)→ 문화예술교육사업(연극, 뮤지컬제작, 축제기획, 문화콘텐츠 제작)'으로 사업전개 프로세스를 구축해나가면 쉽게 콘텐츠화 과정을 수행할 수 있다고 생각한다. 설명하자면 먼저 전문인력들이 현장 답사 및 기록물·문헌자료 확보 등 지역 조사를 진행하고, 이와 관련된 원천 자료를 수집·정리를 행하고 나면, 이를 바탕으로 학술회의를 개최하거나, 아카이빙 작업을 통한 자료집 또는 스토리북 등을 발간한다. 그리고 학술회의를 통해 도출된 내용들을 또다시 아카이빙 작업을 통해 자료들을 분류시키고, 이를 기반으로 시민강좌를 진행하며, 직접 주민들과 함께 탐방을 진행한다면 단순하면서도 질적으로 훌륭한 콘텐츠화의 과정을 이행한다고 하겠다. 이에 그치지 않고 각종 자료들을 활용하여 연극·뮤지컬 등의 공연콘텐츠는 물론 미술·음악·애니메이션·영상 등의 콘텐츠로 재생산하고, 이를 활용한 다양한 축제와 문화제를 추진한다면 더욱 의미 있는 방법론이 될 것이다. 이와 같은 콘텐츠로의 이행과정은 결코 어려운 것이 아닌, 실재적인 콘텐츠화작업 과정 속에서 이루어지는 것이라 생각하면 좋을 것이다.

〈그림 2〉 지역문화자원 조사와 콘텐츠 개발·활용 프로세스

성북학의 구현과 실제

전문인력 확보와 네트워크 구축

전문인력 확보와 사업의 전개

각 지역에서 문화원의 존재감은 어느 정도일까? 문화재단, 문화센터, 문화의 집, 주민센터, 문화예술관련 협회 및 기관, 학교 등이 지역에서 지방문화원을 어떻게 바라보고 있을까? 이들 단체 및 기관들이 문화원과 협업을 할 필요성을 느끼고 있을지 우리는 잠시 생각을 해봐야 한다. 물론 지역에서 협치와 문화상생을 위한 역할을 성실히 수행하는 문화원들도 많을 것이다. 하지만 예산·인력·시설 등의 문제로 인해 어려움을 겪고 있는 문화원들 또한 많다고 생각된다. 필자도 2012년 성북문화원에 사무국장으로 임용된 시점에는 정말 말도 안되는 예산과 인력으로 문화원이 운영되고 있었다. 당연히 지역 주민들은 물론 기관들도 문화원의 역할이나 사업에 대해서 무관심하거나 아예 그 존재조차도 모르고 있는 형편이었다. 더구나 같은 해 성북문화재단이 설립되어 구청에서 기대하는 문화원의 역할 또한 대폭 축소되려는 시점이었다. 이러한 상황과 맞닥뜨려 본인은 우리 지역에서 문화원의 정체성 확립과 문화원이 제일 잘 할 수 있는 사업들이 무엇일지에 대해 수없이 고민을 거듭했다. 이렇게 해서 내린 결론은 우선 문화원 자체의 문화사업 수행 역량을 키우고, 지역의 다양한 문화시설·기관·단체 등과 소통할 수 있는 네트워크를 구축·

가동해야 한다는 점이였다. 이를 위해서는 전문인력의 확보를 통한 원천 문화콘텐츠의 수집·정리가 우선해야 한다고 생각했다. 이렇게 문화원이 인적·내용적 기초를 가져 지역 내에서 기반을 다진 뒤에라야 시대의 흐름에 맞는 문화사업을 기획할 수 있다고 생각했다. 다양한 유관기관과 협회·단체들과 교류하며 지역문화 발전을 위한 밑그림을 그려볼 수 있다고 보았기 때문이다.

지방문화원의 인적역량 강화는 최우선 순위에 두고 추진해야 할 과제이다. 문화사업 또한 결국엔 사람이 창조하고 일구어 나가는 일이다. 지방문화원에 몸담고 있는 인력들이 주체성을 가지고 새로운 문화사업을 기획하고 진행을 하는 시스템이 작동되어야 한다. 지자체에서 기획·위탁한 것만을 피동적으로 수행하는 것이 아니라 문화원이 먼저 지역에 필요한 문화사업을 기획하고 제안해야 한다. 이를 위해서는 지역에 대한 역사·문화자원의 조사와 예술·축제사업 등을 해나갈 수 있는 전문인력의 양성이 절실하다.

성북문화원의 경우 2012년 9월 당시 간사 1인, 직원 1인, 사무국장 1인 총 3명으로 사업을 수행해나가고 있었다. 우선 지역의 역사문화콘텐츠를 발굴·연구하며, 이를 토대로 문화예술사업으로 활용할 수 있는 전문인력이 절실히 요구되었다. 원장님과 이사님들에게 제안하여 학예연구사 한 명을 채용하면서 많은 변화가 일어나기 시작했다. 먼저 예산은 전혀 없었지만 문화원의 힘은 지역 원천자료의 확보라 생각하며, 지역의 문화유산을 비롯해 산신제·도당제 등 마을의 전통 문화 등에 관한 조사를 구술 인터뷰 등과 같은 방법으로 주민들과 소통하면서 하나씩 하나씩 진행해 나갔다. 또한 문화원의 중·장기 발전방안을 수립하고, 1년에 2~3개 동씩 학술조사를 시작하였고, 한국문화원연합회·서울시문화원연합회의 공모사업에 지원하는 것 외에 시야를 보다 넓혀 서울특별시, 국가보훈처, 문화재청, 문화체육관광부 등 다양한 기관의 공모사업에 지원하여 사업을 진행했다. 이로써 이전보다 주체적으로 지역에 더 특화된 프로그램을 기획·제작할 수 있었고, 자체 예산의 부담도 최소화했다. 그 결과 2013년 한 해 동안 공모사업 10여 개가 선정되면서 비상근 인력 한 명을 더 충원할 수 있었다. 이러한 눈에 보이는 성과가 있자, 그제서야 지자체뿐만 아니라 지역의 문화 관련 기관, 단체들이 성북문화원에 관심을 가지기 시작했다. 그러나 인력의 증원이나 원천콘텐츠의 확보가 전부일 수는 없었다. 수집·발굴한 원천 콘텐츠를 지역의 기관·단체·문화예술인들과 창조적으로 공유함으로써 문화예술콘텐츠로 발전시켜 재생산하는 과정이 필요했다.

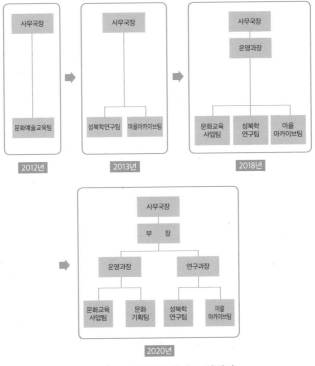

<그림 3> 성북문화원의 조직변화

지역문화 네트워크 구축과정

성북문화원의 주요 사업들은 문화원 혼자서 외롭게 진행한 것이 아니다. 지역 내의 유관기관·협회·단체·학교·종교시설 등과 지속적인 업무 교류 및 협약을 통해 진행되었다. 이들 문화 주체들과 처음부터 원활한 교류를 진행하지는 못했었다. 점차 각자의 입장만을 고수하는 것이 아닌 문화공동체의 일환으로 함께 기획하고 진행해야 함을 공통으로 인지해 나가면서 보다 넓은 협치의 기반을 마련하게 되었다. 그 과정 속에서 성북문화원은 각 단체 및 기관 등의 징검다리 역할을 수행하였고, 지역문화의 플랫폼 구실을 수행하는 네트워크의 허브가 되려고 무척이나 노력했다. 먼저 지자체에 올바른 지역문화의 방향성을 제안하고 청사진을 그려나갔다. 예산과 인력을 먼저 요청하기 보다는 올바른 지역문화진흥을 위해 문화원을 적극 활용하라는 제안과 기획서들을 제출했다. 이에 합당한 예산과 각종 문화행사 및 문화기획에 문화원이 참여할 수 있도록 요청해 나가면서 지역의 문화 현안을 같이 고민했다.

최근 이슈가 되고 있는 지역문화재단에 대해서는 적대적 인식이 아닌 상호 협치의 동반자로 인식하고, 여러 차례 대화와 토론을 거쳐 차근차근 역할을 분담·정립해 나갔다. 그 결과 문화원은 역사문화콘텐츠의 발굴 및 인문학적 학술 기반을 제공하고, 문화재단은 이를 활용한 다양한 문화예술사업을 전개하기로 역할을 구분했다. 예를 들어 문화다양성 관련 학술회의 및 시민강좌 등을 공동주관하였고, 재단이 진행하는 문화사업에 기획단계에서부터 참여하여 역사적인 고증과 자문작업을 수행했다. 그러자 문화원과 문화재단에서 각자 공모에 선정된 사업들 또한 공유해가면서 협업하며, 공동기획 및 공동 주관 행사를 진행하는 사례가 증가하게 되었다. 이는 서로의 신뢰감이 쌓이고 경쟁자가 아닌 지역문화의 동반자라는 인식이 가능했기에 이루어낸 성과라 하겠다. 최근 들어 각 기초지자체마다 지역문화재단을 설립함으로써 지방문화원의 지역 내 입지가 좁혀지고 있는 실정이다. 문화원과 문화재단의 협력적 역할 구분을 통해 상호 윈-윈하는 사례가 더 많아지길 희망한다.

지역 내 문화시설과의 협력 관계 구축도 중요한 성과이다. 성북문화원은 지난 9년간 지역 내 문화시설인 한국가구박물관, 우리옛돌박물관, 최순우옛집, 고려대박물관, 성신여대박물관 등의 문화시설과 업무협약을 체결하고 청소년 탐방, 문화가 있는 날, 지역축제 등의 행사를 함께 기획하며 진행해 나갔다. 특히 교육청과 구청 교육청소년과와 연계하여 혁신교육의 일환인 역사리더십캠프·역사동아리사업, 문화재청이 발주한 방문교육 사업을 통해 관내 초·중·고교에 직접 문화유산강좌 및 방과 후 학교 사업을 수행했다. 복지기관, 종교단체, 문화예술단체, 민간 영리단체와도 얼마든지 함께할 수 있는 분야가 많았다. 우선 관내 복지기관들이 모두 참여하는 사회복지실무협의회에 문화원이 참여하여 지역아동센터·노인회관·복지시설 등에 문화복지실현을 위한 공동업무를 진행했다. 또한 종교시설인 정각사와 함께 청소년 여행프로그램의 일환인 '길위의 메아리학교'사업을 주관해 나갔으며, 길상사·성북동성당·덕수교회 등과 같은 종교시설과 지역문화행사 및 축제에 협업체계를 구축해 나갔다. 주민과 상인들에 대한 협력이 절실히 요구되는 현재의 시민사회에서는 지역 상인협회, 친환경음식업소와 협력하여 마을 동축제, 성북동문화재야행(성북동밤마실) 등 다양한 행사를 기획·진행했다. 성북구의 국악협회·연극협회·사진가협회·미술협회 등과 교류하면서 공동으로 축제기획과 전시·공연을 진행했다.

　지역의 대학과도 교류 협력을 진행했다. 최근 대학 평가에서는 대학과 지역사회와의 교류·협력이 중요한 평가지표로 부상하고 있어, 지역 내

기관들과의 교류가 점차 확대되는 형편이다. 성북문화원의 경우 이러한 시대적 흐름에 발맞추어 지역 내 고려대·국민대·한성대·동덕여대·성신여대 등과 업무협약을 진행했다. 지역의 문화시설 부족을 대학 시설로 대체하고, 전문인력의 부족 문제를 대학의 연구진들과 함께 풀어나갔다. 또한 대학생들의 취업문제와 생활비 문제를 해결하는 '국가근로장학생제도'를 적극 활용했다. 지역의 대학 학생지원팀과 교류하면서 대학생 인력을 지원 받음으로써 별도의 자체예산 없이 인력문제를 해소할 수 있게 되었다. 이밖에 지역의 협동조합·시민단체·사회적기업과 지역의 문화자원을 제공하고, 사회적경제의 활성화 방안을 도모했다. 특히 성북공유원탁회의라고 하는 지역문화 주체들 간의 정기 모임에 문화원이 적극 참여하여, 지역예술인과 정기적인 문화소통을 지속해 나가며 지역축제 및 도시재생 사업을 위한 네트워크를 활성화했다.

몇 년 사이 성북구는 시민활동가 양성사업이 착실히 진행되고 있다. 각 동마다 마을코디네이터를 두고 '마을계획단'을 꾸렸다. 각 동별로 마을의 현안과, 애로사항, 동축제 등을 시민들이 토론을 거쳐 직접 주민참여예산을 편성하여 마을의 활력을 불어넣었다. 재개발 문제, 낙후된 시설 개선, 주민 커뮤니티의 조직 등 획기적인 사업들이 마을 곳곳에서 펼쳐지게 되었다. 문화원도 이 과정에서 각 마을의 정체성과 문화사업의 자문역할을 수행하면서 네트워크 확대를 이루었다. 마을방송에도 적극 참여하여 '성북학개론'이라는 팟캐스트 방송도 진행하게 되었다. 최근 마을 단위의 커뮤니티 조직은 서울뿐만 아니라 전국적인 추세인데 이 과정에서 마을의 역사문화자원에 대한 활발한 재조명과 마을 주민 간 공유가 이루어지고 있다. 문화원은 이 부분에서 강점을 가지고 있으므로 이러한 흐름에 뒤떨어지지 않도록 기존의 역량을 강화·확대해 나갈 필요가 있다.

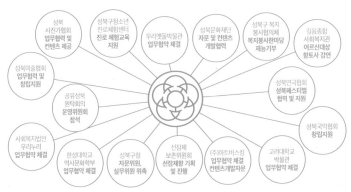

〈그림 4〉 성북문화원의 지역문화네트워크

지역문화예술 단체 및 문화시설, 학교, 종교시설, 주민, 상인들과 협치를 이루어내 극대화한 작업은 문화재청 발주사업인 '문화재 야행'에 '성북동문화재야행'이 선정되면서 본격화되기 시작했다. 지역의 문화예술인들을 광고홍보마케팅, 음악감독, 미술감독, 공연감독으로 구성하여 성북동야행 민간사무국을 만들어 함께 기획하고 진행했다. 전문기획업체를 통하지 않고 지역의 문화주체들이 힘을 모아 축제를 진행한 것이다. 마을계획단, 상인협회, 국악·미술·연극·사진가협회·공유원탁회원·동덕여대·한성대 학생 등으로 축제운영팀이 짜여졌다. 이를 통해 지역의 역사·인물·문화콘텐츠를 근간으로 뮤지컬, 연극, 무용, 음악 공연 등을 각 문화시설에서 개최하기에 이르렀다. 이와 같이 다양한 주체들이 상호 협치를 이루면서 문화다양성을 지향하는 축제가 전국 곳곳에서 개최된다면 그 시너지 효과는 엄청 날 것으로 생각된다.

〈그림 5〉 지역네트워크를 활용한 마을축제 '성북동 문화재야행'

성북학 프로세스

전문인력의 보강은 성북문화원 사업 전개 방식에 획기적인 변화를 가져왔다. 먼저 기존 사무국 구성을 개편하여 문화예술교육사업팀과 향토사연구팀으로 구성했다. 또한 앞서 설명한 바와 같이 '자료발굴 → 아카이빙 → 지역전문가양성 → 문화예술교육사업'으로 사업전개 프로세스를 구축해나갔다. 먼저 전문인력들이 지역의 역사문화자원을 동별로 나누어 조사·연구를 실행했다. 이를 바탕으로 학술회의를 개최하고, 리소스북 제작 및 대중서 등을 발간했다.[7] 또한 시민들의 지역에 대한 관심도

를 높이기 위해 시민강좌를 진행하였고, 직접 주민들과 함께 탐방을 진행
했다.

〈그림 6〉 전문인력을 활용한 현장조사 활동(산신제 조사)

<그림 7> 성북문화원 발간 자료 ('성북의 문화재', '성북의 유래', '선잠제의 역사와 의례'를 제외한 발간물은 모두 2012~2019년까지의 발간물이다.)

한편, 조사·연구·분석한 자료들을 적극 활용하여 연극·뮤지컬 등의 공연콘텐츠를 재생산하여, 이를 활용한 다양한 축제와 문화제를 주최하기도 했다.

만해 한용운 선생과 심우장과 관련해 펼친 일련의 사업들이 좋은 예이다. 심우장은 성북동에 있는 문화재로 만해 한용운 선생이 만년에 기거했던 집이다. 성북문화원은 우선 만해 한용운과 심우장에 관련된 흩어진 자료들을 모으며 연구했고, 이를 토대로 '만해와 심우장 시대(1933~1944)'란 주제 아래 학술회의를 개최, 자료집을 발간했다. 또한, 주민들을 대상으로 '만해 한용운의 심우장 시대' 시민강좌를 진행하였을 뿐만 아니라 전문해설사들을 교육해가며 해설이 곁들여진 심우장 탐방을 진행했다. 더 나아가 지역연고 예술단체 '극단 더늠'과 함께 창작뮤지컬 '심우'를 기획·제작하여 역사적 장소인 심우장에서 직접 공연하여 큰 호응을 이끌어냈다.

〈그림 8〉 성북동 심우장을 활용한 문화콘텐츠 제작

또 다른 예로는 정릉 지역을 배경으로 하는 독립운동가 우당 이회영 선생의 아내 이은숙 여사와 관계된 콘텐츠 생산을 들 수 있다. 지난 2013년 성북문화원은 정릉 지역 향토자료 조사 사업을 진행하면서 독립운동가 우당 이회영 선생의 손자 이종철 선생(정릉동 거주)과 직접 만나 인터뷰하여 그것을 채록하고, 이를 바탕으로 스토리북과 인터뷰 자료집을 발간했다. 이를 바탕으로 '잊혀진 이름 이은숙 : 어느 아나키스트의 아내'라는 주제의 시민강좌를 진행하였고, 같은 이름의 창작뮤지컬을 역시 지역 연고 예술단체와 함께 기획·제작하여 주민들에게 선보인 바 있다.

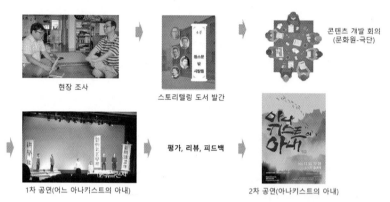

〈그림 9〉 성북의 지역문화콘텐츠 개발 사례_뮤지컬 아나키스트의 아내

또한 문헌자료 조사를 통해 종암동에 이육사가 거주했다는 정보를 얻고 고증하면서, 따님이신 이옥비 여사님을 만나 구술작업을 진행하기도 했다. 이를 통해 다양한 문화콘텐츠를 생산하였는데, 지역에서 활동하는 인디밴드(빈티지프랭키)에게 이육사 시인의 시에 노래를 짓게 하고, 공연을 시행하면서 '이육사 문화제'를 개최했다. 아울러 음반제작을 통해 독립운동가이자 민족저항시인 이육사의 시를 듣고 노래할 수 있게 만드는 선양사업을 전개해 나갔다. 이러한 활동을 근거로, 안동의 이육사문학관과 교류하면서 종암동에 '문화공간 이육사'라는 전시관을 설립하기에 이

르렀다. 콘텐츠를 통한 지역의 문화공간 탄생이라는 의미를 갖게 되는 좋은 사례라 할 수 있다.

〈그림 10〉 자원조사를 통한 '이육사 관련 문화콘텐츠' 생산 사례

이렇게 성북문화원이 구축한 '자료발굴과 아카이빙 → 지역전문가양성 → 문화예술교육사업'이라는 새로운, 어찌 보면 당연한 이와 같은 문화사업 프로세스는 지역의 역사적 사실과 부합할 뿐 아니라 지역 주민의 이해와 공감에 바탕을 둔 창조적인 문화콘텐츠의 생산을 가능하게 했다. 그 결과 오늘날 범람하는 대중의 인기에 영합하는 비역사적, 상업적 문화콘텐츠의 무분별한 생산과 제공을 막을 수 있게 되었고, 콘텐츠의 전문성과 지속성을 확보함으로써 한층 탄탄한 사업 진행을 가능케 했다. 또한 이와 같은 프로세스는 요즈음 많이 주목하는 '원 소스 멀티 유즈(OSMU, One Source Multi Use)' 방식에도 부합하는 것이다. 이는 하나의 소스나 콘텐츠로 다양한 유형의 결과물을 만들어내 공급한다는 뜻인데, 이것은 성북문화원이 확립한 사업 전개 방식과 일맥상통한다고 볼 수 있다. 즉 하나의 원천 자료를 응용하여 자료집 발간, 탐방로 확보, 문화콘텐츠 제작, 시민

강좌 개설, 축제·문화제 개최 등 다양한 분야에서 활용하고 있는 것이다.

원소스 멀티 유즈(One Source Multi Use)
하나의 콘텐츠를 다양한 플랫폼에서 사용할 수 있게 한 형태 또는 기술
〈그림 11〉 지역학 연구와 활용의 원리

〈그림 12〉 아카이브 기반 성북학연구 및 활용체계 구축

성북마을아카이브

추진체계와 목표

성북마을아카이브는 '성북구'라는 지역을 기반으로 성북구와 성북문화원이 협력하여 공공의 목적을 위해 구축한 아카이브이다. 공동체의 기록물을 보존하는 공동체 아카이브이자, 원천자료의 디지털화를 통해 데이터베이스를 구축해 나가는 디지털 아카이브이다.[8]

이에 대한 추진배경으로 먼저 마을기록의 필요성을 들 수 있다. 즉 마을정체성, 마을민주주의, 지방자치의 원천이 바로 마을기록으로 표현될 수는 있지 않을까 라는 생각이 들었다. 마을기록이 빈약하게 되면 곧 자치분권의 위기를 초래할 수도 있기 때문이다. 마을기록 및 문화콘텐츠에 관한 수요는 급증하고 있는 반면에 이에 대한 공급은 부족하며 관리체계에 대한 부재가 문제시 되고 있는 실정이다. 마을기록 혹은 지역의 이야기 콘텐츠에 대한 대중과 외국인, 관광객들의 궁금증도 증가하고 있다. 따라서 마을 공간 속 삶의 흔적을 누구든지 함께 느끼고, 공감하고 경험할 수 있는 혁신적 서비스 제공을 위한 인프라 구축이 필요했다. 아울러 또 다른 필요성은 성북문화원이 그동안 진행해왔던 성북학의 내용들을 주민들과 쌍방향으로 소통하면서 아카이빙(진행형)을 진행해야 할 필요성을 절감하였기 때문이다. 이를 실현하기 위한 플랫폼이 다름 아닌 '성북마을아카이브'였다. 즉 '성북학+아카이빙=성북마을아카이브'라는 명제를 도출하기에 이르렀다.

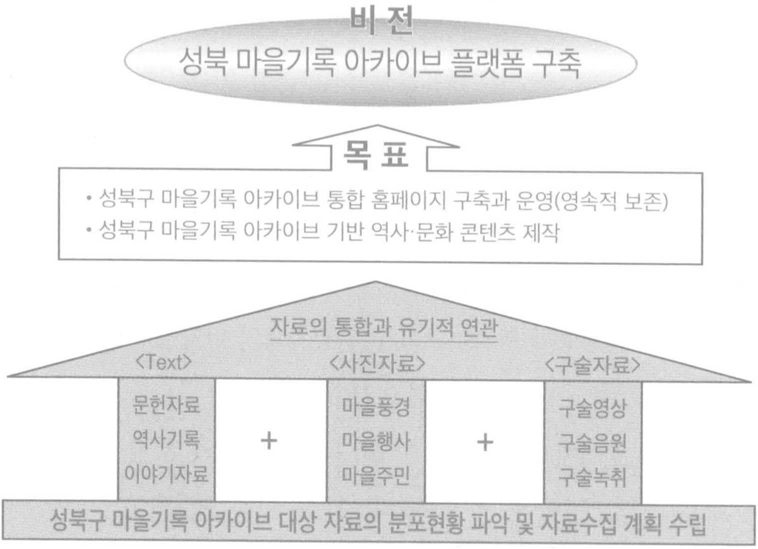

〈그림 13〉 성북마을아카이브의 추진체계도

이와 같이 마을의 삶과 역사 보전 및 지역자산화 프로세스 구축을 위해 '성북마을아카이브'가 추진됐다. 민·관 거버넌스로 연차적·단계별 추진을 현재에 이르기까지 진행하고 있는데, 1단계(2018)는 성북동 단위로 제한하여 시범사업을 전개했다. 2단계(2019~20)에서는 20개 동 전역으로 사업범주를 확장시켰으며, 현재 3단계(2021~22)에서는 사업이 정착되고, 고도화되는 단계를 설정하고 있다. 이렇듯 성북구 및 모든 관계 지역을 공간적 범주로 설정하고, 이에 대한 원천기록을 발굴·자원화하여 디지털 전산화를 통한 지역자산화가 그 목표라 할 수 있다.

〈표 3〉 성북마을아카이브 5개년 프로세스

구분		〈시범 단계〉	〈본격구축 단계〉		〈사업정착 및 심화〉	
		2018년	2019년	2020년	2021년	2022년
대상지역		성북동	성북, 정릉 중심	모든 지역		
추진목표		목록집 (inventory)	기록철 (cataloging)		활용 (utilization)	
추진내용	분류틀	사전분류체계	마을기록용 분류체계 '표준화'		마을기록용 분류체계 '고도화'	
	자원화	자료입력·검증 (내부자료)	자료입력·검증(내부자료) 구술, 사진 등 자료확대		이용자 편의 고도화(다운로드) 교육, 문화 등 활용 콘텐츠 개발 민간기록물 수집 확대	
	접근성	파일럿 홈피 구축	아카이브 시스템 구축 및 확장		융합 콘텐츠화 (온·오프라인 연계)	

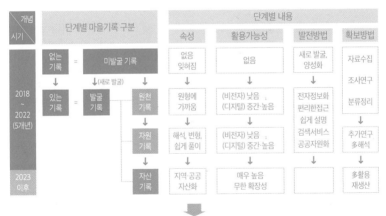

다양한 마을기록의 발굴, 콘텐츠 활용으로 성북구 미래 성장 및 재도약

〈그림 14〉 마을기록: 단계별 개념 구분 및 발전 흐름도

구조와 특징[9]

민·관 협치 시스템

2017년 말 성북구는 성북마을아카이브 구축 사업을 5년 단위로 계획하고 함께할 것을 성북문화원에 제안해 왔다. 성북문화원은 구의 제안에 동의하면서 사업 착수에 앞서 아카이빙을 담당할 충분한 인력과 그에 대응한 예산을 확보해 줄 것을 요청했다. 이에 따라 성북문화원은 원사 지층의 향토자료실을 사무공간으로 개조하고, 2018년 1월에는 성북구가 인건비를 지원하는 2명의 연구원을 선발했으며, 3월에는 '서울시 뉴딜일자리 사업'을 통해 3명의 연구원을 추가로 지원 받아, 성북마을아카이브 팀의 진용을 갖추었다. 그리고 3월 6일 성북문화원과 성북구가 '마을기록 아카이브 구축 및 발전을 위한 업무협약'을 맺고 지자체와 지방문화원이 공동으로 협의하고 운영하는 민관협치 아카이빙 모델이 첫발을 내디뎠다. 사업 초기에는 성북마을아카이브가 그대로 참고할 만한 선례가 없었으므로, 기존 사업의 사례들을 두루 살펴보면서 성북마을아카이브에 알맞는 새로운 체계를 맞춤형으로 만들어갔다. 그렇게 1년 6개월이 넘는 준비 작업 끝에 2019년 성북마을아카이브 홈페이지를 구축하여 2020년 1월에 공개했다. 그간 구청의 담당 부서의 인적 구성이 몇 차례 바뀌었지만, 문화원과의 업무협조는 원활하게 이루어지고 있는 편이었다. 매년 수차례 공동으로 워크숍을 열어 상호 협의 하에 사업 계획을 수립하고 운영 상황을 공유하고 있다. 최근 2020년 11월 성북구의회에서 의안을 상정한 「서울특별시 성북구 민간기록물 수집 및 관리에 관한 조례」는 2020년 12

월에 공포·시행되었는데, 이는 민·관 협치사업의 성과가 아닐 수 없다. 앞으로 사업정착 및 심화를 위한 제도적 발판이 되리라 예상한다.

관리시스템 구축과 항목 구성의 다양화

〈그림 15〉 성북마을아카이브 관리시스템

관리시스템은 성북마을아카이브의 핵심이다. 이는 엑셀로 정리·분류된 기록물 항목과 메타데이터를 온라인으로 편리하게 관리하는 시스템이다. 입력한 정보는 즉각 온라인 홈페이지에 반영된다. 성북구 마을기록 아카이브 관리시스템은 크게 '아카이브 자료 관리', '통합 홈페이지 관리', '모바일 홈페이지 관리' 총 세 부분으로 나뉜다. '아카이브 자료 관리'가 기록물의 보존 및 관리 영역이라면 '통합 홈페이지 관리'와 '모바일 홈페이지 관리'는 기록물의 활용 및 서비스의 영역이라 할 수 있다. 관리시스템은 성북마을아카이브에 자료를 올리기 위한 디지털 수장고와 같은 역할을 한다.

성북마을아카이브는 기록물의 보존뿐 아니라 콘텐츠 생산 및 활용을 위해 홈페이지에 보여지는 항목 구성을 다양화했다. 성북마을홈페이지는 크게 '이야깃거리'와 '기록물', 두 부분으로 구성된다. 이는 성북의 역사문화자원을 어떻게 하면 이용자들에게 그 생성 및 존재 맥락과 함께 보여줄 수 있을 것인가 하는 고민 끝에 만든 구조이다. 성북의 역사문화자원을 수집된 기록물과 그 메타데이터만으로 제시할 경우 기록물의 생산 맥락이나 상호 관계를 보여줄 수 있는 방법이 없다. 이를 해결하기 위해 '이야깃거리'라는 항목을 만들어 하나의 이야깃거리를 간략한 개요 설명과 함께 제시하면서 관련 기록물과 이야깃거리를 덧대어 보여주는 방식으로 만들었다. 예를 들어 '석관동 연탄공장단지'라는 이야깃거리를 확인하면 이에 대한 개요 설명 및 근거자료 원문을 확인할 수 있고, 관련 신문기사와 관련 이야깃거리가 함께 제시된다. 이러한 방식을 통하여 이용자는 석관동 연탄공장단지와 관련된 역사문화자원을 잇대어 탐색할 수 있다.

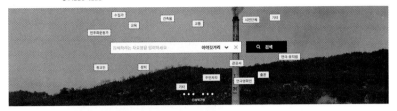

성북마을아카이브　소개　주제로 보는 성북　이야깃거리　구술 인터뷰　기록물　주민기록단 ∨　알림　성북마을발견×문학

성북마을발견+독립운동

주제로 보는 성북

이야깃거리와 기록을 주제별로 묶어 관심 있는 주제를 만날 수 있습니다.　주제로 보는 성북 더보기 ›

코로나19

코로나바이러스감염증-19 사태 이후 우리의 일상은 많은 변화를 겪었습니다. 마스크로 얼굴을 가려 서로의 표정을 보기가 어려워졌고 음식점과 카페에 모여 함께 시간을 보내는···

사찰과 불교 유물

성북구에는 유서 깊은 사찰이 많이 모여있습니다. 흥덕동 화계사는 이성계와 조선의 건국을 함께한 선사였으며 봉황각에서 진행된 조선의 건국을 함께한 선사였으며 봉황각에서···

독립운동

도심과 가깝고 교통의 편리했으며, 주변에 교육기관이 많은 지리적 조건으로 인해 성북구는 수많은 독립지사들과 연을 맺었습니다. 한용운이 지조를 지키며 말년을 보낸 곳이 성···

전통시장

현재 성북구에는 10개가 넘는 전통시장이다. 과거 시장들에서 학생들의 아지트였던 이상의 전통을 지향하며 현재까지 운영되···

〈그림16〉 성북마을아카이브 메인 화면

2021년 12월 17일 기준, 성북마을아카이브의 이야깃거리는 1,688건의 항목이 있으며 이는 크게 이야기, 시대, 지역, 문화재지정이라는 기준으로 분류돼 있다. 이야기는 다시 사건, 인물, 장소, 유물, 문헌, 작품, 뉴미디어로 세분화 된다. 시대는 선사시대, 삼국시대, 고려시대, 조선시대, 일제강점기, 현대로 세분된다. 그리고 지역은 관내 동별로, 문화재지정은 지정 유형에 따라 나눠져 있다. 이와 같은 자료의 분류체계 만들기는 성북마을아카이브 사업의 가장 어려운 점이었는데, 이는 성북구의 역사문화자원, 다시 말해 리소스의 특징을 파악하고 그에 알맞은 맞춤형 체계를 만들어야 했기 때문이다.

<그림 17> 성북마을아카이브 이야깃거리(숭곡초등학교)

주민기록단 양성

주민기록단의 양성과 참여 확대는 성북마을아카이빙 사업의 중요한 분야 가운데 하나이다. 지역 사람들이 기록의 주체가 되어 기록 대상을 스스로 정하고, 내 마을과 내 주변의 삶을 직접 기록하는 주민기록단의 활동은 성북마을아카이브가 마을 민주주의의 기반으로 정착하는 데 큰 기여를 하고 있다. 사업 첫 해 시범사업으로 시작한 주민기록단 사업은 올해로 4년차를 맞이했다. 지난 교육생들 가운데 일부는 3년차부터 실제로 성북구 곳곳을 다니며 기록자로서 활동을 펼치고, 현장에서 생산한 기록물을 아카이브 홈페이지에 업로드하여 공개하고 있다.

주민기록단 교육은 크게 기본 교육과 인터뷰 실습으로 나뉜다. 주민기록단 교육은 지역학과 구술 인터뷰에 대한 기본적인 지식을 배운 뒤, 실제 구술 인터뷰 자료(영상, 음성)를 정리해 녹취록을 작성하고, 최종적으로 글쓰기를 실행한다. 2020년부터는 코로나19로 인해 사회적 거리두기를 준수하면서 줌(ZOOM) 프로그램을 적극 활용하고 있다. 집합 교육은 조 단위로만 한정적으로 운영하고 있다. 교육 전 비대면 교육의 전달력, 소통력 부족을 우려했으나 수강생들이 의외로 빨리 적응하면서 원활한 교육이 이뤄지고 있다. 심화교육의 최종 성과는 연말 조별로 발간할 구술 자료집을 통해 자세히 확인할 수 있다.

〈그림 18〉 성북구 주민기록단 포스터

다채로운 큐레이션

성북마을아카이브는 홈페이지뿐 아니라 다채로운 큐레이션이 특징이다. 성북마을아카이브팀은 보다 많은 지역 사람들이 아카이브 사업의 혜택을 누릴 수 있도록 홈페이지의 콘텐츠를 재편집하여 온라인 전시 큐레이터의 역할까지 수행하고 있다. 대표적 결과물이 홈페이지 내 메뉴인 '주제로 보는 성북'이다. 이 메뉴에서는 성북 지역의 역사문화자원을 주제별로 묶어서 볼 수 있다. 2019년 하반기에 전통시장, 미아리고개, 동신제, 한옥밀집지역, 하천 등 다섯 개의 주제를 만들어 공개했고, 2020년에는 독립운동, 불교 문화재, 코로나19, 무형문화재를 선보였다. 2021년에는 정릉2동의 어제와 오늘, 영원한 안식처를 지키는 석물, 성북의 풍경과 이야기를 담다, 동선·돈암동의 종교시설, 동선2구역, 한글날 575돌 기념이라는 주제로 성북의 기록물들을 모아 선보였다. 성북문화원은 앞으로 매년 네 가지 정도의 주제를 정하여 더욱 풍부한 큐레이션 항목을 만들어 나갈 예정이다. 이를 박물관 시스템에 빗대자면 관리시스템은 디지털 아카이브의 수장고, 이야깃거리와 기록물은 상설전시, '주제로 보는 성북'은 특별전시라고 할 수 있다.

〈그림 19〉 주제로 보는 성북

이외에도 마을 아카이브팀은 2020년 3월부터 매주 금요일마다 문화원 블로그와 페이스북을 통해 그 달과 관련이 있는 마을 이야기를 짤막하게 소개하고 있다. '금요일마다 돌아오는 성북 이야기', 이름하여 '금도끼'이다. 또한 매달 '이달의 연구노트'라 하여 아카이브팀 연구원들이 성북학의 특정 주제를 정해 자료를 탐색하여 연구한 결과물을 내놓기도 한다. 연구는 새로운 기록물을 찾거나, 새로운 큐레이션 주제를 탐색하는 과정으로 그 중요성이 점차 커지고 있다.

앞으로의 과제

성북마을아카이빙은 디지털 영역에서뿐 아니라, 실물 기록물 수집·관리까지로도 그 영역을 넓혀가기 위해 노력하고 있다. 이를 위해서는 기록물을 보관할 수 있는 완벽한 설비가 갖추어진 오프라인 기록물 저장소가 구비되어야 한다. 기록물 저장소는 주민들이 기증한 기록물을 영구적으로 보관하는 기능을 주로 하면서 기록물들의 전시와 연구를 병행하는 토대가 되어야 한다. 이를 통해 지역 사람들은 성북의 기록물을 눈으로 접하고, 자신도 기록물 기증을 통해 지역사에 동참할 수 있게 된다. 지역민으로서 자부심도 가질 수 있다. 2019년 12월 전주시민기록관이 문을 열었으나, 구 단위인 성북의 기록관 설립까지는 오랜 시일이 걸릴 것으로 예상된다. 장소나 설비를 갖추는 데는 디지털 아카이빙 만큼이나 많은 예산이 소요되기 때문이다. 일단 최근에 제정된 「성북구 민간기록물 수집·관리에 관한 조례」는 실물 기록물 수집을 위한 제도적 근거가 된다. 이를 바탕으로 앞으로 성북마을아카이브팀은 더 풍부하고 정리된 디지털 아카이브를 만들어기 위해 공모전 등 기록물을 수집할 수 있는 다양한 방법들을 기획·진행하여 지역 기록관 설립의 기초를 놓고자 한다.

지역학의 지속가능성을 위하여

 마을 아카이브는 마을공동체의 활성화를 촉진하고 지역과 지역민의 삶을 기록한다는 점에서 가치를 지닌다. 특히 재개발 또는 도시재생 등 '사라짐'의 시대에서 그 가치는 더 높아지게 된다. 마을기록은 마을의 역사, 문화, 삶을 반영하는 자료이다. 마을에 대한 기억이 사라지지 않도록 보존하고, 이를 통해 마을의 정체성을 유지하고 자유로운 접근을 보장하여 정체성을 전승한다. 마을 아카이브는 마을의 정체성과 지역성을 담고 있기 때문의 마을의 홍보를 담당하기도 한다. 마을기록의 보존·전시·공유를 통해 마을의 역사를 알리고, 공동체의 활동을 증거하며 지역성을 드러내어 마을의 경쟁력 강화에 중요한 역할을 담당한다. 이처럼 마을 아카이브는 지역에서 중요한 역할을 하고 있다. 그렇기에 아카이브의 지속 가능한 활성화 방안을 마련하는 것은 필수적이다. 앞서 살펴본 바와 같이 최근 아카이브의 중요성이 강조되며 지역마다 많은 마을 아카이브가 구축되고 있다. 하지만 예산, 인력, 공간 등 아카이브 운영 전반에 걸쳐 한계를 해결하지 못하고 있다. 즉, 현재 마을 아카이브는 지속가능성을 담보하지 못한 상황이다.[10]

 보여주기 위한 아카이브가 아닌 사라지는 것들을 보존하고, 이를 필요한 이용자에게 제공하기 위해서는 지속가능성이 강조될 수밖에 없다. 지속성을 갖춘 아카이브가 되기 위해서는 구축 단계부터 지속성을 위한 체계를 마련해야 한다.

마을 아카이브가 중단되는 가장 큰 이유는 운영인력과 운영예산이 부족하다는 것이다. 아카이브만을 전담하며 기록물을 수집하고, 수집한 기록물을 활용할 수 있는 담당 인력이 필요하다. 아카이브 운영에 집중하여 지속적으로 기록물을 수집하고, 그 기록물을 활용한 다양한 콘텐츠 및 서비스를 기획하고 진행하는 전담 인력이 없다면, 아카이브는 제 기능을 발휘하기 어렵다. 프로젝트의 성과물로 개관이 이루어져도 프로젝트 종료와 동시에 지속적인 운영이 어려워져 개관 당시 수집된 기록물에 추가로 수집 활동을 하지 못하는 경우가 있다. 운영을 전담하는 담당자 없이 아카이브가 방치된다면 지역민들의 관심도 멀어지게 되고, 기록물들은 그 가치를 잃게 될 것이다.

　운영 담당자가 있더라도 운영예산이 없다면 아카이브가 제대로 운영되기 힘들 것이다. 마을 아카이브가 공동체 안에서 긍정적인 기능을 하며 지역의 정체성 확립과 정서적, 문화적 가치에 기여하는 바는 작지 않다. 하지만 직접적으로 금전적 이익을 창출하지 않기 때문에 아카이브 운영에 들어가는 예산은 소모적인 느낌을 줄 수 있고, 그러한 가치를 단기적으로 파악하기 어려워 예산을 확보하는 일이 쉽지만은 않다. 이를 극복하기 위해서는 아카이브 운영자가 주어진 예산 안에서 가치를 알릴 수 있는 다양한 방법들을 찾고 그 가치가 눈에 드러날 수 있게 운영할 필요가 있다. 뿐만 아니라, 지역민들이 아카이브의 필요성을 인식하도록 해야 한다. 아카이브 구축 과정에서부터 지역민들과의 협력을 중시하는 계획을 수립하여 아카이브가 장기적으로, 또 지속적으로 운영되어야 하는 필요

성을 부각시켜야 한다.[11]

지속성을 확보하기 위해서는 기록물을 수집하고 안정적으로 보존하는 일도 중요하다. 이를 위해 기록관리 및 보존에 대한 정책을 마련하고 기술을 확보해야 할 필요가 있다. 또한 마을 아카이브의 인지도를 높이기 위해 마을 관련 교육을 적극적으로 시행하는 등의 노력도 필요할 것이다.

참고문헌

성북마을아카이브, https://archive.sb.go.kr

지수걸, 「지방기록물관리기관의 기능과 역할」, 『기록학연구』 3, 2001.

지수걸, 「지방기록물관리기관 설립의 방향과 방법」, 『기록학연구』 21, 2009.

정정숙 외, 「지역문화 진흥을 위한 지역학 활성화 방안 연구」, 한국문화관광연구원, 2014.

박지은, 「마을 아카이브의 사례 분석을 통한 운영활성화 방안 연구」, 명지대학교 석사논문, 2015.

김보경, 「지방문화원 디지털 아카이브 구축방안 연구 : 대전광역시를 중심으로」, 한남대 석사학위논문, 2018.

조은새, 「지속가능한 마을 아카이브 활성화 방안:대천마을 아카이브를 중심으로」, 부산대 석사논문, 2019.

백외준, 「지역문화 패러다임의 변화와 문화원의 역할-역사문화 아카이빙을 중심으로-」, 『도봉학연구』 제2호, 도봉문화원 도봉학연구소, 2020.

미주

1 　지역학 연구는 1990년대 후반 본격적인 지방자치제도의 시행으로, 지방의 문화적·역사
　　적 특수성과 정체성에 대한 인식이 확산되고, 자료 발굴과 수집 및 연구가 병행되면서 학
　　문적 영역으로 확산되어 왔다. 현재는 민간이나 대학 내 연구소 안에 머물러 있던 지역학
　　이 지자체의 공식적인 지역학 전담 기관 설립의 단계로 진전되었고, 광역·시·도는 물론
　　기초지자체에서도 지역학 연구 기관들이 설립되어 가는 추세이다(정정숙 외, 「지역문화
　　진흥을 위한 지역학 활성화 방안 연구」, 한국문화관광연구원, 2014, 13~57쪽).

2 　지방문화원은 지방문화원 진흥법에 의거하여 지역문화 사업을 목적으로 설립된 비영리
　　특수법인이다. 1950년대 초 미국공보원 산하에서 활동하던 공보관들이 중심이 되어 지역
　　의 문화활동 및 상록수활동을 위한 사설기관으로 몇몇 지방에서 자생적으로 설립된 것
　　이 계기가 되어 설립되었다. 초기에는 문화관·공보관·유엔(UN)관 등 다양한 명칭으로
　　사용되었으나, 1962년 1월에 사단법인 한국문화원연합회가 결성되면서 각 사설기관이었
　　던 문화원은 정부공인기관이 되었다. 1965년에는 각 문화원이 특수사단법인으로 등록되
　　어 정부의 보조금과 시설을 무상으로 대여 받을 수 있게 되었다. 1980년대에 들어오면서
　　전통문화 강조와 함께 향토문화육성을 위하여 문화원의 중요성이 대두되어 전국적으로
　　시·군 단위로 문화원이 없는 곳이 거의 없게 되었으며, 1990년대에는 서울지역 각 구별
　　로 문화원이 창립되기에 이르렀다. 현재 전국에는 시·도·전국 연합회까지 247개의 문화
　　원이 각 지역의 향토문화전승 및 지역문화창달을 위하여 분주히 노력하고 있는 추세이다.

3 　법률적으로 '지방문화원진흥법 제8조(지방문화원의 사업)' 1항에서는 "지역문화의 계발·
　　보존·활용"이라고 명시되어 있고, 2017년 11월 28일 새롭게 추가된 '지방문화원진흥법 제
　　8조의 2(지역문화사업 자료의 데이터베이스 구축·관리)'에서는 "지방문화원은 제8조제1
　　항 각 호의 지역문화사업의 자료에 관하여 데이터베이스를 구축하고 이를 유지·관리하
　　여야 한다."라고 명시되어 있다.

4 　지방문화원의 강점으로는 우선 지역문화 발굴과 보급에 대한 풍부한 경험이 축적되어 있
　　다. 또한 다량의 지역문화자원을 보유하고 생성시키는 주체로 활동을 하고 있다. 그 과정
　　속에서 문화정책 및 지역문화의 신속한 전달·교류를 수행하며, 전문성있는 문화사업도
　　병행하고 있다. 특화사업을 통한 주민 예술가를 양성하기도 하며, 지역문화예술인들과 네
　　트워크 활동을 수행하기도 한다. 또한 지속적인 역사문화자원 조사를 시행하는 등 지역
　　학 확립에 큰 역할을 수행한다. 이와 같이 주민들과 가장 밀접한 풀뿌리 문화센터 역할을

지방문화원이 수행하면서 지역 주민의 신뢰감이 쌓여 있는 곳이 바로 지방문화원이라 할 수 있다.

5   김보경, 「지방문화원 디지털 아카이브 구축방안 연구 : 대전광역시를 중심으로」, 한남대 석사학위논문, 2018 참고.

6   세계적으로 지역문화진흥이라는 패러다임이 부상하고 있다. 특히 대한민국의 경우는 『문화기본법』(2014.3), 『지역문화진흥법』(2014.7), 『국민여가활성화기본법』(2015.11)의 제정과 시행에 따른 지역문화진흥의 법적 기반이 마련되었고, 급속한 정보통신기술의 발전에 따른 사회환경의 변화 및 이에 대한 문화적 차원의 빠른 대응이 절실히 요구되고 있다. 특히 '문화 민주주의 확산'이라는 추세 속에 누구나 일상생활 속에서 문화를 향유하고 문화주체로서 문화 활동에 참여하는 정책이 펼쳐지고, '문화의 사회적 가치 증대'라는 추세 속에 급속한 경제성장, 도시화, 고령화 등에 의한 사회적 문제 및 비용 해소를 문화로 해결하려는 모습이 눈에 띈다. 지자체의 경우에는 앞다투어 지역문화의 경제적 가치 인식 증대를 위한 정책을 펼쳐 국가적·지역적 정체성을 문화관광자원으로 활발하게 사용하고 있는 실정이다.

7   성북문화원은 초기에는 서울시의 관련 공모사업에 응모하여 연말에 지역의 이야기를 담은 책 1권을 발간하는 것을 목표로 설정하고 이를 위해 매년 지역을 달리해 자료를 수집하고 스토리텔링 작업을 수행하는 방식으로 이루어졌다. 그렇게 나온 책이 성북구 역사문화산책 시리즈이다. 현재 총 5권으로 이루어진 시리즈는 『동소문 밖 능말이야기』(2013), 『미아리고개』(2014), 『성북동 - 만남의 역사, 꿈의 공간』(2015), 『보문동·안암동』(2017), 『장위동·석관동』(2018)으로 구성되었는데 앞으로 다른 동으로도 범위를 확장하여 책을 발간할 예정이다. 이와 함께 성북문화원은 매년 대학의 연구자들을 초청해 성북의 역사문화자원을 주제로 한 학술회의를 열어 새로운 역사문화자원을 발굴하고 지역학 연구 성과를 축적했다. 그밖에 성북구로부터 연구용역 사업을 위탁 받아 실시하기도 했는데, 2016년 '성북동 역사문화자원 조사·연구', 2017년 '성북구 독립운동 및 독립운동가 조사·연구'(한성대학교 산학협력단 연구에 참가)는 그동안의 역사문화자원 조사·연구를 더욱 정교화하는 계기가 되었다(백외준, 「지역문화 패러다임의 변화와 문화원의 역할－역사문화 아카이빙을 중심으로－」, 『포스트 코로나 시대의 지역문화 발전방향』(서울 동북4구 문화원 연합학술회), 2020.11.13.).

8   성북마을아카이브 홈페이지(https://archive.sb.go.kr)

9   본 절에서는 다음의 자료를 요약정리 하였음을 밝혀둔다(백외준, 「지역문화 패러다임의
    변화와 문화원의 역할–역사문화 아카이빙을 중심으로–」, 『도봉학연구』 제2호, 도봉문화
    원 도봉학연구소, 2020.

10 조은새, 「지속가능한 마을 아카이브 활성화 방안 : 대천마을 아카이브를 중심으로」, 부산
    대 석사논문, 2019 참고.

11 박지은, 「마을 아카이브의 사례 분석을 통한 운영활성화 방안 연구」, 명지대학교 석사논
    문, 2015, 66–69쪽.